初心者でも儲かる情報がザクザク

増補改訂版

ど素人がはじめる株の本

「ど素人の株日記」管理人
なべ 著

SE
SHOEISHA

『あまったお金をどうしよう!?』

一度は言ってみたいこんなセリフ。ほんの数年前は、自分自身がこんなことを考えるとは思いもよりませんでした。ささやかな月収だったフリーターのワシが、余裕資金をどのように運用するのか？　と今では考える毎日です。

そのくらい、株式投資は楽しいし、おもしろい！

幸運にも、2003年からの日本経済の回復で株価が上がり、ワシの資産も大幅に増えました。だからと言って、「ここでそのことを自慢しよう」という主旨の本ではありません。

この本の目的はただひとつ、

みなさんに株式投資をはじめるきっかけを提供すること

です。ですから、『確実に儲かりますよ』と安易にささやくこともなく、「ラクして稼ぐことができますよ」とお手軽さをことさら強調するつもりもありません。みなさんより少しだけ早く始めた初心者が、株式投資をどのように考え、どのように思い、どのように感じ取ってきたかという経験を紹介したいと考えて本書を執筆しました。

特に、株式投資を行っていて楽しいこと、うれしいこと、儲かったらどのような気持ちになるのか？　ということだけでなく、苦労することや気をつけたいことなども盛り込んでいます。その中から、みなさんにとって役に立つ情報がみつかれば、参考にしていただけるとうれしいです。反対に『賛成できない』もしくは『間違っている』と思う情報がありましたら、それを反面教師としてお使いください。

それでは、これから数時間の短い間ですが、最後までお付き合いくださいませ。

追記：この本は、2005年4月刊行『ど素人がはじめる株の本』を再編集したものです。

目次

第1章　超基礎編　株式投資のキモ

第2章　売買スタート編　取引徹底攻略

第3章　投資心理編　駆け引きで勝利

第4章　投資資金／投資力チェック編　必ず勝つための条件

第5章　投資戦略編　投資情報活用の極意

第6章　格付けランキング編　各業種別の銘柄の見方及びおススメ株

付録 マネーゲーム!! 超低位株＆低PER銘柄で勝つ方法／業績上方修正を行う企業の見つけ方

［準備編］マネーゲーム!! 株価100円以下の超低位株
上場廃止・監理銘柄だけがマネーゲームの対象ではない 214

［実践編］マネーゲーム!! 100円～200円に育つ低位株 216
マネーゲーム!! 200円以上に値上がる低位株 218

［応用編］マネーゲーム!! 低PER銘柄の水準訂正その1 完全子会社 220
低PER銘柄の水準訂正その2 会社目標未達成 224
業績上方修正を行う企業の見つけ方 226

あとがき
参考文献

＊本書に掲載された株式の評価などは筆者独自の見解に基づいたものです。本書に掲載されている投資情報の利用によって、いかなる損害が生じた場合についても筆者ならびに出版社は一切の責任を負いません。

viii

第1章

超基礎編

株式投資のキモ

超基礎編

01 株ってなんだろう？

株式会社の成り立ち

あなたは、「株」という単語を聞いて、パッと思いつく言葉はなんでしょうか。ワシが思いつくのは次の5つです。

1．株式会社　2．株券　3．株主　4．株式市場　5．株式投資

いかがですか？　説明が必要だと思いますので1〜5のそれぞれの言葉の意味を紹介しましょう。

たとえばあなたが社長さんだとして、ある会社を作るとします。どんな会社でもかまいません。そのとき、必ずお金が必要になりますね。ごくまれに、自己資金でまかなえる方もいますが、ほとんどの社長さんはお金をどこかから借りてきます。銀行であったり、信用金庫であったり、いろいろです。

もし仮に、社長であるあなたが銀行でお金を借りるとしましょう。そうすると、銀行はお金

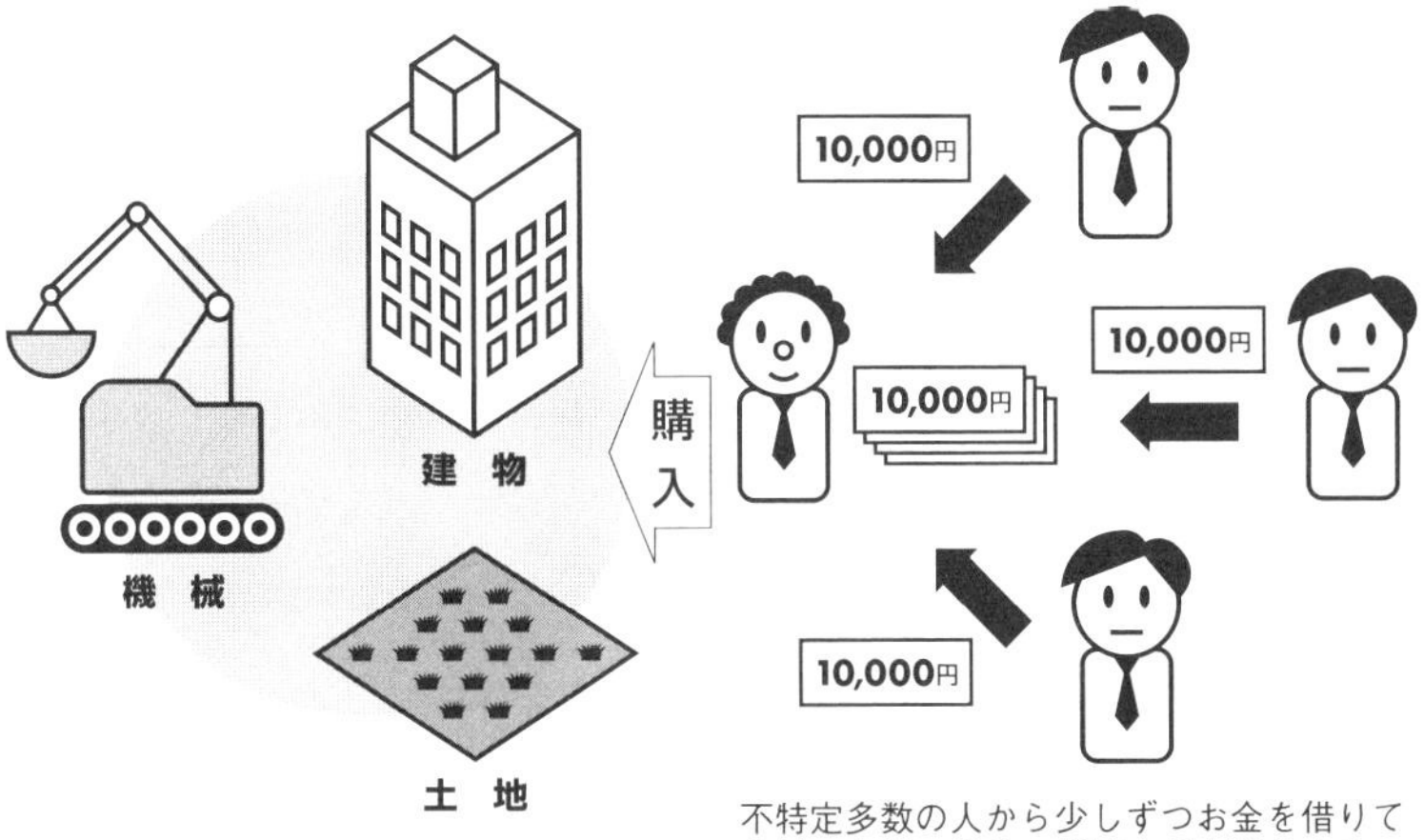

不特定多数の人から少しずつお金を借りて
会社の土地、建物、機械などを購入する。

を貸すのが仕事ですから、あなたは、たくさんの利子を銀行に払わなければならないです。また、銀行は、社長であるあなたがお金を返せなくなったら困りますから、それを防ぐために「担保を出してください」と言うことがあるかもしれません。こういった負担が社長のあなたに課せられるわけです。

そこで、昔の人は「この負担を軽くするために、もっとよい方法はないのだろうか？」と考えました。そのときに出てきたのが、

「不特定多数の人からお金をすこしずつ借りよう」

という発想です。これが「株式会社」の始まりです（図1-1）。

お金と引き換えに「株券」が借用書として発行される

さて、社長であるあなたは、いろんな人か

らお金を少しずつ借りることにしました。Aさん、Bさん、Cさん・・・と次々とお金を借りることに成功しました。しかし、Aさんなどは、「お金を貸したけど大丈夫かな?」と不安に思っています。無理もありません。お金を貸したのに借用書のひとつももらっていなかったからです。そこで、あなたはお金を借りたということを証明するために、あるものを発行することにしました。これを「**株券**」と言います。

この株券というのは、いろんな特典があります。持っているだけで、あなたの会社の儲けの一部をもらう権利が発生したり（配当金*）、あなたの会社の商品をもらえたり、商品を安く買えたり（株主優待）します。こういった権利を持ったAさんなどを「株主」と言います（株主の特典は次の項目で）。

ちなみに、先ほどの銀行などのことを「債権者*」と言います。

株式投資とは「株式市場」で行われる株券の取引　～そして投資家の出現

あなたが社長である「株式会社」は大成功しました。毎年毎年、黒字がドンドン増えていきます。もちろん、あなたの会社の株券を持っているAさんなども大喜び。会社が儲けるにしたがって、Aさんの配当金も増えていきました。

そんなある日、あなたの会社の株券を持っていないDさんが、Aさんに対してこう言いました。

「そんなに儲かるなら、その株券を売ってくれないか?」

配当金
企業が上げた利益の一部を株主に分配するもの。「1株あたり○円」という形で受け取る。詳しくは次項を。

債権者
お金を貸す方。お金を借りる方は「債務者」。

1-2 株券の売買

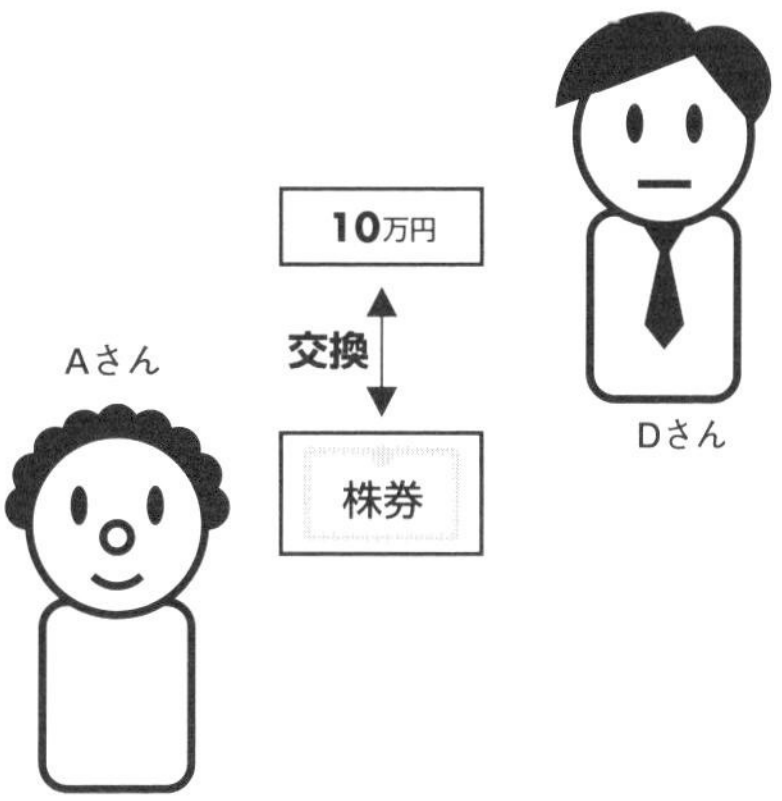

Aさんは10万円を手に入れ、
Dさんはあなたの企業の株を手に入れる。

1-3 株式投資のしくみ

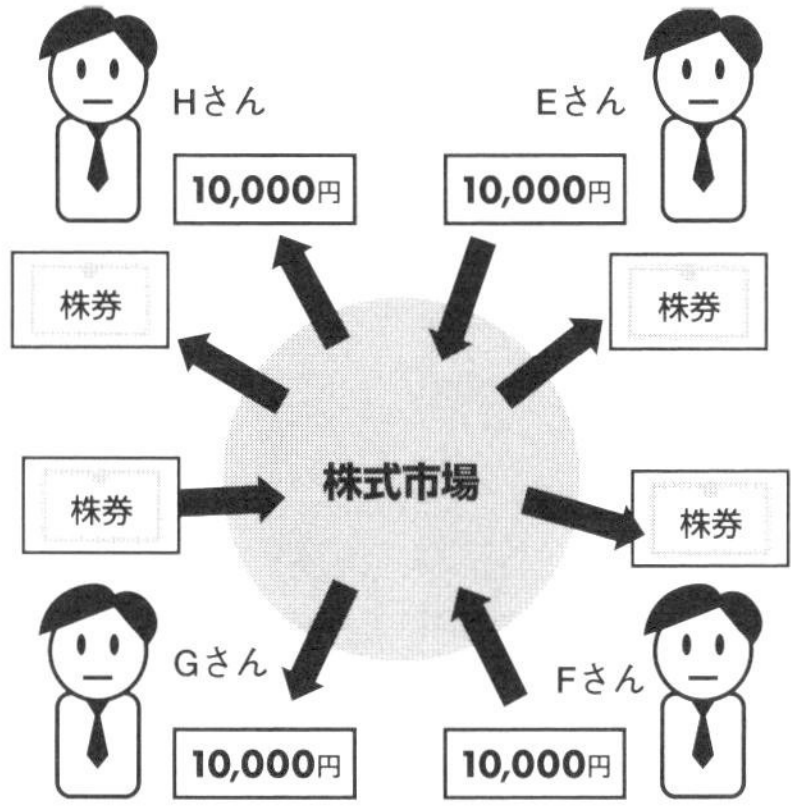

Eさん、Fさん、Gさん、Hさんのように、株式市場では金と株券のやりとりが常に行われている。

するとAさん、最初は迷いましたが、しばらくして売ることに決めました。

「それなら、10万円で売ってもいいよ。」

翌日、Dさんは10万円を払い、Aさんの株券を手に入れることができました。これで売買成立です（図1-2）。

こうやって、あなたの会社の株券の取引が活発に行われるようになりました。このような取引が行われるところを「株式市場」と言います。株式市場はあなたの会社の株券だけではなく、いろいろな会社の株券を売っています。

ある日、このような市場の中に、あなたの会社にお金を貸すためではなく、「株券そのもの」の売買をする人が現れました。つまり、**「安い株券を買って、高くなったら売るんだ」**というEさんです。このEさんが、現在の投資家達*の姿です。この行動を「株式投資」と言います（図1-3）。

現在の投資家達
2005年度の個人投資家による日本株保有比率は19.1%となっている（日本経済新聞 2006/6/16）。

超基礎編

01 株式投資をすることのメリットは「配当金」「株主優待」「株主総会」「株式分割」、そして「売却益（キャピタルゲイン）」の5つである

株はサービス満点の商品です

先ほど「株ってなんだろう?」のところで株のしくみを紹介しましたが、みなさんの中にはまだ、「株ってアヤしい!」や「株ってギャンブルみたいでイヤ!」とおっしゃる方がいると思います。そこで、この項では株式投資のメリットについてご紹介します。

利益は山分け! 「配当金」

前回、「あなたの会社の儲けの一部をもらう権利が発生したり（配当金）」と書きましたが、株式投資をする側にとって、これはとても魅力的です。現在、郵便局や銀行などの金融機関に預けたところで、高い利回りになるわけではありません。年1%もあればかなりいいほうではないでしょうか。しかし、株の配当金に関しては、1%など当たり前! 配当金をたくさんくれる企業では、**3〜5%という高い利回りも可能**なんです。

どちらがオトクかわかりますよね?

株主はVIP待遇！「株主優待」

前項で紹介した「あなたが投資している会社の商品をもらえたり、安く買えたり」することがつまり、「株主優待」です。現在、個人投資家の増加を希望している企業では、このような株主に対するサービスの充実を積極的に進めています。このようなサービスを利用しないなんて、すごくもったいない。詳しくは12ページでご紹介します。

今や人気ライブは無料《タダ》で見る時代！「株主総会」

「株主総会」とは、「会社の重要事項を多数決で決定するところ」です。ここでは、右の配当金の額や株主優待の話はもちろんのこと、社長を含めた役員人事や決算の承認（簡単に言えば、会社の家計簿のチェック&承認）も行います。本来、株主総会はこのようなことが決められるわけですが、最近では、商品の試食試飲コーナー・ゲームの無料開放・無料ライブが行われるなど、株主に対して特別のサービスを提供している企業が存在します。「株主がひとつの会場に集められて、延々と長話をする」というスタイルは徐々に変わってきているんですね。

生めば生むほど儲かる？「株式分割」

「株式分割」とは、「あなたの持っている株の数を増やすこと」です。

たとえば、1株を2株に分割するとなると、みなさんが持っている株も1株から2株に増え

5つのメリット

1. 配当金がもらえる
2. 株主優待が受けられる
3. 株主総会に出席できる
4. 株式分割で持ち株数が増加する
5. 株価の値上がりで売却益を手に入れることができる

株式投資には、
いろいろなメリットがあり、
とってもオトク！

ます。10株を持っていれば20株に、１００株を持っていれば２００株に、１，０００株を持っていれば・・・もういいですね。このように、株を持っていればドンドンドン増える可能性があるんです。ヤフー・ジャパンの毎年2回の「１→２」への分割や、ライブドアの「１→10」「１→１００」「１→10」と短期間に１０，０００倍に株数を増やした出来事*はとても有名な話です。

「売却益（キャピタルゲイン）」

私達個人投資家が株式投資をする上でいちばんお気に入りのメリットは「**売却益（キャピタルゲイン）**」です。つまり、株価１００円で購入した株を２００円で売却すれば、１００円の儲けになり、資金は2倍の２００円になります。

これが売却益（キャピタルゲイン）です。

1万倍に株数を増やした出来事
１００分割の株式分割の際、ライブドアの株価は15日間連続ストップ高となり、上昇の一途を辿ったが、高騰した株価はその後急落。さらにその後も分割を行った（現在は上場廃止）。

売買委託手数料	売買代金×手数料率 （売買代金や証券会社によって異なる）
有価証券譲渡益（キャピタルゲイン）税	＜2003年1月1日～2007年12月31日まで＞ 有価証券譲渡益の10％申告分離（所得税7％、住民税3％）
	＜2008年1月1日～＞ 有価証券譲渡益の20％申告分離（所得税15％、住民税5％）
消費税	売買委託手数料×5％
口座管理料	ネット証券は無料のところが多い

もちろん、この利益から証券会社に支払う売買手数料や税金*はかかりますが、それでも十分うま味がありますね。おかげさまで、わたくし「なべ」は２００６年現在、資金をウン千万円に増やすことができました。株式市場に「ありがとう」と言いたいです。感謝!!

売買手数料や税金
正式には「株式売買委託手数料」。証券会社によって価格差あり。なお株券を預ける際に「口座管理料」が必要な証券会社もある。

また、有価証券譲渡益（キャピタルゲイン）には税金がかかる。２００６年６月現在、２００３年１月１日から２００７年12月31日までの優遇税率が適用されているので、キャピタルゲインの10％申告分離（所得税７％、住民税３％）となっている。

２００８年以降、キャピタルゲインの20％申告分離（所得税15％、住民税５％）が適用される。その他、特定口座制度、譲渡損失の繰越控除制度、緊急投資優遇措置等がある。

税制は変更される可能性があり、常に注意したい。

超基礎編

01 利益は山分け「配当金」

会社は株主のもの、配当金も株主のもの

もう一度、会社を作るときの話に戻りましょう。

あなたが会社を創ったとき、投資家から少しずつお金を借りましたね？　そして、そのお金を使って土地や建物・必要な機械などを購入しましたね？　……ということは、そもそも、そのお金は投資家のものですから、極端な話、「会社は株主のもの」と言えます。

もし、銀行からもお金を借りたのであれば、会社の全資産から銀行などからの借金を除いた残りが、株主の財産となります。ですから、会社が儲かって利益が出ると、株主の財産から生み出された利益なのですから、その利益の処分は株主が決めてもいいはずです。

つまり、その利益の処分の方法の一つが**配当金**です。株式投資をする側にとって、これはとても魅力的です。前にも言ったように現在、郵便局や銀行などの金融機関に預けたところで、金利は知れています。しかし株の配当金は、1％など当たり前、配当金をたくさんくれる企業であれば、3～5％という高い利回りも可能です。

では、実際にどのくらいの配当金があるのか、見てみましょう。（図1-6）

配当利回りの考え方はまったく難しくありません。郵便局や銀行の利息と同じ考え方です。

たとえば、１００万円預けたら1年で1万円の利息がもらえたとしましょう。そうすると、１万円÷１００万円＝１％の利息ということになります。この１％が「利回り」ということです。逆に考えると、１％の定期預金に１００万円を預けると、１万円の利息がもらえるという意味です。では、これを踏まえて図表をみてください。

こちらのランキングでは丸三証券（８６１３）の利回りがダントツ一位です。この配当利回りによると、株価が１，６５３円ですので、１株につきおよそ１１０円が配当金としてもらえます。ということは、１株ではなく１，０００株買った場合は、１，６５３，０００円でおよそ１１０，０００円の配当金がもらえることになります。計算してみると、１１０，０００円÷１，６５３，０００円＝０．０６６５…で約６．６５％の配当利回りになります。

このように預貯金に比べると、いかに株式投資の配当利回りが優れているかわかりますよね？　株式投資における配当金は、とても有利な特典なんです。大金を配当利回りの高い銘柄につぎ込んでいる投資家の中には配当金で生活をしている方もいらっしゃいます。あなたも配当金生活はいかがですか？

1-6 株式投資の配当利回りは預貯金とくらべるとかなり有利

順位	コード	銘柄	配当利回り	株価
1	8613	丸三証券	6.65%	1653
2	6811	クオンツ	5.77%	52
3	8901	ダイナシティ	5.00%	14090
4	8836	ヒューネット	4.26%	94
5	7863	平賀	4.05%	740
6	4918	アイビー化粧品	3.84%	391
7	6290	エス・イー・エス	3.81%	525
8	7865	ピープル	3.75%	800
9	2414	塩見ホールディングス	3.70%	378
10	9980	マルコ	3.69%	596

（例）2006年6月2日時点の配当利回り上位銘柄

（注意）丸三証券をすすめているわけではありません。ご注意ください。

超基礎編

01 株主はVIP待遇　今話題の「株主優待」

株主優待の充実した商品の数々

「(1) 株ってなんだろう?」で「あなたの会社の商品をもらえたり、商品を安く買えたり(株主優待)」紹介した株主優待の詳しい話をしましょう。現在、個人投資家の増加を希望している企業では、株主に対するサービスの充実を積極的にすすめています。このようなサービスを利用しないなんて、すごくもったいない。

では、どのようなサービスがあるのか具体的なものを見てみましょう(図1-7)。いいですよね。こんなすばらしい商品が決算ごとに毎回贈られてくるなんて、とてもうれしいじゃありませんか。とは言っても、この商品って、いったいどのくらいの値段なんでしょうか? 仮に、株主優待がほしくてこれらの企業の株を買ったとして、優待の値段以上に株価が下がった場合は損になりますよね。このような株の買い方って、どうなんでしょう。

株主優待銘柄の悲劇

そもそも、株主優待というものは、**今後受け取るサービスの料金前払い制度**と考えるべきで

1-7 おいしい株主優待

ハウス食品（2810）　3月末

優待内容（年1回）
- 100株以上で1,000円相当の自社製品詰め合わせ
- 1,000株以上で3,000円相当の自社製品詰め合わせ

日清食品（2897）　6月中旬と11月下旬

優待内容（年2回）
- 100株以上で900円相当の自社製品詰め合わせ
- 1,000株以上で4,500円相当の自社製品詰め合わせ
（2,250円相当の自社製品を年2回）

井村屋製菓（2209）　3月末・9月末

優待内容（年2回）
- 1,000株以上で1,500円相当の自社製品詰め合わせ
- 3,000株以上で3,000円相当の自社製品詰め合わせ

江崎グリコ（2206）　6月末・12月中旬

優待内容（年2回）
- 1,000株以上で市価　約800円相当の自社製品詰合せ
- 2,000株以上で市価　約1,600円相当の自社製品詰合せ
10,000株以上で市価　約3,000円相当の自社製品詰合せ

す。株価が値下がりすることをあらかじめ見積もった上で、その値下がり分がサービス料だと考える必要がありです。

抽象的でわかりづらいかもしれません。

あるハンバーガーチェーン店A社で考えてみましょう。

あなたはA社の株主優待券（ハンバーガーが無料で食べられるサービス券）がほしくて、A社に50万円を投資しました。その後、A社の株価が値下がりし、50万円が20万円に投資資金が減少したとします。そうすると、50万円－20万円＝30万円がサービス料です。

このサービス料30万円と、今までもらった株主優待の価値を比べて、「投資するのとしないのと、どちらがトクか？」と考えるんです。

つまり、株主優待ねらいでこのA社へ投資することで**激安ハンバーガーを超高級ハンバーガーの値段で食べていた**という、笑うに笑

1-9 建設株の株主優待一例（2006年6月時点）

旭ホームズ（1913）		
建物本体価格の3%割引（全株主） ※付帯工事を除く。関東・首都圏のみ		
エスバイエル（1919）		
戸建住宅増改築工事請負契約並びに家具内装品等売買契約時において3,000株以上で建物本体価格の3%割引 10,000株以上で建物本体価格の4%割引		
東建コーポレーション（1766）		
住設機器高級グレードアップオプション付与 アパート・賃貸マンション工事請負契約締結時において		
100以上	本体工事請負金額の0.5%相当のグレードアップ	
1,000以上		本体工事請負金額の1.0%相当のグレードアップ
2,000以上		本体工事請負金額の1.5%相当のグレードアップ

出所：会社四季報2006年２集　2104ページのデータを元に作成

1-8 ハンバーガーチェーン店A社の悲劇・感激

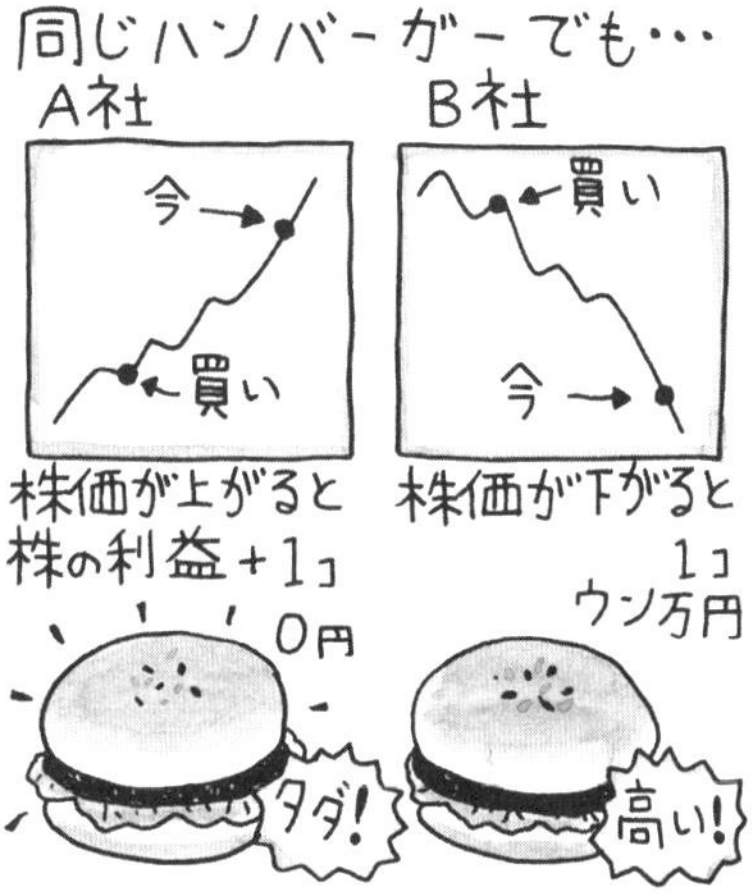

同じハンバーガーでも・・・
A社
B社
今
買い
買い
今
株価が上がると株の利益+1コ0円
株価が下がると1コウン万円
タダ!
高い!

えない結果になっているんです（図1-8）。

逆に、A社の株価が安い段階で先ほどと同じ株数を15万円で投資していたとしたらどうでしょうか？　これは、**ハンバーガーをタダで食べられるどころか、株の値上がり益（含み益*）というおこづかいまでもらえる**という結果になるんです。

株主優待銘柄の賢い買い方

したがって、株主優待銘柄で儲けるためには、**①今後受け取るサービスの料金前払い制度**と考えるか、**②お金で買えない価値がある優待をねらう**ことが、株主優待銘柄の賢い買い方です。①の具体例で「建設株」があります。建設株には、建築費の数%割引の株主優待があり、とってもお得ですね。投資資金以上の割引が可能になります（図1-9）。

また、お金で買えない価値がある優待に関

含み益（正確には有価証券含み益）
株などの有価証券を保有している時に、つまり保有している株の株価が値上がりして、利益が生じている状態のこと。売却しない限りは実際に利益が実現しているとは言えず、すべて「含み益」となる。売却すれば売却益（キャピタルゲイン）となる。

しては、たとえば、エイベックス・グループ・ホールディングス（7860）があります。あなたもご存知、浜崎あゆみさんなど有名アーティストをたくさん抱える大手レコード会社です。ここは、毎年の株主総会時に無料ライブ※を開催しています。普通なら手に入らない最前列の席を無料で手に入れることができます。ファンにはたまらないサービスですね。これが毎年開催されるのですから、投資資金の元を取ることは十分可能です。

このように、普通であれば株価の値下がりが心配な株主優待銘柄が、買い方と目的によっては気軽に購入でき、サービスを受けることができるようになります。あなたもぜひ、知恵をふりしぼって賢い買い方を実践してくださいね。

株主総会時に無料ライブ
次ページ参照。

株主優待内容の更新は基本的に3月、6月、9月、12月中旬の年4回で変更が頻繁に行われます。株主優待の追加はうれしいですが、一方で減少・廃止もありますのでご注意ください。

超基礎編

01 今や人気ライブは無料《タダ》で見る時代「株主総会」

個人投資家にとって至れり尽くせりのサービス

「株主総会」とは、「会社の重要事項を株主が多数決で確認決定するところ」です。

ここでは、配当金の額や株主優待の話はもちろんのこと、社長を含めた役員人事や決算の承認（簡単に言えば、会社の家計簿のチェック&承認）も行います。これが本来の株主総会の目的です。しかし最近では、商品の試食試飲コーナーやゲームの無料開放、無料ライブが行われるなど、株主に対して特別のサービスを提供する企業が存在します（図1-10）。昔ながらの「株主がひとつの会場に集められて、延々と長話をする」というスタイルは徐々に変わってきているんです。

株主総会は、日本では3月決算の企業が多いので毎年6月下旬に集中して行われます。出席するには、株主であることが当然ですが、「ミニ株」を持っていても出席できません。証券取引所で購入可能と定められている最低単位の株数をもっていなければ（これを「単元株」と言います）、株主総会における株主とは認められないんです。

前項で紹介した株主優待も同じで、「ミニ株」ではサービスを受けることができない場合が多

1-10 エイベックスのライブはこんなにすごい!!

株主のボルテージも〝高騰〟

人気歌姫　勢ぞろい

あゆが

倖田が

大塚が

エイベックス総会後にライブ

4400人が総立ち

ドリカム　ツアー最終公演

アミューズ株主総会

こちらはポルノG

出所：デイリースポーツ6月26日付

いです。ちなみに配当金はミニ株の割合に応じて分配されます。

株主総会で参加できる無料ライブといえば、間違いなく有名アーティストをかかえるエイベックス・グループ・ホールディングス（7860）でしょう。

「株主1名につき同伴者1名までOK」ということで、毎年会場は熱狂的なファンで埋め尽くされます。

去年ブレイクした倖田來未さん他有名アーティストが新曲を披露することもあります。所属アーティストが移籍しない限りは、今年以降も毎年楽しいライブを見ることができます。株価は2006年6月時点で3，000円前後です。100株単位で購入できるので、最低30万円あれば（3000×100＝30万円）、毎年ペアで見ることができます。このような株の買い方があってもいいですよね。

その他、「キティちゃん」のサンリオ（8136）が、サンリオピューロランドで株主総会を開催する。バンダイナムコホールディングス（7832）は新作ゲームを無料で楽しめてケーキもサービスしてくれる。個人投資家にとって至れり尽くせりの株主総会を楽しみたい。

超基礎編

01 少子化反対　子だくさん大歓迎 生めば生むほど儲かる？「株式分割」

株式分割を行うと個人投資家が買いやすくなる

「株式分割」とは、「あなたの持っている株の数を増やすこと」です。

たとえば、1株を2株に分割するとなると、みなさんが持っている株も1株から2株に増えます。10株を持っていれば20株に、100株を持っていれば200株に、1,000株を持っていれば……もうわかりますね。このように、株を持っていればドンドン、ドンドン増える可能性があるんです。ヤフー・ジャパンの毎年2回の「1→2」への分割*や、ライブドアの「1→10」、「1→100」、「1→10」・・・と短期間で1万倍に株数を増やした出来事はとても有名な話です。

しかしこの株式分割は、あなたの持ち株の数が増えるだけですから、**株式分割が行われると絶対に儲かるということではない**です。仮に、あなたが1万円の株をひとつ持っているとしましょう。そうすると、株数が「1→2」に株式分割されると、1万円の株が2つになるのではなくて、5,000円の株が2つになるというわけなんです。前ライブドアのような「1→10」への株式分割の場合、1万円の株ひとつが1,000円の株10個になるというわけです（図1-11）。

ヤフー・ジャパンの・・・分割
毎年必ず3月末と9月末に株式分割を実施しているため、株式分割の発表を見込んで大きく株価が上昇する時期が過去にあった。

1-11 株式分割の具体例

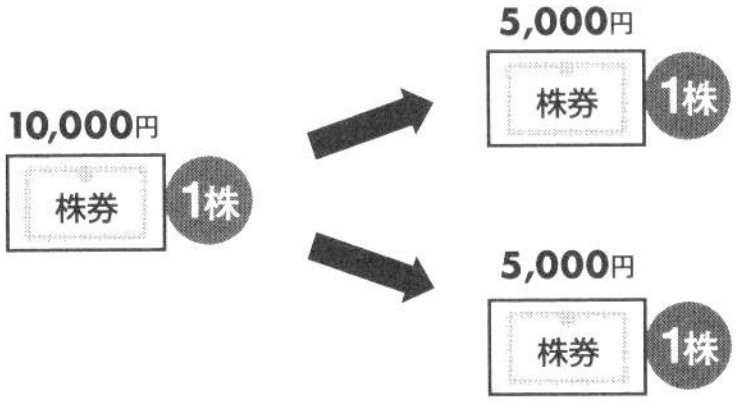

株式分割は株数が増えるだけである。
したがって、仮にライブドアの株価が1万円ならば
1万円の株1個が1,000円の株10個に増えるだけである。

投資資金が増えるとは限らない。

株式分割を行う企業の事情を読め

しかし、株式分割を行うということは、それなりの何か理由があるわけで、株式分割決定の裏にある理由を評価して株価が上がることが多いです。

たとえば、「企業の業績がよくなって株価が上がりすぎた」とか「個人投資家にも買いやすいようにひとつあたりの株価を下げよう」など、いろいろな企業側の事情があるわけです。

前述したヤフー・ジャパンの場合ですと、株価が1株当たり100万〜200万円もすると個人投資家が投資しづらいですよね。そんなとき、「1→2」へと株式分割を行うことで1株当たりの株価が安くなり、個人投資家でも買いやすくなります。これを難しい言葉で「流動性が高まる（流動性が増す）」と言います。

業績アップの企業は株式分割で配当金アップ

また、株式分割を行うことにより、配当金が増えるのも魅力的です。

先の例で、仮に1株1万円の株をひとつ持っていれば100円の配当金がもらえるとします。そうすると、株式分割で「1→2」に株数が増えたのであれば、株価は「1万円→5000円」になるのだから、「100円で→50円」になると普通ならば思いますよね。

しかし、**配当金の場合は違います。**何故ならば業績がよくなった理由による株式分割では、企業が上げた利益の一部を株主に還元して分配するので、50円のところが60円になったり、100円のまま据え置いたりする場合があるんです(図1-12)。**株数が2倍に増えて、なおかつ配当金も2倍に増える**といったおいしい特典が株式分割にはついているわけです。もちろん株価も上がりやすくなります。

このように、株主に対してできるだけの還元を行う「株式分割」は、今も昔も、大人気です。業績に関係なく株式分割を繰り返すのは問題ですが、株主を大事にする地に足がついたものは大歓迎ですね。

2006年から株式分割の制度が変更されています。株式分割の時期と株券が手元に戻る時期にタイムラグが起こり株価が暴騰する原因となった2005年までとは異なり、現在はすぐに株数が反映されるようになりました。

| 1-12 | 株式分割による配当金への影響

分割前ならば配当金が100円のところが……

分割後には200円になる可能性がある。これが株式分割を歓迎する理由にもなる。

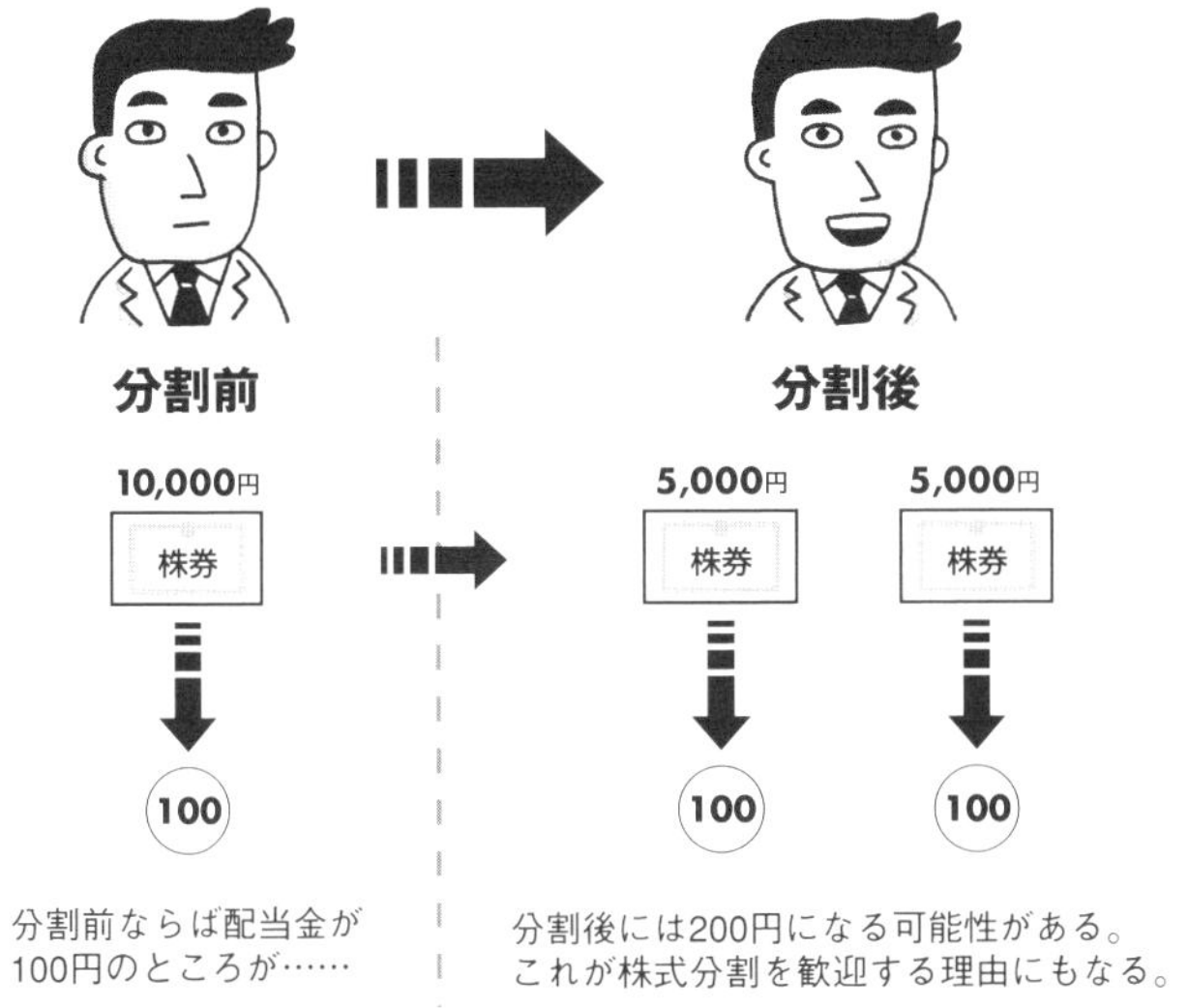

その結果、「株式分割＝株価上昇」の現象がほとんど見られなくなりました。

また、配当金についても、むやみやたらと増配するのではなく、各企業の状況に応じて対処することが求められるようになりました。

たとえば、利益率の高い儲かる事業が存在するのに株主に配当を行ったためにその企業が儲けそこなうことは良くないことです。

配当金の分を儲かる事業へ投資することにより企業価値が上昇するかもしれません。各企業の的確な経営判断が求められます。

超基礎編

01 株はどうすれば買えるのか

株は「証券会社」という仲買を介して証券取引所で購入する

魚を買いたければ、普通はスーパーやデパートに行きますよね。しかし株（株券）は普通に小売店を介した商品と違って、購入の流れがちょっと特殊です。

これは「市場（いちば）」をイメージすればわかりやすいと思います。たとえば、ワシが住んでいる関西地方では「黒門市場」が有名ですが、こういった「市場」に当たるのが「株式市場」なんです。株式市場は、上の「黒門市場」という名前の代わりに**「東京証券取引所」「大阪証券取引所」**といった名前がついた市場です。

さて、魚の場合は、市場に行けば個人でも売ってくれる場合がありますが、「株式市場」の場合は個人にダイレクトで「株」を売ってくれません。それならどうすれば買えるのか？　**「証券会社」**という窓口を通す必要があります。魚で言えば「仲買人（なかがいにん）」です。

この窓口は、いわゆる「会員制」になっていて、新規で株を売り買いするには会員メンバーにならないといけないんです。メンバーになる作業として、「証券口座をつくったり」「株券を預かってもらったり」することがあります（タンス株券は別です）。

実際の株の購入方法については「第2章　実際にインターネットで取引をしよう」を参照してください。

1-13 株式市場のイメージ

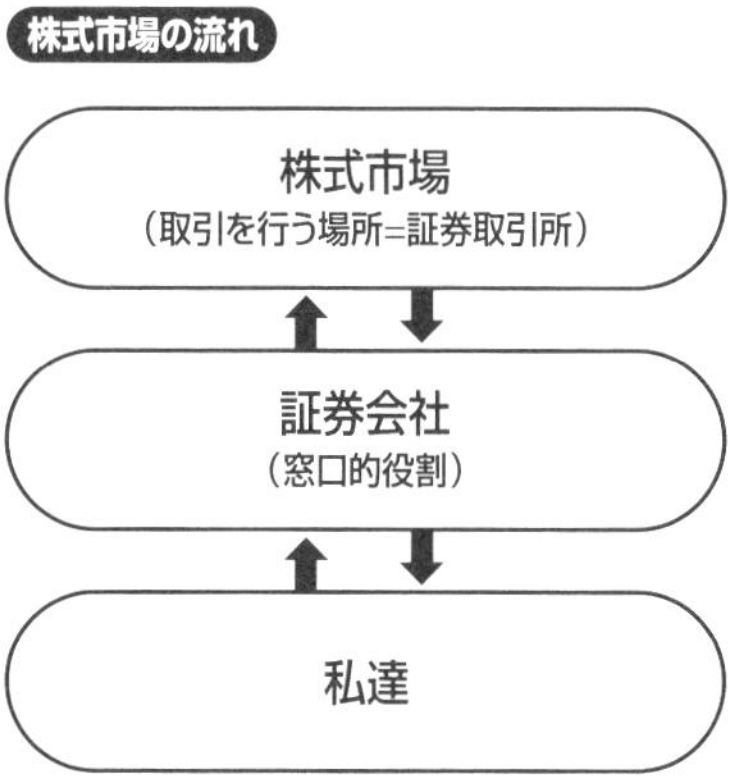
株式市場の流れ
株式市場
（取引を行う場所=証券取引所）
証券会社
（窓口的役割）
私達

「➡」は売買注文の流れ

1-14 主な取引市場

株式市場にはどんな種類があるか

主な株式市場は、東京・大阪・名古屋・福岡・札幌・ジャスダックに証券取引所があります。**東京証券取引所は第1部市場・第2部市場（東証1部・東証2部と略します）・マザーズ市場など、大阪証券取引所は第1部市場・第2部市場（大証1部・大証2部と略します）・ヘラクレス市場**に、それぞれ区分されています。この中で東証1部がいちばん有名で、日本を代表する大企業がたくさん上場しています。

様々な企業がいろいろな市場に上場しているのは、各証券市場に上場するための独自の基準があり、各々の審査に通らないと認められないからです。

もちろん、東証1部の基準および審査がいちばん厳しく、この市場へ上場したときの企業のメリットはかなり大きいです。

超基礎編

01

株式投資参加者はツワモノぞろい

株式市場で株式投資を行っている人達

株式投資を行っている人達をごく大ざっぱに分類すると次の三者に分かれます。

(1) 外国人投資家　(2) 機関投資家　(3) 個人投資家

(1)の外国人投資家は意外かもしれません。しかし実は日本企業の株は外国人にとても人気があるんです。そして、この人達はとても「頭がよい!!」です。

自分の立場で考えてみるとわかります。日本国内の株だけでは飽きたらずに海外(特にNY市場)などで取引をしようと考えている人は、勉強熱心ですね。それだけ投資家としてのレベルが高い人達です。日本のどんな株の名人と戦っても負けないくらいの凄腕の投資家がゴロゴロいます。

(2)の機関投資家という言葉はあまり聞いたことがないと思います。主に信託銀行、証券会社、事業法人、投資信託、銀行などがあります。この機関投資家には億単位の取引を行う大口

1-15｜株式市場に参加している投資家達

投資家の種類	取引量	特徴
（1）外国人投資家	全体の30〜40%	取引の上手な投資集団である。この投資家の動きを読めれば、あなたも一人前？
（2）機関投資家	（1）と（3）以外の残り	主に信託銀行・証券会社・事業法人・投資信託・銀行などが含まれる
（3）個人投資家	全体の30〜40%	私達。90%以上の人間が損をしているとも言われている。あなたは勝ち組になろう!!

投資家が含まれています。「大口」というくらいですから、資金の規模が違います。つまり株価に影響を与える力を持っています。

（3）の個人投資家は私達です。ど素人から、株の達人までいろいろな方がいます。統計上、株で損をするのはほとんど私達ということです*から注意が必要です。あなたも、損をするほとんどの人達にならないようにしましょう。

えっ、ワシですか？　ワシはもちろん「黒字」です。株のしくみを理解すればきちんと儲かりますから。

これら3種類の投資家達が**「安い値段で買って、高い値段で売る」という行為（キャピタルゲイン）を繰り返し**ています。全体の取引量では、個人投資家と外国人投資家がそれぞれ3〜4割を占めており、機関投資家がその残り2〜4割です。

しかし、個人投資家は総取引量が多くても、一人一人の資金量が少ないですから、どうしても大口の機関投資家や外国人投資家の取引量に影響されてしまいます。つまり大口投資家や外国人投資家の考え方によって、株価の動きが大きく左右されることは事実です。

ですのでこれらの投資家が買いたいと思う株を、私達が先回りして、事前に買っておくという作戦が必要でしょう。

*個人投資家は「凍死か？」とも呼ばれるようだ。

超基礎編

01 ちょっと複雑な会社の家計簿「財務諸表《ざいむしょひょう》」

財務諸表は「会社の家計簿」である

今回は「株ってなんだろう?」で取り上げた「あなたが会社を作る話」を、思い出してください。あなたの会社は黒字黒字の大黒字で会社の株券を買った（正確には出資した）Aさんも大儲けしたとします。

ある日、株主のAさんより「会社が儲けているのはわかるけど、いったいどれだけ儲けているのか正確に知りたい」という申し出がありました。

儲けているのはわかっているけれど、いったいどれだけ儲けているのか正確な数字が知りたいと株主からの申し出ですから、会社側としては正確な業績を証明するものを用意する必要が生じた訳です。そこであなたは現在持っている資産や負債額、売上利益や、資金の流れをつけた帳簿を見せることにしました。これらが**財務諸表**で言わば**「会社の家計簿」**です（図1-16）。

この「会社の家計簿」はちょっと複雑にできています。その中身が「貸借対照表（たいしゃくたいしょうひょう）」と「損益計算書（そんえきけいさんしょ）」「キャッシュフロー計算書」です。

1-16　財務諸表の種類と特徴

財務諸表	特徴
貸借対照表	財産（資産）と借金及び使い道を表したもの
損益計算書	会社の儲けを表したもの
キャッシュフロー計算書	会社の現金の流れを示したもの

貸借対照表と損益計算書

「貸借対照表」というのは、「企業の財政状態を明らかにするため、貸借対照表日におけるすべての資産、負債および資本を記載し、株主、債権者その他の利害関係者にこれを正しく表示するものでなければならない。」ものです。

「損益計算書」というのは、「企業の経営成績を明らかにするため、一会計期間に属するすべての収益とこれに対応するすべての費用とを記載して経常利益を表示し、これに特別損益に属する項目を加減して当期純利益を表示しなければならない。」というわかりにくい言葉で説明されています（共に企業会計原則より引用）。

しかし、株式投資をするためにこんな難しい言葉を覚える必要はありません。

要するに、「**貸借対照表**」は「**財産と借金がこれだけあり、それがどのように使われているのか？**」**という内容が書かれたもの**、「**損益計算書**」は「**この会社はこれだけ儲けましたよ（損していますよ）**」**という内容が書かれたものと理解しておけば大丈夫**です（図1-17、図1-18）。

これに沿って考えると、貸借対照表は、「財産が増えて適度に借金が減っている企業ほどよい企業」、損益計算書は「儲けが大きくなればなるほどよい企業」と判断できますね。

この書類が、年に1回から2回、「事業報告書」という名前で株主に送られるようになっています。なお、これらの書類は「**決算書**」という名前で世間一般では呼ばれています。こちらの呼び名の方がなじみ深いかもしれません。

1-17 貸借対照表

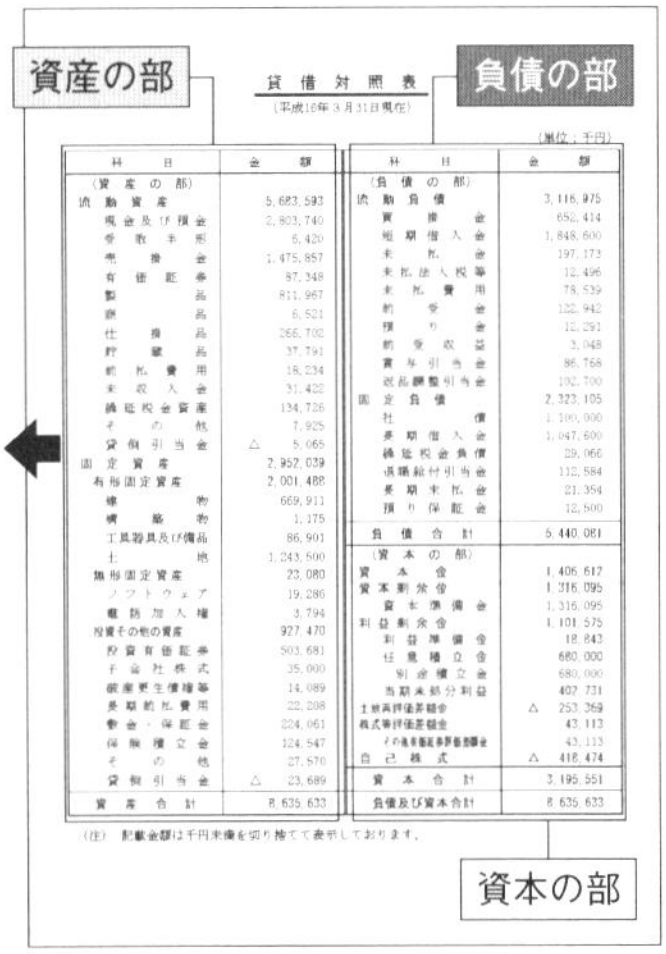

貸借対照表
（平成16年3月31日現在）

（単位：千円）

科目	金額
（資産の部）	
流動資産	5,683,593
現金及び預金	2,803,740
受取手形	6,420
売掛金	1,475,857
有価証券	87,348
製品	811,967
[illegible]品	6,521
仕掛品	266,702
貯蔵品	37,791
前払費用	18,234
未収入金	31,422
繰延税金資産	134,726
その他	7,925
貸倒引当金	△ 5,065
固定資産	2,952,039
有形固定資産	2,001,488
建物	669,911
構築物	1,175
工具器具及び備品	86,901
土地	1,243,500
無形固定資産	23,080
ソフトウェア	19,286
電話加入権	3,794
投資その他の資産	927,470
投資有価証券	503,681
子会社株式	35,000
破産更生債権等	14,089
長期前払費用	22,208
敷金・保証金	224,061
保険積立金	124,547
その他	27,570
貸倒引当金	△ 23,689
資産合計	8,635,633

科目	金額
（負債の部）	
流動負債	3,116,975
買掛金	652,414
短期借入金	1,848,600
未払金	197,173
未払法人税等	12,496
未払費用	78,539
前受金	122,942
預り金	12,291
前受収益	3,048
賞与引当金	86,768
返品調整引当金	102,700
固定負債	2,323,105
社債	1,100,000
長期借入金	1,047,600
繰延税金負債	29,066
退職給付引当金	112,584
長期未払金	21,354
預り保証金	12,500
負債合計	6,440,081
（資本の部）	
資本金	1,406,617
資本剰余金	1,316,095
資本準備金	1,316,095
利益剰余金	1,101,575
利益準備金	18,843
任意積立金	680,000
別途積立金	680,000
当期未処分利益	402,731
土地再評価差額金	△ 253,369
株式等評価差額金	43,113
その他有価証券評価差額金	43,113
自己株式	△ 418,474
資本合計	3,195,551
負債及び資本合計	8,635,633

（注）記載金額は千円未満を切り捨てて表示しております。

1-18 損益計算書

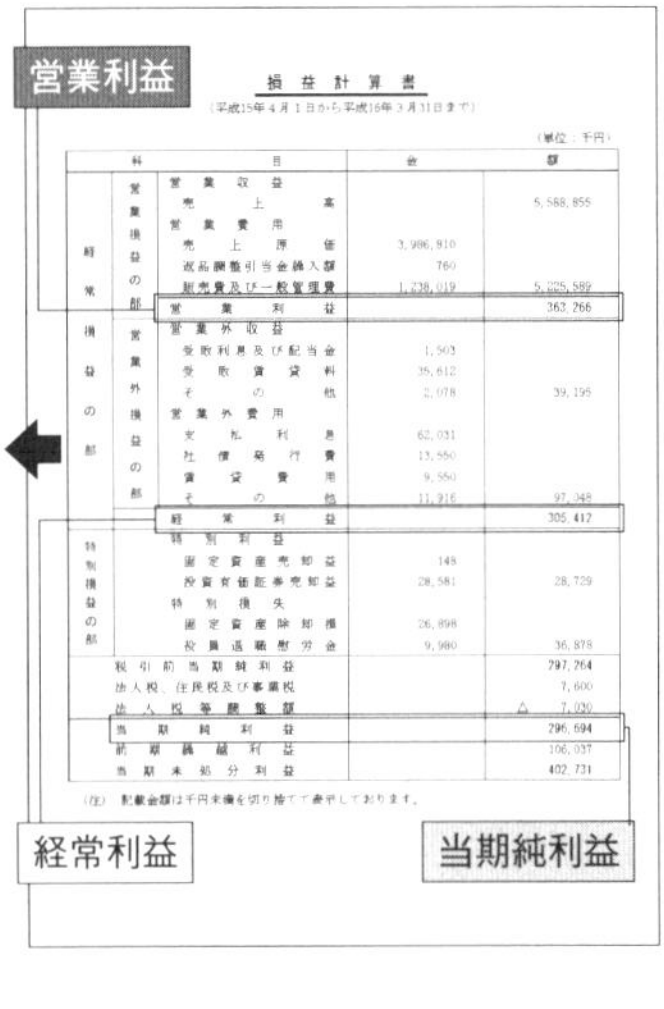

損益計算書
（平成15年4月1日から平成16年3月31日まで）

（単位：千円）

科目		金額	
経常損益の部	営業損益の部	営業収益		
		売上高		5,588,855
		営業費用		
		売上原価	3,986,810	
		返品調整引当金繰入額	760	
		販売費及び一般管理費	1,238,019	5,225,589
		営業利益		363,266
	営業外損益の部	営業外収益		
		受取利息及び配当金	1,503	
		受取賃貸料	35,612	
		その他	2,078	39,195
		営業外費用		
		支払利息	62,031	
		社債発行費	13,550	
		賃貸費用	9,550	
		その他	11,916	97,048
		経常利益		305,417
特別損益の部		特別利益		
		固定資産売却益	148	
		投資有価証券売却益	28,581	28,729
		特別損失		
		固定資産除却損	26,898	
		役員退職慰労金	9,980	36,878
		税引前当期純利益		297,264
		法人税、住民税及び事業税		7,600
		法人税等調整額		△ 7,030
		当期純利益		296,694
		前期繰越利益		106,037
		当期未処分利益		402,731

（注）記載金額は千円未満を切り捨てて表示しております。

貸借対照表と損益計算書

【貸借対照表】

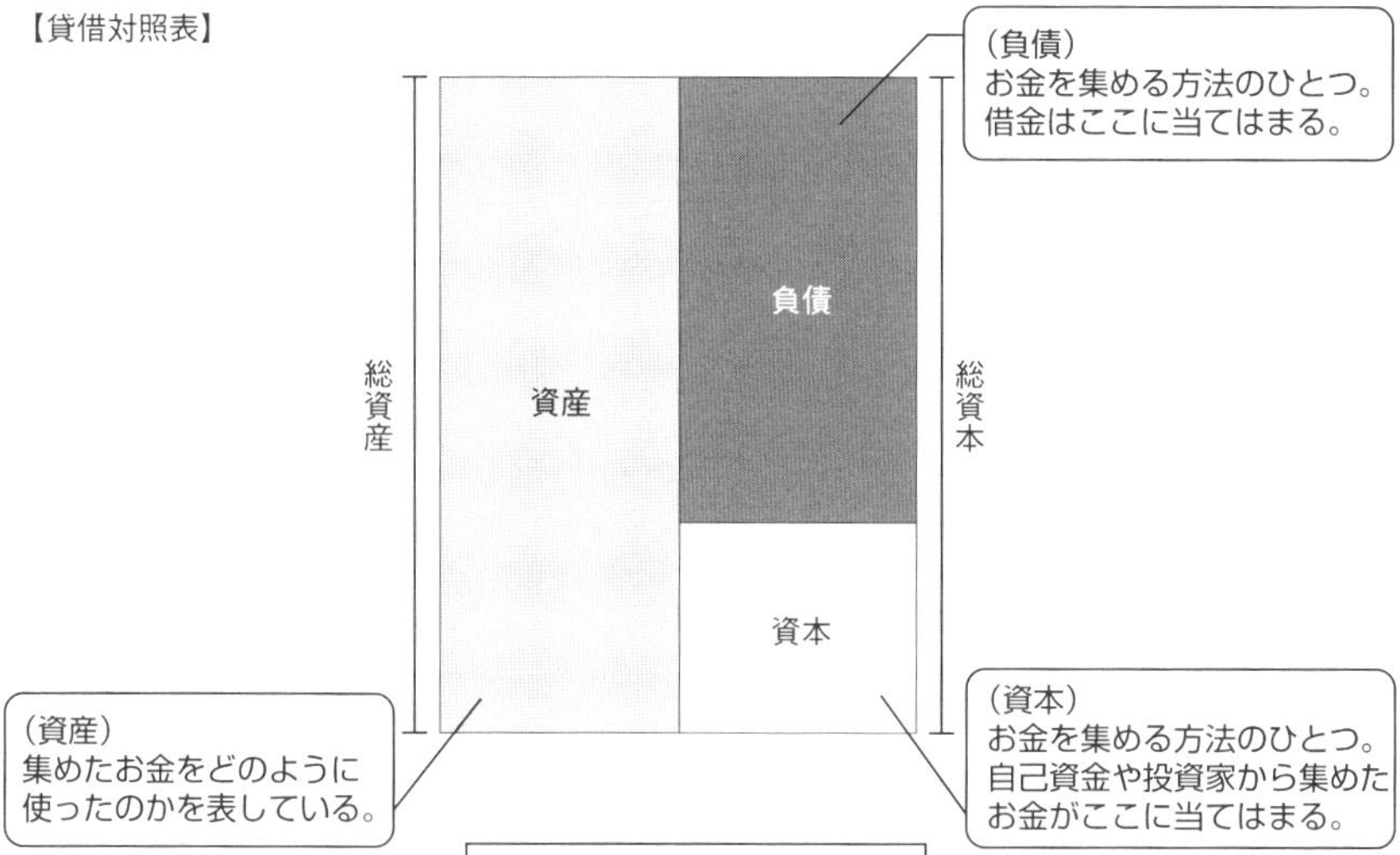

総資産＝総資本

【損益計算書】

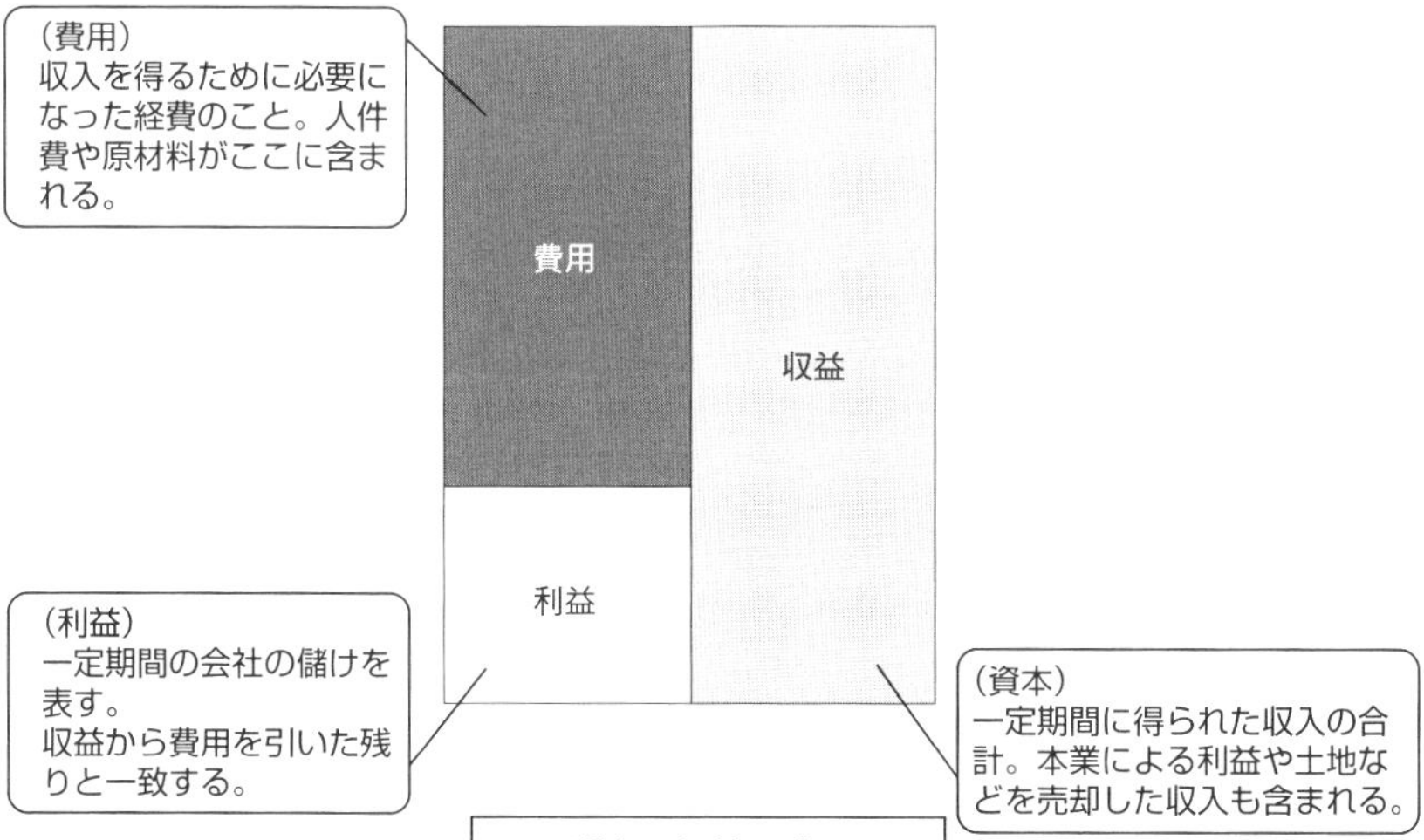

利益＝収益－費用

超基礎編

01 株の値段は投資家次第

株価の上下は需要と供給のバランスで決まる

株式投資で売り買いされる「株」は、金融商品のひとつです。「商品」と名前が付くくらいですから、他の商品と同じように、買いたい人が多ければ値段が上がり、売りたい人が多ければ値段が下がります。

これはみなさんもご存知の「**需要と供給の原則（バランス）**」です。この需要と供給の原則によって値段が決定されることになります（図1-20）。

株は商品である以上、この原則に逆らえません。株価を動かす要因には世界情勢・為替と金利・政治・気象条件・企業の業績などがありますが、これらはすべて「きっかけ」でしかありません。どんなによい情報が広まったとしても投資家が買おうとしなければ株価は上がらず、どんなに悪い情報が広まったとしても投資家が売ろうとしなければ株価は下がりません。

また、株式市場に参加している投資家にも注意が必要です。「株式投資参加者はツワモノぞろい?」のところで紹介しましたが、外国人投資家や機関投資家のような大口投資家は、私達個人投資家と異なり巨額の投資資金を持っています。したがって、これらの投資家が市場に参加

1-20 需要と供給のバランス

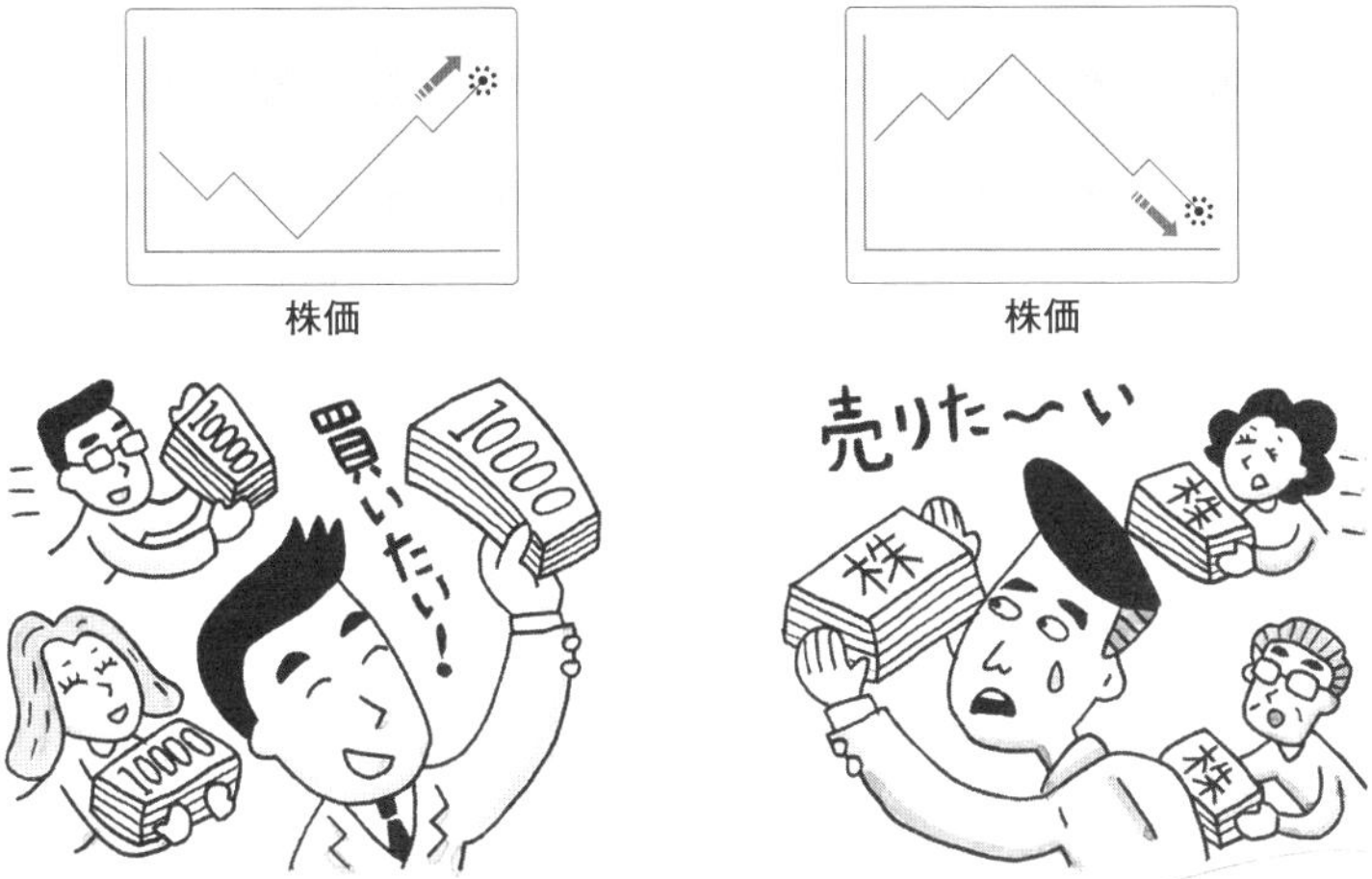

すると株価を変動させる要因になります。

どんなによい情報であっても、大口投資家が大量に売れば株価は下がり、どんなに悪い情報であっても、大口投資家が大量に買えば株価は上がるんです。ここは間違えないように注意してください（ただし、大口投資家は投資のプロですのできちんとしたルールにのっとって取引をしています）。

超基礎編

01 日経新聞購読は大人の常識です

新聞の株価欄の読み方を知ろう

株式投資をしていない方にとって、毎日配達される新聞の中で購読率最低の紙面が「株価欄」でしょう。子どものころ「こんな記事はなければいいのに・・・」と思ったものです。

しかし実は、世の中はこの株価欄が気になってしょうがないという人達でいっぱいです。その人達が「投資家」です。今日からあなたも、その「投資家」達の仲間入りです。ということで早速次ページの株価欄をご覧ください（図1-21）。

これは、日本一経済情報が充実している新聞「日本経済新聞（略して「日経新聞」）」の株価欄です。この新聞を読んでおけば、その日の経済情報で他の投資家と比べて不利な状態になることを未然に防ぐことができます。ただし、値段が他紙に比べて高いです。みなさんの家庭がすでに日経新聞を購読しているのであればいいのですが、現在購読中の新聞に加えてさらに日経新聞を買うのはコスト面を考えると賢い選択とは言えません。できれば現在の新聞を日経新聞に変更してしまいましょう。もしくは日経ネット（http://www.nikkei.co.jp/）で新聞と同じ情報を無料で手に入れるという方法でもかまいません。

さて、次ページ図1-21の日経新聞の株価欄を使って読み方を教えましょう。

まず、①**【東京第1部】**です。これは、わかりますね。市場の名前です。「東京証券取引所第1部市場」の略です。この他に東証2部、大証1部、大証2部、マザーズ・ヘラクレス・ジャスダックなどがあります。

次の②「6月16日（金曜日）」ですが、これは「6月16日に行われた取引を書いてますよ」という意味です。つまり、翌日6月17日付の新聞に前日16日の取引が掲載されています。

次に③「水産・農林」とありますね。これは業種の名前です。業種とは「事業や営業の種類」のことで、「仕事の中身」と思ってくださって結構です。この他にも鉱業・建設・食品・繊維・紙パルプ・化学…など、いろいろな業種が続きます。

次は④「**銘柄**」です。「品質が優れている」という意味ではなくて「**株式市場で取引ができる株の名前**」と思ってください。

次に「極洋」「ニチロ」などの銘柄の横にある⑤「・」です。これは貸借銘柄と言って、信用取引の対象となっている銘柄を表しています。初心者は、ここではこの「・」には意味があるんだと覚えておいていただければ結構です。

次は⑥「**始値　高値　安値　終値**」です。この新聞の場合、左から順に、「16日の取引が成立した始めの値段」、「16日の取引で一番高かった値段」、「一番安かった値段」、「16日の取引で成立した最後の値段」という意味です。

文化シャッターの「791」は年初来高値のことです（⑦）。年初来高値とは、「今年の中で

1-21 日経新聞2006年6月16日株価欄

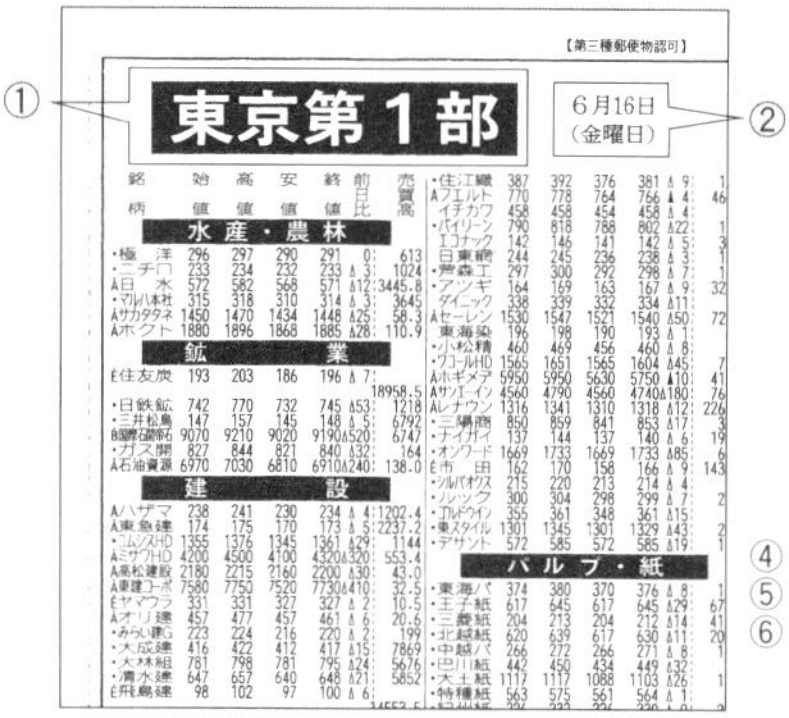

出所：日本経済新聞 2006年6月16日付

① 【東京第1部】…市場の名前。
この場合は東証1部のこと。
② 「6月16日」…6月16日の取引。
③ 「水産・農林」…業種の名前。

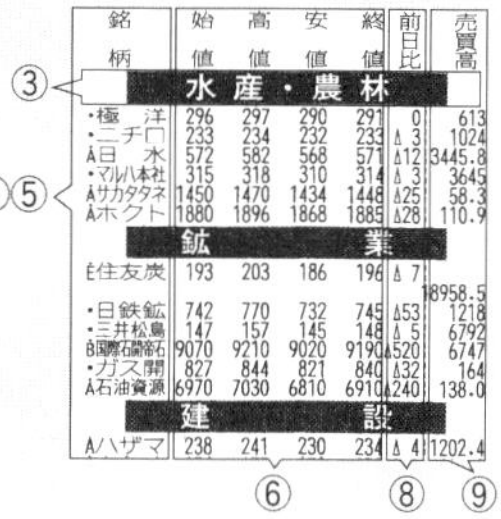

銘柄	始値	高値	安値	終値	前日比	売買高
水産・農林						
・極洋	296	297	290	291	0	613
・ニチロ	233	234	232	233	△3	1024
A日水	572	582	568	571	△12	3445.8
・マルハ本社	315	318	310	314	△3	3645
Aサカタタネ	1450	1470	1434	1448	△25	58.3
Aホクト	1880	1896	1868	1885	△28	110.9
鉱業						
E住友炭	193	203	186	196	△7	18958.5
・日鉄鉱	742	770	732	745	△53	1218
・三井松島	147	157	145	148	△5	6792
B国際石開帝石	9070	9210	9020	9190	△520	6747
・ガス開	827	844	821	840	△32	164
A石油資源	6970	7030	6810	6910	△240	138.0
建設						
Aハザマ	238	241	230	234	△4	1202.4

④「銘柄」…株式市場で取引ができる株の名前。
⑤「・」…貸借銘柄。信用取引の対象となっている銘柄。
⑥「始値　高値　安値　終値」
「始値」…取引が成立したはじめの値段。

「高値」…その日の取引でいちばん高い値段。

「安値」…その日の取引でいちばん安い値段。

「終値」…取引が成立した最後の値段。
⑦…文化シャッターの「791」のアミは年初来高値を指す
⑧「前日比」…前営業日と比べた株価の上下幅。
△が上げ。▲が下げ。
⑨「売買高」…その日に成立した取引の量。

1-22 株価欄の見方

⑪ 株式欄の見方

【単位】株価円。売買単位が1株(または1口)の銘柄は100円。売買高千株。売買単位が1株、10株、50株の銘柄は1株、優先出資証券、不動産投信は1口、上場投信は、日経平均型1口、日経300投信、東証株価指数型1000口、VB法人、VR法人は1口
【記号】 △高 ▲安 0は変わらず 一商い出来ず前日比なし
〔配当落ち〕 ◊高 ♦安 ◊0前日比変わらず ◊一前日比なし
〔新株落ち〕 前日比較は新株落ち計算値比較。
□高 ■安 □0前日比変わらず □一前日比なしまたは新株落ち計算値なし
〔その他の権利落ち〕 ⊘一
〔株式併合または減資〕 ♦一
カ買い気配、ウ売り気配、ケは大証、名証、地方の最終気配
・貸借銘柄　同優先は優先株　同新は新株　引受権は新株引受権
A＝売買単位　100株(100口)　B＝　同　1株(1口)
C＝　同　10株(10口)　D＝　同　50株
E＝　同　500株　F＝　同　2000株
G＝　同　3000株　K＝　同　200株
無印＝　同　1000株(1000口)
白抜き数字は年初来の最高値、または最安値。ただし権利落ち日の週内は原則新値とせず、その後は権利落ち後の新高値・安値となる

出所：日本経済新聞 2006年6月16日付

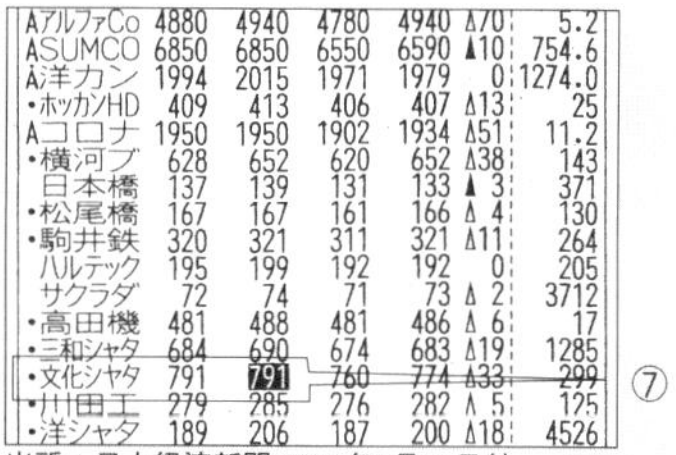

AアルファCo	4880	4940	4780	4940	△70	5.2
ASUMCO	6850	6850	6550	6590	▲10	754.6
A洋カン	1994	2015	1971	1979	0	1274.0
・ホッカンHD	409	413	406	407	△13	25
Aコロナ	1950	1950	1902	1934	△51	11.2
・横河ブ	628	652	620	652	△38	143
日本橋	137	139	131	133	▲3	371
・松尾橋	167	167	161	166	△4	130
・駒井鉄	320	321	311	321	△11	264
ハルテック	195	199	192	192	0	205
サクラダ	72	74	71	73	△2	3712
・高田機	481	488	481	486	△6	17
・三和シヤタ	684	690	674	683	△19	1285
・文化シヤタ	791	791	760	774	△33	299
・川田工	279	285	276	282	△5	125
・洋シヤタ	189	206	187	200	△18	4526

出所：日本経済新聞 2006年6月16日付

⑦

株価欄の見方

A＝売買単位	100株	(100口)
B＝売買単位	1株	(1口)
C＝同　上	10株	(10口)
D＝同　上	50株	
E＝同　上	500株	
F＝同　上	2,000株	
G＝同　上	3,000株	
K＝同　上	200株	
無印＝同　上	1,000株	

(極洋の場合)

銘柄の左隣にアルファベットの文字が記載されていないので、613×1,000株＝613,000株となり、出来高は61万3,000株となる。


【おまけ】

この考え方は、購入金額を計算する上でも役に立つ。

(極洋の場合)

終値の291円で購入するならば、219円×1,000株＝219,000円となり、購入金額は219,000円＋売買手数料が必要となる。

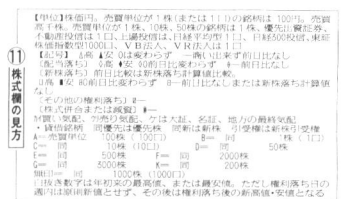

一番高い値段」という意味です。この新聞が発売された当時は株式市場が下落傾向だったので、新聞では「網掛け」つまり、白黒が反転している銘柄が少ないです。

次は、⑧**「前日比」**です。この新聞の場合ならば、前日15日の終値と16日の終値と比べてどれだけ上がったか下がったかを示しています。**△が上がった印で、▲が下がった印**です。勝ち負けを表すのに白星・黒星とありますが、**株価も上がったら勝ちを表す「白」、下がったら負けを表す「黒」**と覚えてください。

次は、⑨**出来高**です。これは1日でどれだけ取引が行われたかを表す数字です。つまり多ければ多いほど、取引が活発に行われたことを示しています。極洋（1281）の場合だと13なので、61万3000株売買取引が成立したというわけです。

ここで疑問がひとつ出てきましたね。「どうして613が61万3000株になるのか?」という疑問です。これは、**「売買単位」**と言って、銘柄の左にあるA~Kのアルファベットごとに単位が異なっているためです（極洋の4行下の「サカタタネ」は「A」の文字があります⑩）。アルファベットがなく**無印の場合はすべて「1,000株単位」**です。ですから、無印の極洋の「613」は613×1000株=61万3000株となるわけです。

売買単位については紙面にある⑪**「株価欄の見方」**に記載されています。

いかがでしょうか?　今回は少々ややこしかったですね。でも、すぐに慣れます。日経新聞の株価欄が理解できないとまともな投資ができませんのでできるだけ早く慣れてくださいね。

超基礎編

01 毎日報道される「日経平均株価」「TOPIX」とは？日経平均採用225銘柄一覧

日経平均株価は225銘柄の平均を取ったもの

株式投資をしていなくても、毎日のニュースで必ずと言ってもいいほど報道されている「**日経平均株価**」。これは、**東証1部に上場している決められた225銘柄の株価の平均値**を出しています。2006年6月現在、この225銘柄が選ばれています（図1-23）。

一方、これと同じようにニュースで教えてくれる「**TOPIX**」ですが、こちらは**東証1部上場全銘柄を対象**として数値を表しています。ただし、こちらは単位が「円」ではなくて「ポイント」。これは、基準日の1968年4月1日を100ポイントとして計算しているから、現在のような数字になっているんです。ちょっとわかりにくいですね。

私達はどちらかというと「日経平均株価」の方を重要視しがちです。しかし、本格的な株式投資をするのであればTOPIXも同じくらい重要に考え、両方を比較しながら投資の判断に使っていただきたいです。

日経平均株価銘柄一覧

（カッコ）内は証券コード番号

業種名	銘柄数	採用銘柄
水産	1	日水（1332）
鉱業	1	帝石（1601）
建設	9	コムシスHD（1721） 日揮（1963） 積ハウス（1928） 鹿島（1812） ハウス（1925） 清水建（1803） 熊谷組（1861） 大成建（1801） 大林組（1802）
食品	15	日清粉G（2002） 日ハム（2282） 日清オイリオ（2602） キッコーマン（2801） 明乳（2261） 日本粉（2001） キリン（2503） 味の素（2802） ニチレイ（2871） アサヒ（2502） 森永（2201） 明菓（2202） サッポロHD（2501） 宝HLD（2531） JT（2914）
繊維	9	帝人（3401） 日清紡（3105） 東レ（3402） 三菱レ（3404） 日東紡（3110） ユニチカ（3103） クラレ（3405） 東洋紡（3101）
パルプ・紙	4	日本紙（3893） 北越紙（3865） 王子紙（3861） 三菱紙（3864）
化学	17	日曹達（4041） 日化薬（4272） 東合成（4045） 日産化（4021） 電化（4061） 昭電工（4004） 協発酵（4151） 旭化成（3407） 三菱化（4010） 宇部興（4208） コニカミノル（4902） 東ソー（4042） 住友化（4005） 資生堂（4911） 花王（4452） 信越化（4063） 富士写（4901） 三井化学（4183）
医薬品	9	テルモ（4543） エーザイ（4523） 三共（4501） 武田（4502） 第一薬（4505） 山之内（4503） 大日薬（4506） 塩野義（4507） 藤沢薬（4511）
石油	3	昭和シェル（5002） 新日石（5001） 新日鉱HD（5016）
ゴム	2	ブリヂストン（5108） 浜ゴム（5101）
窯業	7	ガイシ（5333） 東海カ（5301） 旭硝子（5201） 板硝子（5202） 住友大阪（5232） TOTO（5332） 太平洋セメ（5233）
鉄鋼業	4	JFE（5411） 神戸鋼（5406） 住金（5405） 新日鉄（5401）
非鉄金属製品	11	洋カン（5901） 古河電（5801） 同和鉱（5714） 三菱マ（5711） 住友鉱（5713） 東邦鉛（5707） 日軽金（5701） フジクラ（5803） 住友電（5802） 古河機金（5715） 三井金（5706）
機械	13	千代建（6366） 光洋精（6473） オークマ（6103） NTN（6472） クボタ（6326） 日製鋼（5631） 住友重（6302） 荏原（6361） 日立造（7004） 三菱重（7011） 日精工（6471） コマツ（6301） ダイキン（6367）
電気機器	28	アドテスト（6857） ファナック（6954） TDK（6762） 京セラ（6971） 横河電（6841） アルプス（6770） キヤノン（7751） GSユアサ（6674） 富士通（6702） 松下（6752） パイオニア（6773） 松電工（6991） 沖電気（6703） 富士電HD（6504） 明電舎（6508） 三洋電（6764） 東芝（6502） 三菱電（6503） ミネベア（6479） NEC（6701） クラリオン（6796） 日立（6501） ミツミ（6767） シャープ（6753） 太陽電（6976） デンソー（6902） カシオ（6952） ソニー（6758）
造船	3	川重（7012） 石川島（7013） 三井造（7003）
自動車	9	トヨタ（7203） スズキ（7269） 富士重（7270） 日産自（7201） 三菱自（7211） 日野自（7205） マツダ（7261） いすゞ（7202） ホンダ（7267）
輸送機器	1	トピー（7231）
精密機器	4	オリンパス（7733） リコー（7752） ニコン（7731） シチズン（7762）
その他製造	3	大日印（7912） 凸版（7911） ヤマハ（7951）
商社	9	東エレク（8035） 住友商（8053） 三井物（8031） 伊藤忠（8001） 三菱商（8058） 丸紅（8002） トーメン（8003） 双日HD（2768） ソフトバンク（9984）
小売業	8	イトヨーカ（8264） 伊勢丹（8238） 丸井（8252） 高島屋（8233） 三越（2779） 東急百（8232） セブンイレブ（8183） イオン（8267）
銀行	4	三井住友FG（8316） 三菱東京FG（8306） みずほFG（8411） 住友信（8403） 静岡銀（8355） 横浜銀（8332） りそなHD（8308） みずほ信（8404） 千葉銀（8331） 三井トラスト（8309） UFJ（8307）
証券	4	野村（8604） 大和（8601） 日興コーデ（8603） 新光（8606）
保険	3	損保ジャパン（8755） 三井住友海（8752） ミレアHD（8766）
その他金融	2	クレセゾン（8253） 日信販（8583）
不動産	4	三井不（8801） 菱地所（8802） 住友不（8830） 平和不（8803）
鉄道・バス	7	京成（9009） 京王（9008） 東武（9001） 東急（9005） 小田急（9007） JR西日本（9021） JR東日本（9020）
陸運	2	ヤマト運（9064） 日通（9062）
海運	3	郵船（9101） 商船三井（9104） 川崎汽（9107）
空運	2	JAL（9205） ANA（9202）
倉庫	1	三菱倉（9301）
情報・通信	4	NTT（9432） NTTデータ（9613） KDDI（9433） NTTドコモ（9437）
電力	3	東電（9501） 関西電（9503） 中部電（9502）
ガス	2	東ガス（9531） 大ガス（9532）
サービス・卸売業	7	電通（4324） CSK（9737） セコム（9735） 東映（9605） 東京ドーム（9681） コナミ（9766） トレンド（4704）

誰でも知っている有名な企業が比較的多く含まれている。
また、採用企業の入れ替えも比較的行われている。

超基礎編

01 会社四季報は宝の山ザクザク～会社四季報のキモ

会社四季報ってなあに？

「会社四季報」という本はご存知でしょうか？　もしかすると就職活動でお使いになった方がいらっしゃるかもしれませんね。

株主のもとへ届けられる「財務諸表」は数字ばかりが並んでいて、初心者にはとてもわかりにくいです。確かに、お金のことですから、数字ばかり並んでいるのは当然のことです。しかし、この事業報告書をもう少しわかりやすく説明してくれればいいのに……と思われる方もたくさんいるでしょう。その希望に見事に応えてくれるのが**「会社四季報」**なんです。

この「会社四季報」は、いわば**会社の通信簿**の役割を果たしています。

数字ばかりだった「財務諸表」に文字が入って、さらに評価を行い点数もつけてくれる。わかりにくかった会社の状態がはっきりとわかるようになります。もちろん、あなたが株主である企業だけでなく、他企業の経営状態もわかり比べることもできます。さらに**年に4回発行されているので経営状況の変化もわかる**ようになりました。

現在、この「会社四季報」は大人気です。こんな便利な本が売れないわけがありません。今では、株式投資をする人にとって、なくてはならないものになっています。

会社四季報の特徴

会社四季報は定価1750円です。12月（新春号）・3月（春季号）・6月（夏季号）・9月（秋季号）の年4回発売されます。表紙の色が赤（新春）・緑（春）・青（夏）・オレンジ（秋）とカラフルで、一覧するだけでどの季節のものかわかります（昔はすべて白で統一されていました）。出版社は「東洋経済新報社」、この会社独自の予想で業界No.1のシェアを誇っています。各企業専用に担当記者がいてその担当記者が予想をされるようです。**各企業が発表する「自分有利な」来期予想ではなく、客観的な判断がされる**ので、ワシは、会社の決算書よりもむしろ会社四季報こそが会社の通信簿であると考えます。

会社四季報の売上は、年度末の決算が反映されている6月（夏季号）がいちばん多いです。ついで中間決算が反映されている12月（新春号）です。残りの2号は目新しい情報がないということでお金をケチって、1年間のうちにこの2冊しか買わない人もいます。

しかし、ワシ的には、**できれば4冊すべて買ってほしい**です。最近は四半期決算（3ヶ月に1回、企業の業績を報告する決算のこと）をしたり、決算の日が他の企業と異なっていたりするところもあるからです。東洋経済新報社の回し者ではありませんが、企業のさまざまな変化を知るためにぜひそろえておきたいですね。

超基礎編

01 会社四季報　大事なのはココだ！

会社四季報の重要ポイントをチェックしよう

①【5405】

これは銘柄コード番号です。会社ごとに番号が割り当てられています。

②【黒字化】

その他【浮上】【増益】【上方修正】といった言葉が入ると株価が上昇します。絶対に！

「でも今、下がっているじゃない」という株もあると思いますが大丈夫です。上がります。あと半年辛抱してみましょう。

③【株主】

四季報の中で株主が一番大事です。なぜならば業績は粉飾決算*でごまかそうとする場合もあるからです。でも、株主をごまかすことはできません（西武鉄道の虚偽記載*など）。

粉飾決算
決算時に売上の水増し、コストの圧縮計上、帳簿上の売上操作などで会社の経営数値を操作すること。もっとも現在は決算をチェックする監査法人に対する罰則が厳しくされるなど、上場企業の粉飾決算はかなり実行しにくい。

西武鉄道の虚偽記載
西武鉄道が有価証券報告書に大株主の持ち株数を実態よりも少なく記載し東京証券取引所の上場廃止基準に抵触していた。

1-25 会社四季報のポイントをチェック

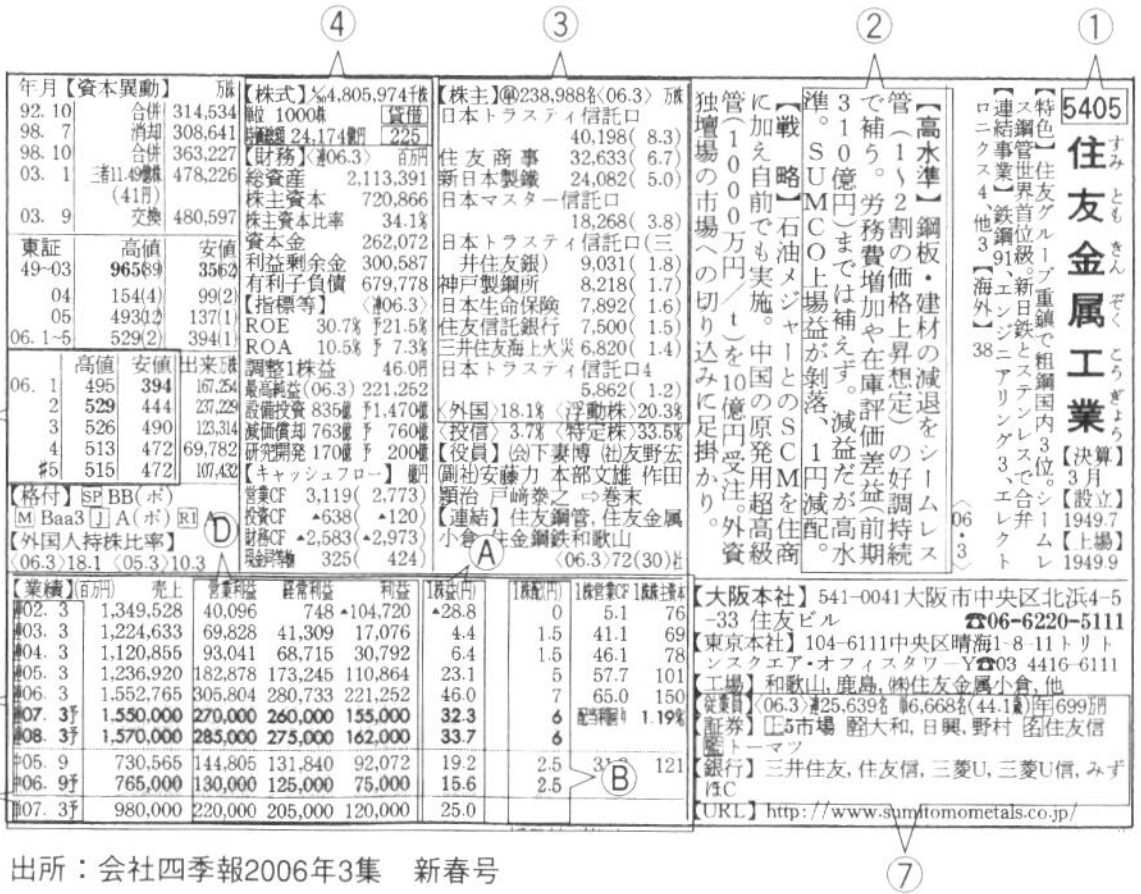
① 5405 住《すみ》友《とも》金《きん》属《ぞく》工《こう》業《ぎょう》
【決算】3月 【設立】1949.7 【上場】1949.9
【特色】住友グループ重鎮で粗鋼国内3位。シームレス鋼管世界首位級。新日鉄とステンレスで合弁
【連結事業】鉄鋼91、エンジニアリング3、エレクトロニクス4、他3【海外】38 〈06・3〉
②【高水準】鋼板・建材の減退をシームレス管（1〜2割の価格上昇想定）の好調持続で補う。労務費増加や在庫評価差益（前期310億円）までは補えず。SUMCO上場益が剥落、減益だが高水準。1円減配。
【戦略】石油メジャーとのSCMを住商に加え自前でも実施。中国の原発用超高級管（1000万円／t）を10億円受注。外資独壇場の市場への切り込みに足掛かり。
③【株主】㊥238,988名〈06.3〉万株
日本トラスティ信託口 40,198（8.3）
住友商事 32,633（6.7）
新日本製鐵 24,082（5.0）
日本マスター信託口 18,268（3.8）
日本トラスティ信託口（三井住友銀） 9,031（1.8）
神戸製鋼所 8,218（1.7）
日本生命保険 7,892（1.6）
住友信託銀行 7,500（1.5）
三井住友海上火災 6,820（1.4）
日本トラスティ信託口4 5,862（1.2）
〈外国〉18.1％〈浮動株〉20.3％
〈投信〉3.7％〈特定株〉33.5％
【役員】㊎下妻博 ㈳友野宏 (副社)安藤力 本部文雄 作田穎治 戸崎泰之 ⇨巻末
【連結】住友鋼管，住友金属小倉，住金鋼鉄和歌山 〈06.3〉72（30）社
④【株式】％4,805,974千株 単位 1000株 貸借 時価総額 24,174億円 225
【財務】〈連06.3〉百万円
総資産 2,113,391
株主資本 720,866
株主資本比率 34.1％
資本金 262,072
利益剰余金 300,587
有利子負債 679,778
【指標等】〈連06.3〉
ROE 30.7％ 予21.5％
ROA 10.5％ 予 7.3％
調整1株益 46.0円
最高純益（06.3）221,252
設備投資 835億 予1,470億
減価償却 763億 予 760億
研究開発 170億 予 200億
【キャッシュフロー】億円
営業CF 3,119（2,773）
投資CF ▲638（▲120）
財務CF ▲2,583（▲2,973）
現金同等物 325（424）

年月	【資本異動】	万株
92.10	合併	314,534
98.7	消却	308,641
98.10	合併	363,227
03.1	三者11.49億株（41円）	478,226
03.9	交換	480,597

東証	高値	安値
49~03	965(89)	35(62)
04	154(4)	99(2)
05	493(12)	137(1)
06.1~5	529(2)	394(1)

⑤
	高値	安値	出来万株
06.1	495	394	167,254
2	529	444	237,229
3	526	490	123,314
4	513	472	69,782
#5	515	472	107,432

【格付】SP BB（ポ） M Baa3 J A（ポ） RI A Ⓓ
【外国人持株比率】〈06.3〉18.1〈05.3〉10.3

⑥ Ⓒ
【業績】(百万円)	売上	営業利益	経常利益	利益	1株益(円) Ⓐ	1株配(円) Ⓑ	1株営業CF	1株株主資本
連02.3	1,349,528	40,096	748	▲104,720	▲28.8	0	5.1	76
連03.3	1,224,633	69,828	41,309	17,076	4.4	1.5	41.1	69
連04.3	1,120,855	93,041	68,715	30,792	6.4	1.5	46.1	78
連05.3	1,236,920	182,878	173,245	110,864	23.1	5	57.7	101
連06.3	1,552,765	305,804	280,733	221,252	46.0	7	65.0	150
連07.3予	1,550,000	270,000	260,000	155,000	32.3	6	配当利回り	1.19％
連08.3予	1,570,000	285,000	275,000	162,000	33.7	6		
中05.9	730,565	144,805	131,840	92,072	19.2	2.5	31.3	121
中06.9予	765,000	130,000	125,000	75,000	15.6	2.5		
会07.3予	980,000	220,000	205,000	120,000	25.0			

【大阪本社】541-0041大阪市中央区北浜4-5-33 住友ビル ☎06-6220-5111
【東京本社】104-6111中央区晴海1-8-11トリトンスクエア・オフィスタワーY ☎03 4416-6111
【工場】和歌山，鹿島，㈱住友金属小倉，他
【従業員】〈06.3〉連25,639名 単6,668名（44.1歳）年699万円
【証券】上5市場 幹大和，日興，野村 名住友信 監トーマツ
【銀行】三井住友，住友信，三菱U，三菱U信，みずほC
⑦【URL】http://www.sumitomometals.co.jp/

出所：会社四季報2006年3集　新春号

④【株式】

ここでは約48億株ですね。これは発行株式数※を示しています。簡単に言うと「一口いくら」とかの「48億口（くち）」です。ど素人はこの程度わかれば十分です。

⑤【高値・安値】

「06・1　495　394」

というのは2006年1月の高値が495円、安値が394円という意味です。

この394円が太字になっているのは2006・1〜5月の中で一番安いのが394円という意味です。

⑥【業績】

このブロックはまさに会社四季報のキモです。

Ⓐ「1株益」（一株当たり利益→64ページ参照）

48億口のうちの、1口あたりでどれだけ儲かっているか、つまり、一株のお金でどれだけ儲かっているかがわかります。

Ⓑ「1株配」（一株配当）

発行株式数
この数字の大小によって小型・中型・大型株となる（80ページ参照）。

株主が一番うれしい一株あたりの「配当金」のことです。この一株配当が7円で1，000株持っていたら、7，000円をもらえるということです。しかし税金で引かれた後は、6，300円。す、す、少ないです！　でも、1，000株だから6，300円なのです。100万株、1，000万株だったらどうなるか？　ど素人の最終目標、それは「配当金で飯が食えるようになる」ことです（146ページ）。だから口をすっぱくして「ひたすら株数を増やせ」とワシは言うわけです。

Ⓒ「連」「単」「中」「予」

「連」はグループ企業を含めた連結決算です。「単」はその企業の単独決算です。「中」は半期決算を表します。そして「予」は、業界No．1のシェアを持つ四季報独自の予測です。この予測値の株価に対する影響は大きいので要チェックです。

Ⓓ「営業利益」「経常利益」「利益」

売上－コスト＝「営業利益」です。「経常利益」は営業利益に本業以外の損益を加減した利益。経常利益から税金などを差し引いて最終的に残る利益が「利益」（当期純利益）です。これらは全て企業の「財務諸表」で公開されています。

⑦【従業員】【証券】【銀行】

【従業員】の連は関連企業も含めた従業員数です。【証券】は幹事証券のことで株式市場で株が売買できるようにお手伝いする証券会社のことです。【銀行】は当該企業に最も多く融資している「メインバンク」のことです。

第2章

売買スタート編

取引徹底攻略

02 インターネットで株式投資を行う

証券会社を選ぶコツ

第1章で株式投資の基礎知識のキモをご紹介してきましたが、この章では実際に株式投資をスタートするための流れを見てみましょう。

前章「株はどこに売っているの?」のところで「証券会社のメンバーになることが必要だ」と書きましたが覚えていましたか? 各企業の株の取引が行われている東京証券取引所などの株式市場では売ってくれないので、証券会社を通じて株を購入するのでしたね。

では、あなたがこれからお世話になる証券会社を探しましょう。

証券会社とは、株を買うための「窓口」です。この窓口にはいろいろなタイプがあって、使いやすく情報が豊富、はたまた手数料が安いなどなど、自分の好みにあわせて選べます。

ワシが証券会社を選ぶ基準は**口座管理料が無料**、**取引手数料が安い**、**情報が豊富**の3点です。この3点をバランスよく満たしている証券会社*は、現在のところ「イー・トレード証券」(https://newtrading.etrade.ne.jp/ETGate)だと思います。

ワシもここをメインの証券会社として使用しています。本当に使いやすくオススメです。

証券会社
各証券会社の口座管理料と取引手数料は52ページを参照。

2-1 イー・トレード証券口座開設までの流れ

①イー・トレード証券のホームページで口座開設資料を請求する

↓

②申込書に必要事項を記入・捺印（なついん）し、本人確認書類を同封し、返送する

↓

③パスワードなどが記載された確認書類が届く

↓

④証券口座にお金を入金して取引を開始する

これだけのことを全て自宅で行えるのだから、インターネット取引はとても便利。

証券会社で口座を開こう

証券会社で口座を開くのは、「店舗に直接行き、手続きする方法」と「インターネットで証券会社のＨＰに資料請求して、郵送で手続きする方法」の２種類です。店舗に直接行く場合は、証券会社のきれいなお姉さんが手取り足取り教えてくれます（ここでは割愛）。

この本では、「インターネットで証券会社のホームページに資料請求して、郵送で手続きする方法」を説明します（図2-1）。「①ホームページで資料請求→②申込書に必要事項を記入・捺印＋必要書類を同封して返送→③パスワードが記載された確認書類が届く→④証券口座にお金を入金して取引開始」という流れがあります。すべて証券会社の指示通りに手続きを行えば、簡単にできますね。

では、次のページから詳しく紹介していきます。

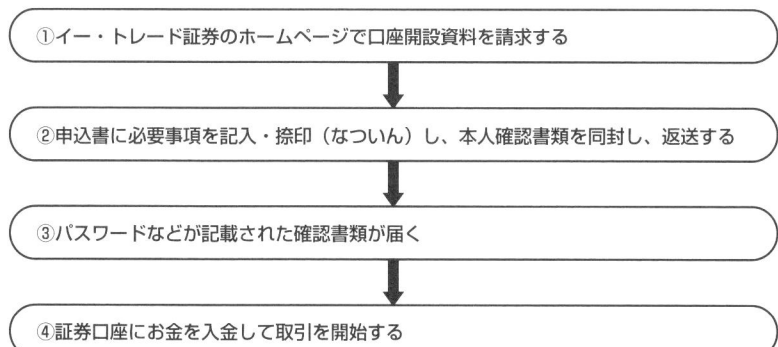

02 証券会社に資料請求をするイー・トレード証券で口座開設

イー・トレード証券で口座開設をしよう

①ホームページで資料請求

イー・トレード証券（http://www.etrade.ne.jp）から資料請求を行いましょう。トップページにある「口座開設のご案内」をクリックしてください。

次に「口座開設のお申し込み」の「個人のお客様」をクリックすると「口座開設申込書ご請求フォーム」が現れます（図2-2）。

ここに必要事項を記入して送信してください。数日後、口座開設申込書が到着します。

②申込書に必要事項を記入・捺印＋必要書類を同封して返送

資料請求をすると、一通の封筒が送られてきます。その中には、❶イー・トレードの証券総合サービス申込書、❷サービスガイドブック（冊子）、❸特定口座に係る上場株式等保管委託および上場株式等信用取引約款*、❹ご本人確認書類ご提出のお願い、❺返信封筒

の5点が入っています。大切なのは❶と❹と❺です。

*特定口座を選択した場合と一般口座の場合とは若干異なります。

2-2 口座開設申し込み書請求フォーム画面

E*トレード証券 口座開設申込書ご請求フォーム　口座開設Q&A

個人情報の入力

当社における個人情報保護宣言及びお客様の個人情報の利用目的はこちら
以下の項目をご入力ください。
※お取引は日本在住の20歳以上の方に限定させて頂いておりますので、何卒ご了承ください。
※ご登録いただくご住所につきましては免許証・保険証等の本人様確認書類と同一のものをご入力ください。

（*必須項目）

■お名前・ご連絡先

お名前 *	姓 ＿ 名 ＿（全角）
	セイ ＿ メイ ＿（全角カタカナ）
生年月日 *	○明治 ○大正 ○昭和 ＿年 ＿月 ＿日（半角）
性別 *	○男 ○女
電話番号（ご自宅）*	＿-＿-＿（半角）
携帯電話番号	＿-＿-＿（半角）
FAX番号	＿-＿-＿（半角）
Eメールアドレス *	（半角英数字、@以下の英字は小文字） ※確認のためご登録されるEメールアドレスを再度ご入力ください
確認用Eメールアドレス *	（半角英数字、@以下の英字は小文字）
ご住所（本人確認書類と同一住所）	
郵便番号 *	住所検索 ※マッキントッシュをご利用のお客様は、まずはじめにこちらをご確認ください。
住所 *	住所を検索してください
住所カナ *	住所を検索してください

2-3 イー・トレード証券の総合サービス申込書例

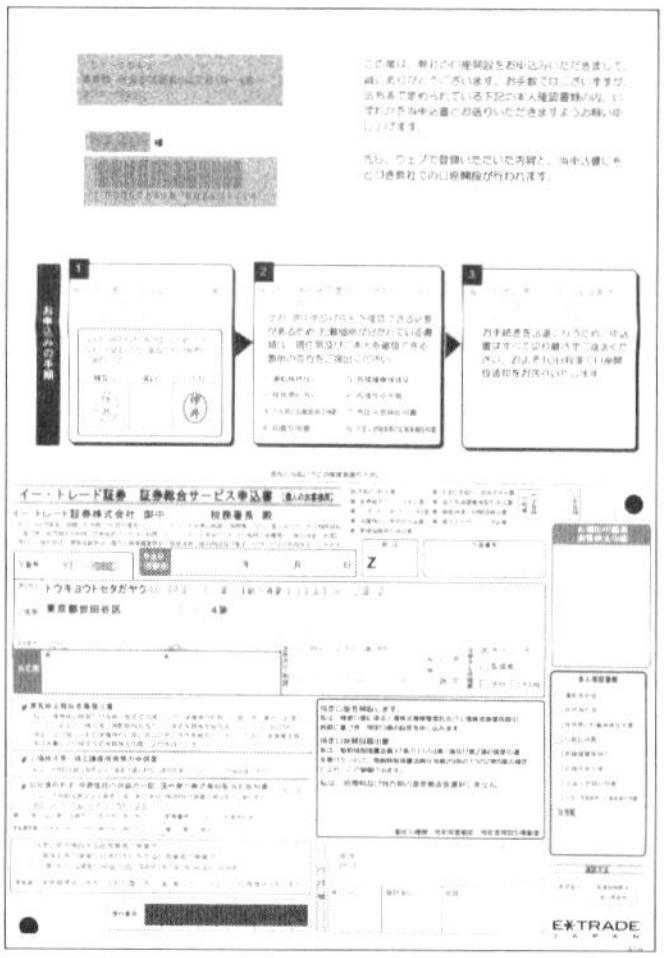

❶の申込書は、資料請求の際に必要事項を記入した内容がすでに書きこまれています(図2-3)。間違っている場合はもう一度ウェブサイトから請求します。

次は❹ご本人確認書類ご提出のお願いです。これは本人確認書類をコピーして郵送します。ご本人確認書類には、運転免許証、各種健康保険証等があります。これらは誰でも持っているでしょうから、どちらかをコピーするのが一番早いでしょう。

最後に、❺返信封筒に、記入した❶と本人確認書類(免許証か保険証のコピー)をいれて郵送してください。もちろん、切手を貼る必要はありません。

③パスワードが記載された確認書類が届く

申込書を提出してから数日後、「ウェルカムレター」というものが届きます。その中の1

2-4 口座番号とパスワード

○○○○様の口座番号、ユーザーネーム、初期パスワードは次の通りです。

口座番号	Z12－345678
ユーザーネーム	ABCDEFGHI
ログインパスワード	A1234B
取引パスワード	C5678D

2-5 銀行の振込先例

銀行の振込先（例）

銀行名	店舗名	種別	口座番号
みずほ銀行	○○支店	普通	1234567
三菱東京UFJ銀行	××△△○○店	普通	1234567
三井住友銀行	××支店	普通	1234567
スルガ銀行	△△××○○支店	普通	1234567

枚の用紙に、口座番号およびパスワードが記入されています（図2-4）。ここは重要です。「口座番号」はその名の通り、銀行や郵便局の通帳の口座番号と同じです。「ユーザーネーム」「ログインパスワード」はEトレード証券のホームページにログインする際に必要です。必ず忘れないようにしてください。ワシは、パソコンの見やすいところに貼りつけています（この場合は、だれにも見せないように管理すること）。

「取引パスワード」はいわば、「暗証番号」的な役割をしています。取引をするときの一番最後に確認の意味を込めて必ず入力します。絶対に忘れないように。

④証券口座にお金を入金して取引開始

いよいよ最後の作業です。あなたがあらかじめ決めた投資金額を証券口座に振りこみます。株を購入するときは、ネット証券の場合「代金先払い」となります。証券口座の中に投資資金があって初めて株式取引が可能となります。イー・トレード証券では、振込先が指定されていて、❸のウェルカムレターの1枚に銀行名・店舗名・口座番号などが記載されています（図2-5）。

どれかひとつの銀行に振りこめばよいということです。振込手数料はあなたがお持ちの銀行口座によって異なります。この作業を「**振込入金サービス**」と言います。

この他に、「即時入金サービス」があります。これは、銀行口座から証券口座へ資金を瞬時移動させるサービスで、これは各金融機関での手続きが必要になります。詳しくは各金融機関でお申し込みください。

Column

株式市場の営業時間は短い

ネット証券は24時間営業ですが、株式市場はもっと短いです。午前9時から午前11時までの2時間と午後12時30分から午後3時までの2時間30分の計4時間30分です。

午前中の2時間を「前場（ぜんば）」といい、午後の2時間30分を「後場（ごば）」といいます。ですからこの時間以外の取引注文は前場及び後場の最初にまとめて処理されます。

たとえば、前日午後3時から午前9時（間に合えば）までの注文は午前9時に、当日午前11時から午後12時30分（間に合えば）までの注文は午後12時30分に、それぞれ処理されます。ですから、この時間帯は必然的に、他の時間よりも取引の成立する量（出来高）が多くなる可能性が高いです。

ちなみに大阪証券取引所は、後場の時間が他よりも10分長くて、終了時刻が15時10分となっています。取引を始めた最初のうちはこのことに戸惑うかもしれません。

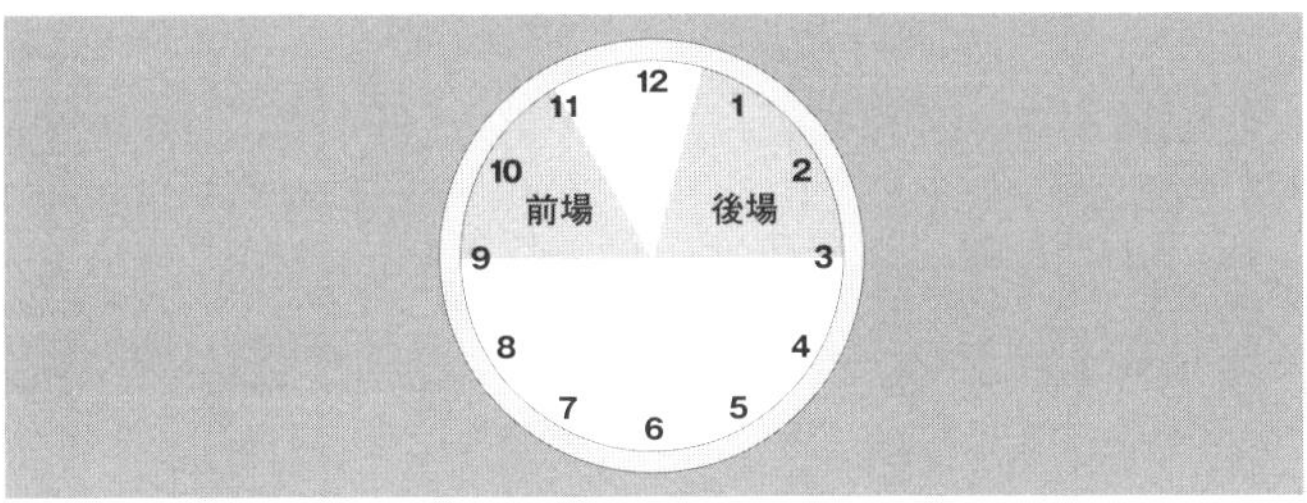

売買ができるのは前場の2時間と後場の2時間30分だけ。

02 手数料戦争勃発！　手数料の安さが極限に～取引ごと手数料

ジョインベスト証券・GMOインターネット証券が参戦

ワシが証券会社を選ぶ基準は**口座管理料が無料、取引手数料が安い、情報が豊富**の3点です。しかし、最近では「**取引手数料が安い**」の部分に異変が起きています。

「口座管理料」とは、「口座維持管理手数料」のことです。難しい言葉のようですが、意味は簡単です。証券会社に購入した株を預ける場合に、その管理という名目で必要になる手数料のことです。今は、手数料の自由化によって、このような手数料が無料になる証券会社が増えています。

「取引手数料」とは、「株式売買委託手数料」のことです。これも難しい言葉ですが、意味はカンタンです。私達投資家は、株式市場で直接株を売買できませんから、証券会社という窓口を通じて行うのでしたね。その取次の際に必要な手数料だと考えてください。

この手数料も、各証券会社によって異なります。次の図をご覧ください（図2-6）。そうなんです。手数料の安さが極限に近づいています。特に約定代金（取引金額）が20万円以下の場合、ワンコイン（１００円以下）は当たり前になっちゃいました。

2-6 取引ごと手数料一覧

取引手数料の安さランキング（取引ごと手数料編）

証券会社名	口座管理料	10万円までの注文	20万円までの注文
丸三証券※1	無料	無料	無料
GMOインターネット証券※2	無料	80円	80円
ジェット証券	無料	84円	105円
ジョインベスト証券※3	無料	100円	100円
イー・トレード証券※4	無料	100円	100円

※1　丸三証券の［20万円まで無料］は対象外銘柄あり（新規口座開設後2ヶ月間は除く）。
※2　GMOインターネット証券は平成18年9月29日までのキャンペーン。
※3　ジョインベスト証券は平成18年8月31日までのキャンペーン。
※4　イー・トレード証券は平成18年8月31日までのキャンペーン。

取引スタイルに応じて手数料システムを使い分ける

取引手数料には、1回の取引ごとに手数料を支払う「**取引ごと手数料**」と約定代金もしくは取引金額の合計によって手数料を支払う「**定額手数料**」の2種類があります。

取引回数の少ない中長期投資家の場合は「取引ごと手数料」を、取引回数の多いデイトレーダーなどの短期投資家は「定額手数料」をそれぞれ選択します。新年度から野村グループのジョインベスト証券、GMOグループのGMOインターネット証券の参加により、去年に比べて手数料がさらに値下がりしました。私達投資家は、手数料がより安く、使いやすい証券会社を吟味して賢く利用しましょう。

02 約定代金で選ぶか？　それとも取引回数で選ぶか？ ～定額手数料

10万円までの注文なら手数料無料の証券会社

定額手数料については、取引ごと手数料に比べて、さらに競争が激化しています。なにしろ、**「取引回数が増える＝証券会社の手数料収入が増える」**わけですから、取引を頻繁に行うデイトレーダー等の短期投資家は、いわば証券会社にとってのお得意様となります。

一般生活でも、商品をたくさん購入する人は割引が行われることになりますので、こちらも当然の流れです。

各証券会社が個人投資家の口座をたくさん集めようと考えている現在、30万円以下の少額投資の手数料が大変お得になっています。こちらの図をご覧ください（図2-7）。

新規口座開設後3ヶ月間であれば、**岩井証券が1日の約定代金30万円までの投資家を無料に、楽天証券が20万円までの投資家を無料にしています。**

また、10万円以下となると、**イートレード証券・松井証券・エイチ・エス証券**の3社が期間無期限で無料にしてくれます。「ここまで安くして、経営は大丈夫なの？」とこちらが心配したくなるほどです。

取引手数料の安さランキング（1日定額手数料編）

証券会社名	10万円までの注文	20万円までの注文	30万円までの注文
岩井証券※1	無料	無料	無料
楽天証券※2	無料	無料	525円
イー・トレード証券※3	無料	200円	315円
松井証券	無料	315円	315円
エイチ・エス証券	無料	2625円	2625円

※1　岩井証券は新規口座開設後3ヶ月間は30万円まで手数料無料。
※2　楽天証券は新規口座開設後3ヶ月間は20万円まで手数料無料。
※3　イー・トレード証券は平成18年8月31日までのキャンペーン。

取引手数料の安さランキング（1ヶ月・3ヶ月定額手数料編）

証券会社名	会費	取引回数	限度額
SMBCフレンド証券	1ヶ月3150円	10回	ー
	1ヶ月6300円	30回	ー
	1ヶ月10500円	60回	ー
コスモ証券	1ヶ月10500円	50回	1回あたり5000万円
	1ヶ月21000円	100回	1回あたり5000万円
東洋証券	1ヶ月10500円	60回	合計1億5000万円
リテラ・クレア証券	3ヶ月オークション方式	無制限	無制限

限度額を気にせずに取引できる1ヶ月定額制

短期投資家の中でも、1ヶ月の取引回数がある程度決まっている方および限度額を気にせずに取引したい方に最適なのは「**1ヶ月定額制**」の手数料です。

現在、**SMBCフレンド証券**、**コスモ証券**、**東洋証券**の各証券会社で1ヶ月定額制の手数料を選択できます。**リテラ・クレア証券**では、取引回数も無制限・約定代金も無制限というデイトレーダーにとって「よだれものの手数料システム」も存在します。手数料の高安は投資成績に直結しますので、できるだけ安い手数料を選んで勝ち組になりたいですね。

手数料については、常にめまぐるしく変化しています。最新情報は当サイト「ど素人の株日記」でチェックしてください（情報は全て2006年6月30日現在）。

売買スタート編

02 イー・トレード証券で株を買ってみよう 成行注文と指値注文

まずは証券口座への入金をチェック

それでは、イー・トレード証券(http://www.etrade.ne.jp)でいよいよ取引を行います。その前に、まず口座へ入金したお金がきちんと届いているか確認しましょう。

最初に画面右上のユーザーネームとログインパスワードを入力してログインします(図2-8)。

次に、右上にある「口座管理」タブをクリックしてください。すると、口座情報画面が出ます(図2-9)。「買付余力」があなたが入金した額と同額であればOKです。

イー・トレード証券では振込から1~2時間かかるようなので*その辺を考慮して、取引する前日等、早めに入金しましょう(即時入金サービスは異なります)。

それではいよいよ取引を行います。画面右上にある「取引」タブをクリックしてください。すると取引画面が表示されます(図2-10)。取引欄の「現物買」はあなたが行う買い注文で、「現物売」は売り注文です。もちろん最初は「買い」ですね。「現物買」にチェックします。

銘柄コードは会社四季報でも出ましたが4桁の番号です。市場は東証(東京証券取引所)、大

*14時以前に振込手続きをした場合、手続完了後およそ1~2時間程で「買付余力」に反映される。

2-8 入金確認から取引完了まで

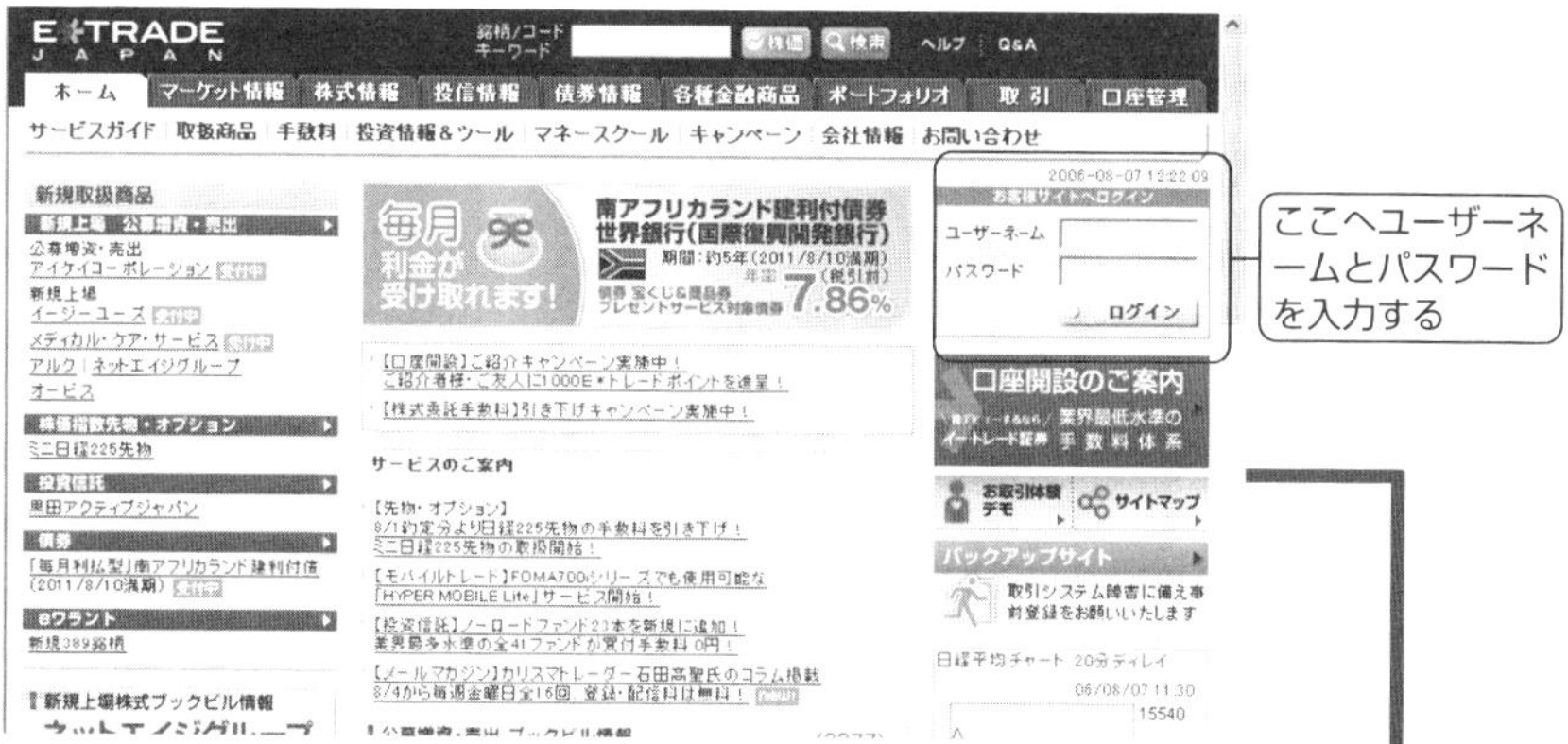

2-9 口座情報画面

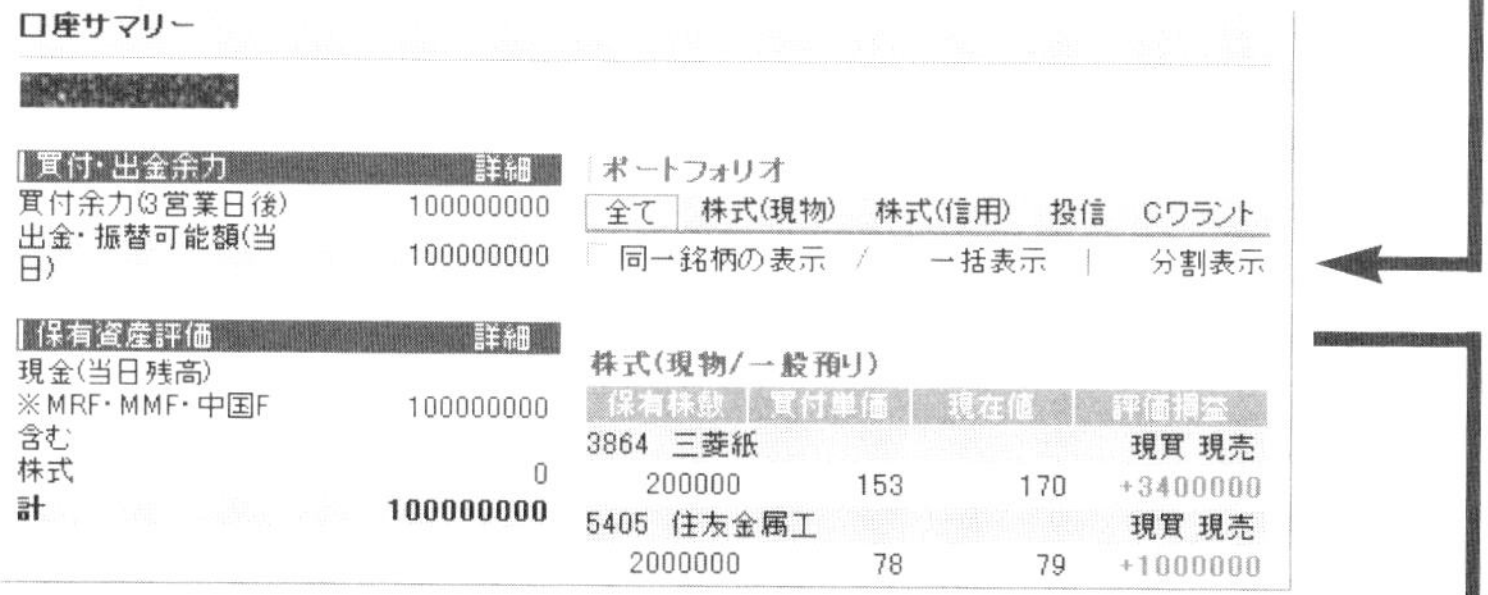

2-10 取引画面

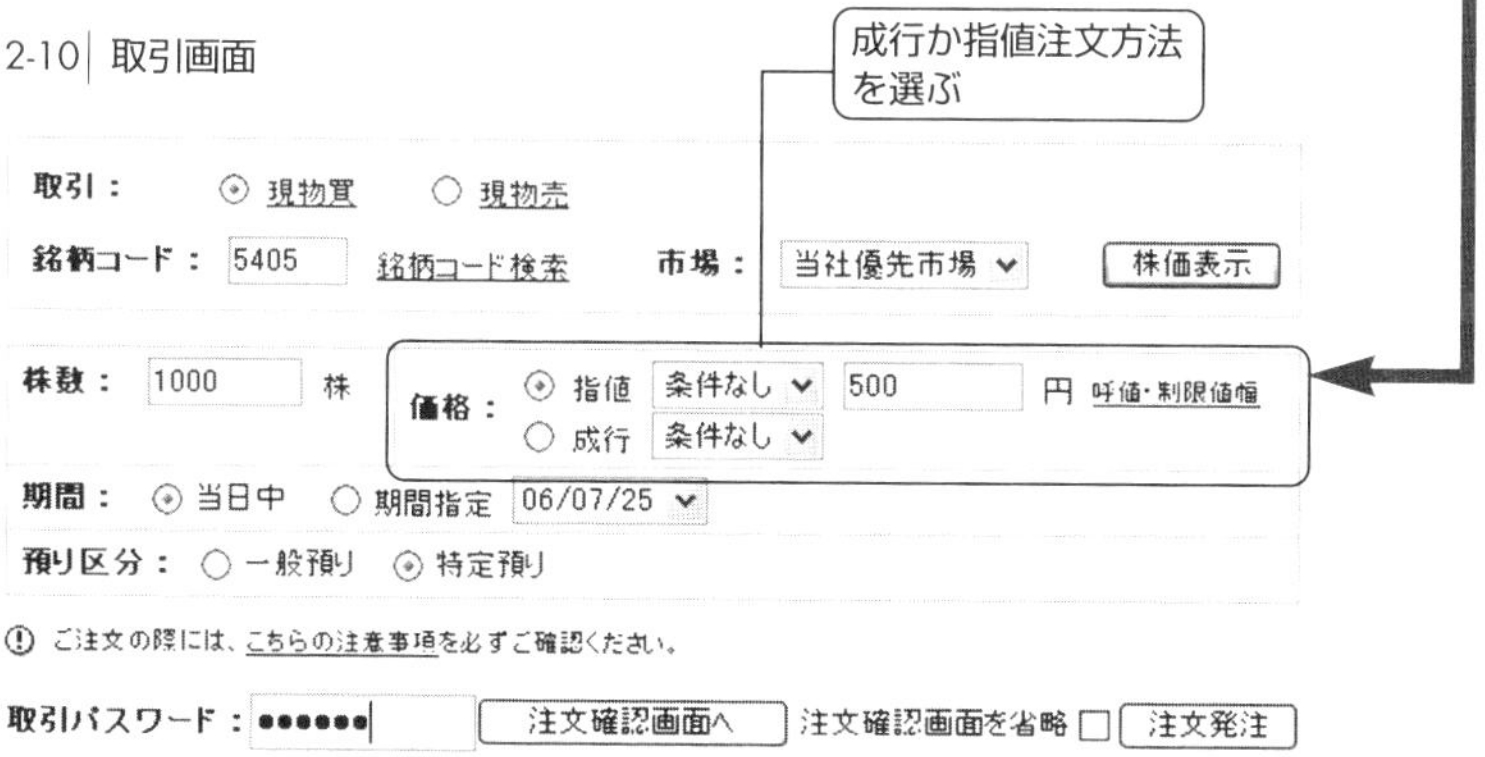

画面は住友金属工業（5405）を150円で1,000株の指値をしているもの。
注文期間は当日のみ。投資金額の合計は150円×1,000株＝150,000円になる。
この場合のイー・トレード証券の売買手数料は735円。

証（大阪証券取引所）、マザーズ、ヘラクレス、ジャスダックがあります（「株はどこに売っているの？」参照）。

取引の実際

株数はあなたがほしいと思う株の数を入力します。各銘柄によって、最低単位がことなりますのでご注意ください（最低単位は1株・10株・100株・1,000株単位がほとんどです）。

価格はあなたが買いたい（または売りたい）と思っている値段です。**「指値注文」**と**「成行注文」**があります。

指値注文とはあなたが買いたい（または売りたい）株の値段を設定する注文方法です。

成行注文とは、「いくらでもいいから買いたい（または売ってほしい）」という設定の注文方法です。この注文方法にはぞれぞれ一長一短がありますが、ワシは「指値」をおすすめすることが多いです。

次に「当日中」か「期間指定」のどちらかを選びます。

「当日中」は、「今日中に取引を成立させたい」となります。「期間指定」は「期間を指定して、その日までに取引注文を継続する」という意味です。イー・トレード証券の場合、最高7営業日以内まで設定できます。つまり、「祝日を除いた月～金のうち7日間は継続して注文します」という意味です。

ちなみに**株式市場の取引時間は東証の場合朝9時～11時まで（前場「ぜんば」と言います）と午後12時半～3時まで（後場「ごば」と言います）の計4時間半**です。

イー・トレード証券を含めたネット証券のサービス時間は24時間営業ですが、これは、「取引注文を受け付ける時間が24時間」*という意味です。実際に株式市場に注文を出して取引が成立するのはこの4時間半ということになりますので注意してください（大証は10分長い）。

最後に取引パスワードを入力して「注文確認画面へ」ボタンをクリックします。最終確認画面が出てきますので内容を確認し、問題なければ「注文確定」をクリックすると注文完了です。

無事取引できましたか？　最後の「注文確定」をクリックする瞬間は、本当に緊張すると思います。しかし、それも最初の数回だけです。ワシなんか、今は全く気にすることなく、ポンポン押しています（笑）。ただし、慣れたからといって、**項目の選択ミス・数字の入力ミスだけは気をつけてくださいね**。最終確認画面で、しっかりと確認をしましょう。**間違えると大変**なことになりますからね。

*メンテナンス時間を除く。

02 投資家の動きは「気配値」でわかる

気配値で投資家の動きを知る

できることなら、1円でも安く買い、1円でも高く売りたいですよね？　そんなときに見ておきたいのが「気配値」です。

気配値とは、投資家が売買注文の合計が表示されているものです。こちらをご覧ください（図2-11）。これは、住友金属工業の2006年6月7日の株価です。

真ん中の表が**気配値**で、**売りたい人の株数と買いたい人の株数を比較した表**になっています。イー・トレード証券では、画面上の「銘柄／コード」のところで、銘柄の名前もしくはコード番号を入力して「株価」ボタンをクリックすると気配値が表示されます。

青字の478円を「売り気配値」、赤字の477円を「買い気配値」と言います。両側にある「売気配株数」と「買気配株数」は、売りたい人の売り注文を出した株数の合計と買いたい人の買い注文を出した株数の合計です。

ここで何がわかるかと言いますと、あなたが、このタイミングで住友金属工業の株を買いたいなら478円で、または売りたいなら477円で指値注文をすればほぼ確実に取引が成立す

2-11 イー・トレード証券による株価情報（住友金属工業（5405）2006年6月7日）

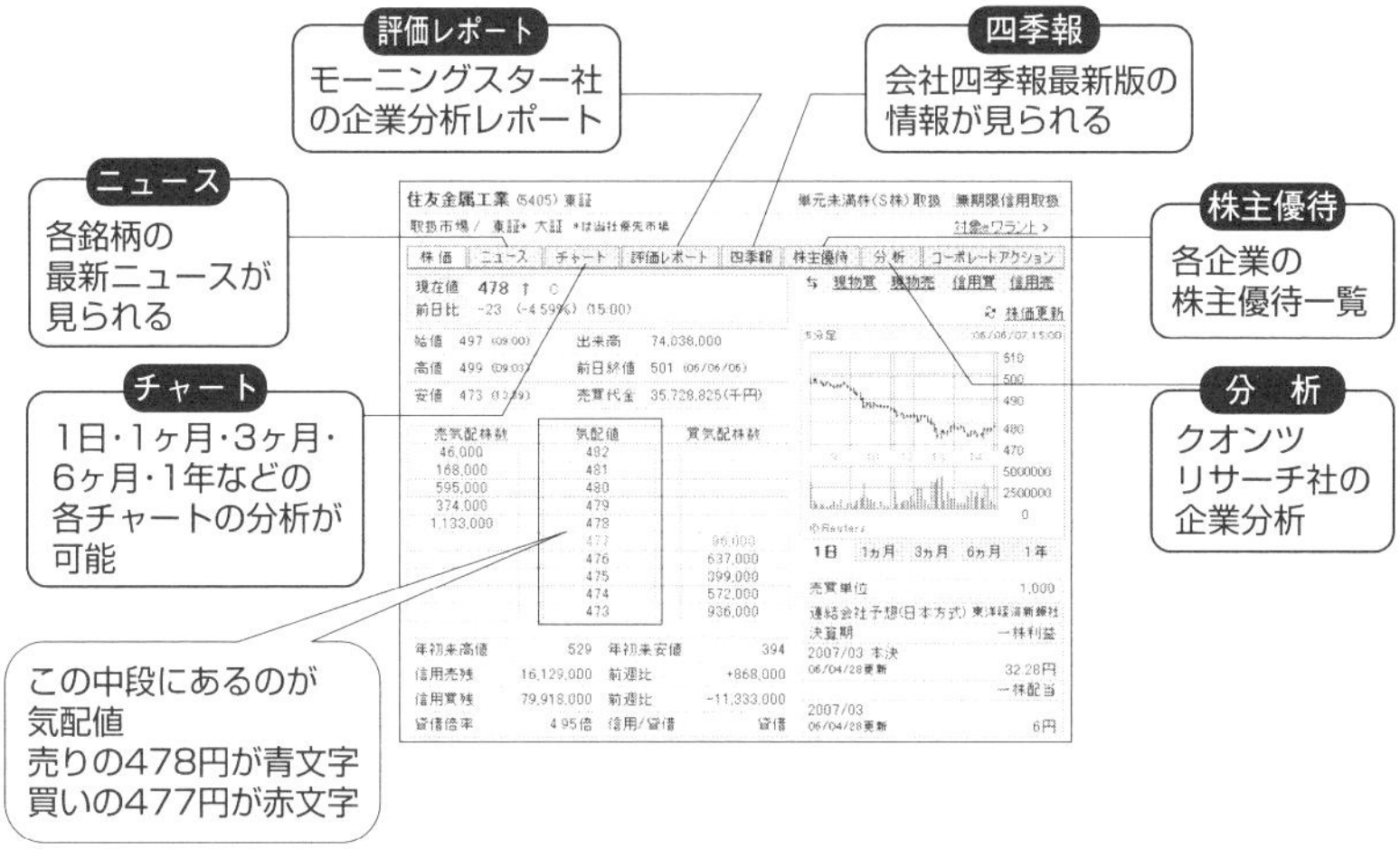

るということです（ただし、大量に売り買いが出た場合は除く）。つまり**気配値を読めば、指値注文の際に1円でも安く買う（または高く売る）ことができます。**

気配値以外の便利情報

前ページ画面上の「住友金属工業（5405）」と書かれている下の部分にいくつかの項目があります。**「株価」「ニュース」「チャート」「評価レポート」「四季報」「株主優待」「分析」「コーポレートアクション」**の計8項目です。

「株価」はこの項目のことですね。

「ニュース」は、住友金属工業に関係する最新のニュースが一覧表になっています。決算発表や材料（株価が上下するきっかけ）がいち早く見られますので、ここは要チェックです。

「チャート」は、画面真ん中に1日、1ヶ月、3ヶ月、6ヶ月、1年の各チャートを見ることができます。もっと詳しい情報を知りたければ、右上の「多機能チャート」をクリックしてください。こうすることによって、自分の好みのチャートを作成することができます。また、いろいろな機能を使うことによって、もっと複雑なチャートも描くことができます。

「評価レポート」は、モーニングスター社の企業分析レポート*を見ることができます。このレポートは数週間～数ヶ月に一度のペースで更新されます。

「四季報」は会社四季報の情報が表示されます。**イー・トレード証券は四季報の発売日に最新版に更新されます**。これはとてもうれしい！　「情報が命」と言われる中でこういったサービスが受けられるのもイー・トレード証券の特典といえるでしょう。

「株主優待」は、検索した企業が株主優待を行っていると内容が表示されます。住友金属工業

*500銘柄について提供されている。

は行っていませんので、空欄になっていますね。

「分析」はクオンツリサーチ社が成長性・割安性・企業規模・テクニカル・財務健全性の5つの視点からその企業を分析しています。

2-12 イー・トレード証券によるチャート表示

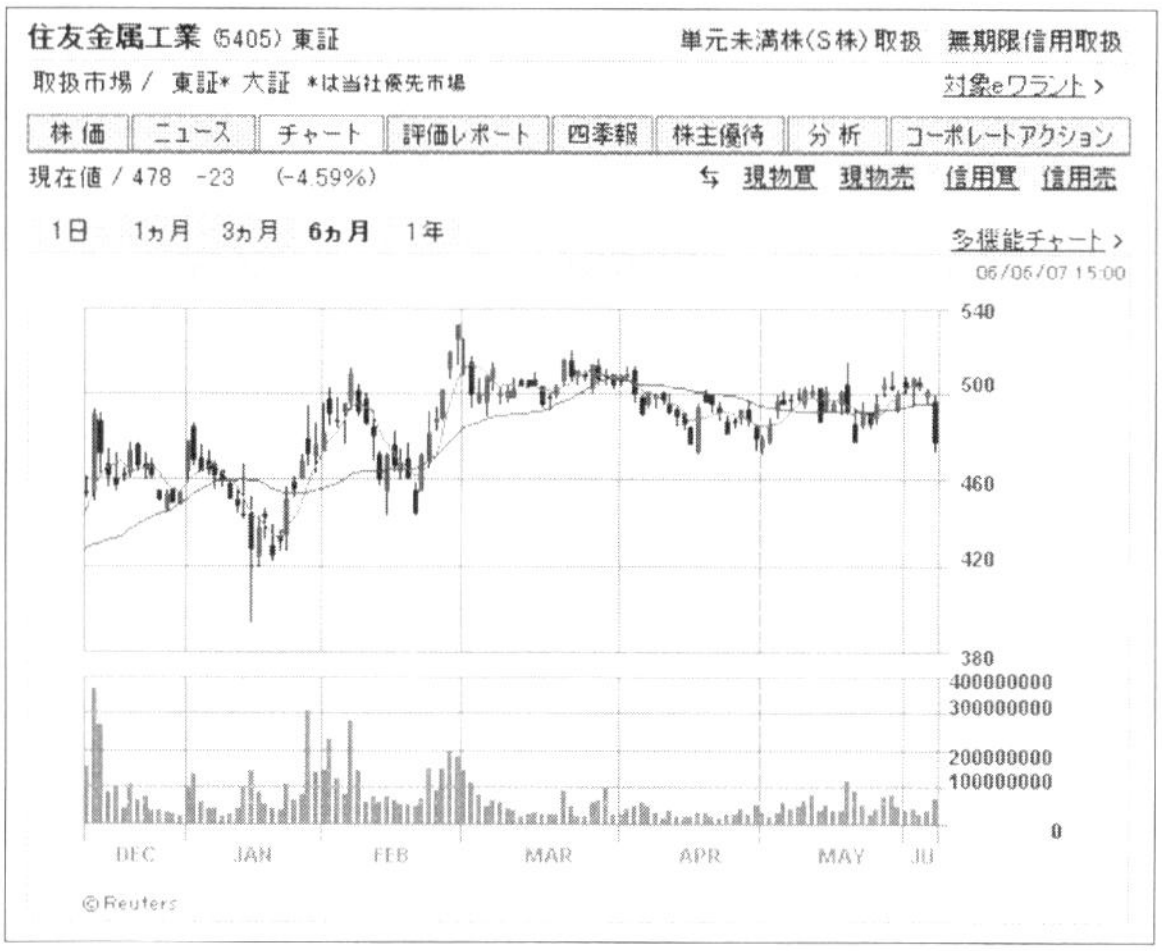

売買スタート編

02 株価の割高・割安をどこで判断するか（PER／EPS）

1株当たり利益（EPS）を理解しよう

もう一度、いちばん最初の「株ってなんだろう?」を思い出してください。あなたが会社を設立した話がありました。その際、不特定多数の人々にお金を少しずつ借りましたね。お金を貸してくれた人に対して、代わりに株券を渡しましたね。

次の図をご覧ください（図2-13）。あなたがAさん、Bさん、Cさんの3人にお金を借りるとします。Aさんは1万円、Bさんは4万円、Cさんは5万円を貸してくれました。あなたは、お金を借りた代わりに1万円の株券を、Aさんに1枚、Bさんに4枚、Cさんに5枚渡します。あなたはAさんBさんCさんから合計10万円を借りた代わりに、1万円の株券を10枚渡しました。あなたの会社の株数は全部で10株ですね。これを基準に考えます。

1年後、あなたは借りたお金を使って、会社に利益をもたらしました。10万円を使って、1万円を稼ぐことに成功します。そこで、この利益を会社設立の際にお金を貸してくれたAさんBさんCさんに、配当金として全額支払うことにしました。

さて、AさんBさんCさんに、いくら支払えばいいのでしょうか? ここで必要になるのが

2-13 投資と利益分配

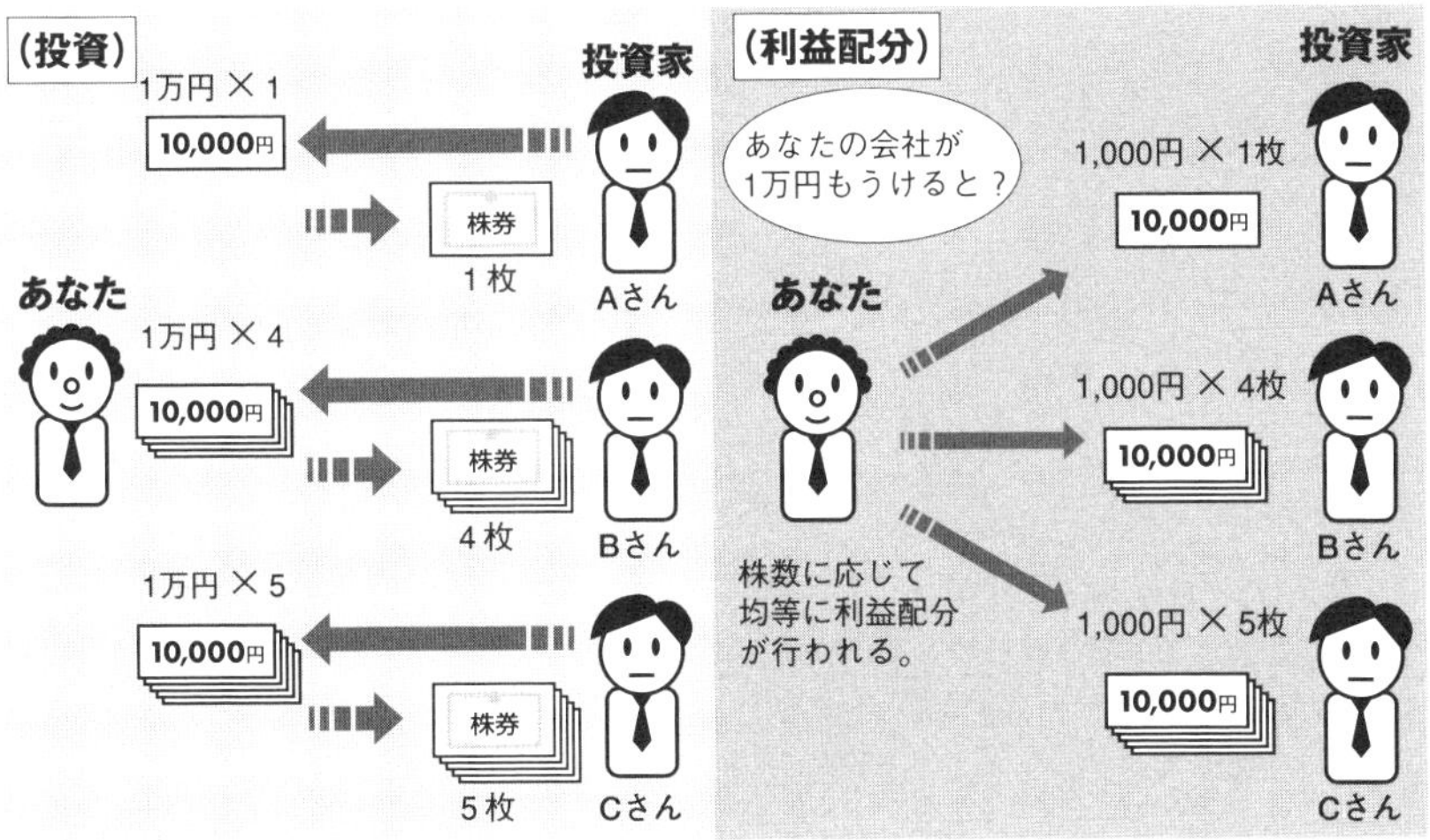

「**1株当たり利益**（**EPS**）」です。

あなたの会社は1万円の利益を獲得し、会社の株数は全部で10株ですから、1万円÷10株＝1，000円となります。これが、**1株当たり利益**です。今回、利益をすべて株主であるAさんBさんCさんに支払いますから、1株当たり利益＝1株当たり配当金になるわけです。

では、AさんBさんCさんに配当金を払いましょう。Aさんは1株を持っていますから、配当金は1，000円になります。Bさんは4株を持っていますから、配当金は1，000円×4株＝4，000円になります。Cさんは5株を持っていますから、1，000円×5株＝5，000円になります。

このように、利益分配を考える上で1株当たり利益は非常に重要な役割を果たしますので、覚えておいてください。

PER（株価収益率）とは

それでは、1株当たり利益（EPS）の内容を踏まえて、今度は**PER（株価収益率）**を説明します。

AさんBさんCさんが持っているあなたの会社の株は、必ずしもAさんBさんCさんが持ち続けなければならないわけではありません。他の人に売ることもできます。

そして、そのような自由な取引ができるところが「株式市場」でしたね。市場では1株1万円の株価が、取引によって値段が上がったり下がったりします。その時、**その銘柄の株価が高いか安いかを判断するときに使用するのが「PER」**という指標です。単位は「倍」を使うことが多いです。

計算式は「**PER＝株価÷1株当たり利益**」です。

さきほどのあなたの会社に当てはめて見ると、PER＝株価（1万円）÷1株当たり利益（1，000円）＝10倍となります。この計算式を見ればわかる通り、1株当たり利益が増えると、PERの数値が低くなります。たとえば、1株当たり利益が1，000円から2，000円に増えると、PERが10倍から5倍になります（1万円÷2，000円＝5倍）。

一方、株価が上がるとPERの数値が大きくなります（図2-14）。たとえば、株価が1万円から2万円になると、PERが10倍から20倍になります（2万円÷1，000円＝20倍）。

つまり、**企業が儲けて1株当たり利益が大きくなればなるほど、PERの数値も小さくなりま**

2-14 PER具体例

（基本式）
PER（倍） ＝ 株価 ÷ 1株当たり利益 ―― 同業他社及び業種別平均と比べるときに便利。

（1）あなたの会社は？ PER ＝ 株価1万円 ÷ 1,000円 ＝ 10倍

（2）1株当たり利益が1,000円から2,000円に増えると？
PER ＝ 株価1万円 ÷ 2,000円 ＝ 5倍

（3）株価が1万円から2万円になると？ PER ＝ 株価2万円 ÷ 1,000円 ＝ 20倍

> つまり、企業が儲けて1株当たり利益が大きくなると、PERの数値は小さくなる。
> PERの標準は20～30倍程度。10倍以下は割安といえる。
> ただし・・・

（4）1株当たり利益が1,000円から500円になり、株価が1万円から3,000円になると？
PER ＝ 株価3,000円 ÷ 500円 ＝ 6倍

（1）の場合よりPERが割安となっている。PERを絶対的に信用するのは危険である。

す。一般的にはＰＥＲは20～30倍程度が標準*とされています。

ＰＥＲは同業他社および業種別平均と比べるときに役立つ

ＰＥＲは同業他社と比べるときに使います。たとえば、「あなたの企業とライバル企業のどちらが割安か？」を比べるときに役に立つ指標なんです。もちろん、**ＰＥＲの数値の小さい方が割安**となります。また、業種別平均と比べるときにも役に立ちます。同業種のＰＥＲの平均値をとって、その平均値よりあなたの企業が優れているか、もしくは劣っているかであなたの企業が同業者の中でどのくらいの位置にいるのかがわかります。

ＰＥＲはあくまで目安であって、絶対的に信用するのは危険です。**ＰＥＲは、１株当たり利益が増えることを前提で考えた方が無難**です。

*投資家から期待されている企業では、ＰＥＲが100倍以上のところもあります。また10倍以下の銘柄は割安とされています。後日、儲かる可能性が高くなるかもしれません。

（注意）わかりやすさを優先するために厳密な計算部分を割愛しています。ご了承ください。

02 企業の解散価値とは何か（PBR／BPS）

1株当たり株主資本（BPS）を理解しよう

ここでもあなたの会社設立の話を例として挙げます。

あなたがAさん、Bさん、Cさんの3人にお金を借りるとします。Aさんは1万円、Bさんは4万円、Cさんは5万円を貸してくれました。あなたは、お金を借りた代わりに1万円の株券を、Aさんに1枚、Bさんに4枚、Cさんに5枚渡します。あなたはAさんBさんCさんから10万円を借りた代わりに、1万円の株券を10枚渡しました。あなたの会社の株数は全部で10株です。これを基準に考えましょう。

会社経営に疲れたあなたは、ある日突然、会社を解散することにしました。そこで、あなたはお金を借りたAさん、Bさん、Cさんにお金を返すことにします。会社を解散すると、会社の財産や借金などがすべて処理され、最後に残ったお金が株主のものとなります。これが「**株主資本**」です。仮にこれを20万円としましょう。この20万円をAさんBさんCさんに分配することになります。そうすると、あなたの会社の株券は全部で10株ですから1株当たりの株主資本が計算できますね（20万円÷10株＝2万円）。

2-15 企業の解散と1株当たり株主資本の計算

1株当たり株主資本（BPS）の計算（20万円を分配するには）

株主資本＝20万円
発行株式数＝10株

よって・・・

20万円÷10株＝2万円

この2万円があなたの企業の1株当たり解散価値となる。

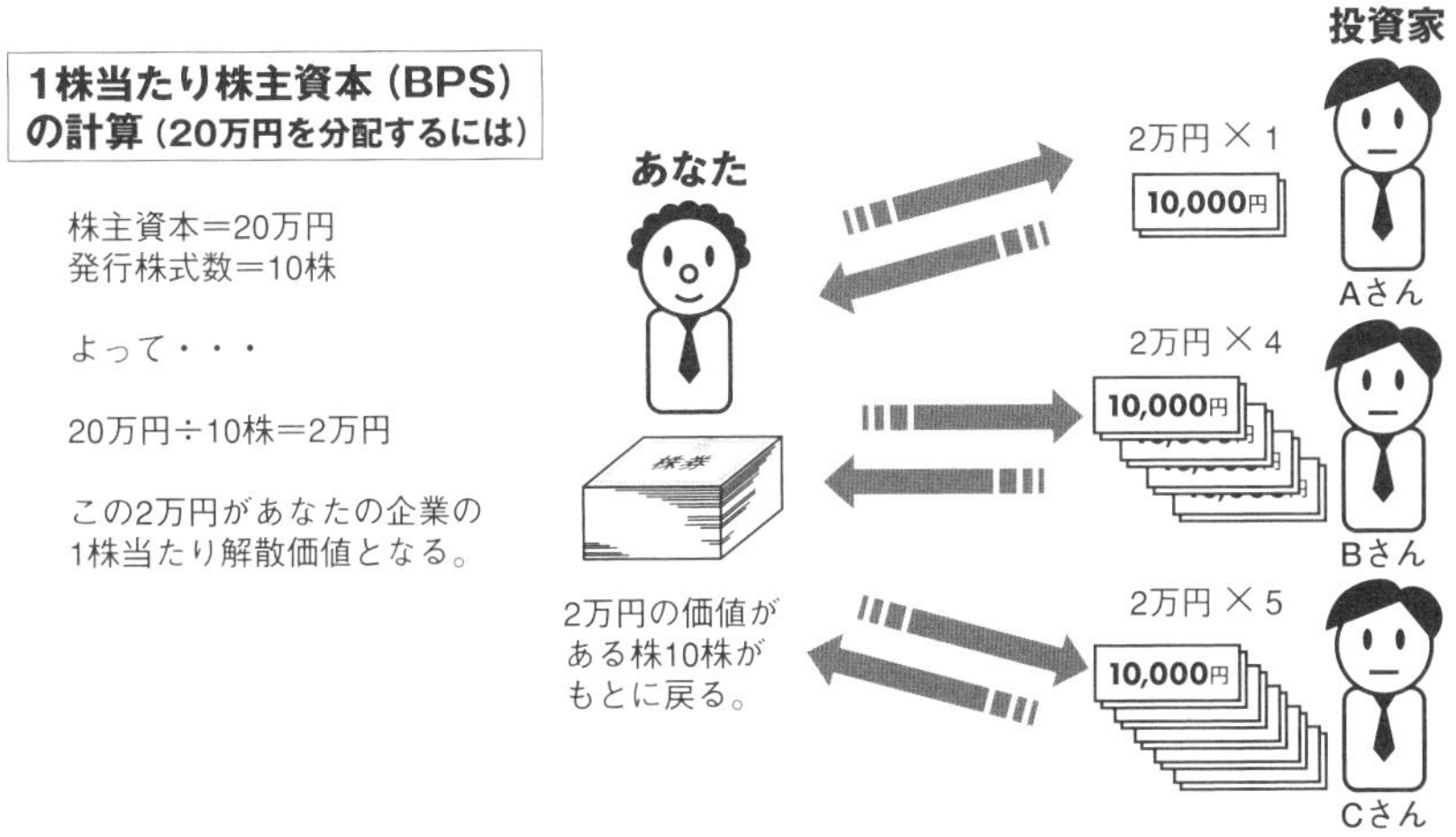

これが1株当たり株主資本（BPS）となります（図2-15）。

PBR（株価純資産倍率）とは

1株当たり株主資本の内容を踏まえて、今度はPBRを紹介します。

前項のPERのところで説明しましたが、AさんBさんCさんはそれぞれ、株式市場で自由にあなたの会社の株を売買できます。その結果、あなたの企業の株の値段が上がったり下がったりします。ある人は、あなたの企業の将来性を評価して株価が高い状態で購入することもあるでしょう。反対にある人は、あなたの企業の先行きに不安を感じて、購入した株を株価が安い状態で売ってしまうこともあるでしょう。このように、あなたの企業の株を取引する投資家達の思惑により、株価は常に変動しています。

一方、Aさん達からお金を借りたあなたは、借りたお金で事業を開始します。前回のPERのところでは、1年で1万円の利益を獲得しました。10万円のお金が1年後に11万円に増えたわけです。

反対に、あなたの会社が損をすることになったとしましょう。1年後に5万円の損失を出してしまいました。その結果、10万円のお金が5万円に減少します。このように、あなたの企業も経営活動を行うことによって、その企業の価値が常に変化することになります。

PBRは、この株式市場間での株価の価格と企業の1株当たり株主資本の価値を比べることにより、株価が割高か割安かを判断する指標としての役割を果たしているんです（図2-16）。単位は「倍」を使うことが多いです。計算式は「**PBR＝株価÷1株当たり株主資本（BPS）**」です。あなたの会社の株価が1万円で、1株当たり株主資本が1万円ならば、PBRは、1万円÷1万円＝1倍となります。株価が1万円で1株当たり株主資本が2万円であれば、PBRは、1万円÷2万円＝0.5倍となります。また、株価が2万円で1株当たり株主資本が1万円であれば、PBRは、2万円÷1万円＝2倍となります。一般的には、**1倍未満であれば割安**と考えられています。

私達投資家にとって、このような**1株当たり株主資本（BPS）が高くて株価が安い「PBR1倍未満」の株を探すことが儲けるための近道**となります。

（注意）わかりやすさを優先するために厳密な計算部分を割愛しています。ご了承ください

2-16 PBR具体例

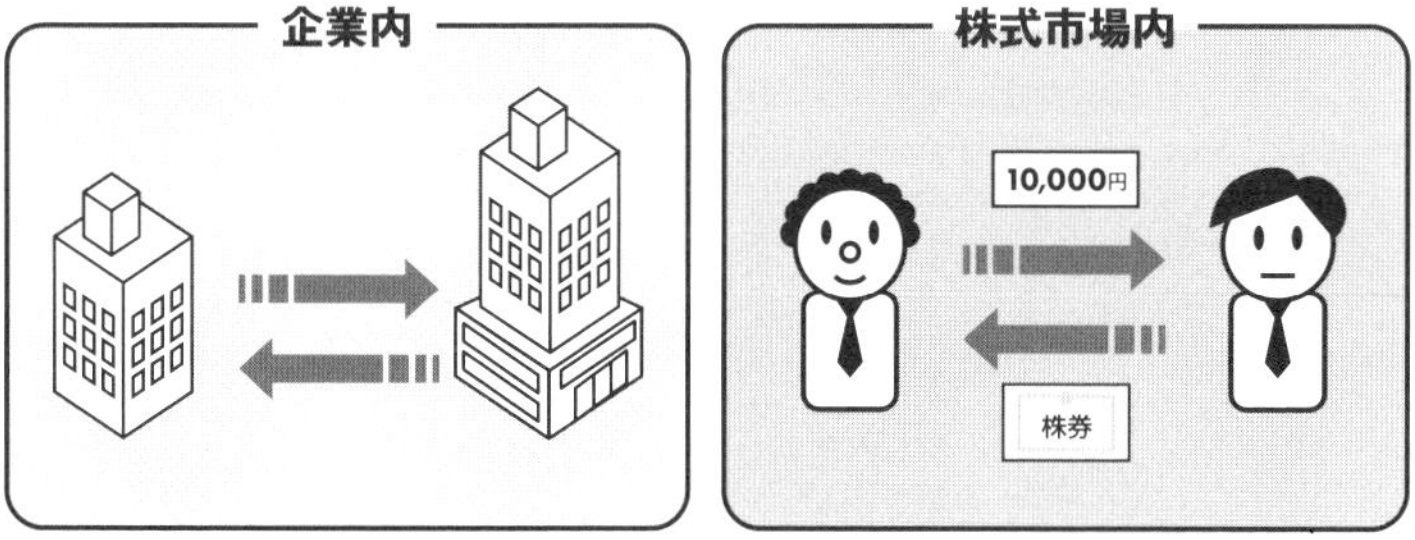

各企業は、企業内で価値の拡大縮小が常に行われている。
株式市場では投資家達が取引をすることにより、常に株価の変動が起こっている。
したがって、企業内での1株当たりの価格と株式市場での1株当たりの価値が異なる場合が発生する。私達は、株式市場での価格よりも企業内での価値の方が高い、PBR1倍割れの株を購入すると儲かりやすくなる、かも？

（基本式）
PBR（倍）＝株価÷1株当たり株主資本

（1）あなたの会社は？　PBR ＝ 株価1万円 ÷ 1株当たり株主資本1万円 ＝ 1倍

（2）株価が1万円で、1株当たり株主資本が2万円ならば？
PBR ＝ 株価1万円 ÷ 2万円 ＝ 0.5倍

（3）株価が2万円で、1株当たり株主資本が1万円ならば？
PBR ＝ 株価2万円 ÷ 1万円 ＝ 2倍

1株当たり株主資本が高くて、株価が安いとPBRの数値は低くなる。
一般的に、PBR1倍未満の株を買うと、割安でオトクである。

02 かかったコストは厳しくチェックすべし

株式投資は経営活動と同じくらいの経費削減を目指そう

ワシがいつも接する投資家の中に、お金に対して無頓着（むとんちゃく）でどんぶり勘定の方が結構いらっしゃいます。こういう方は、株式投資の資金管理やコスト意識にもかなり無頓着で、投資をしている本人ですら、儲かっているのか？　損をしているのか？　まったく把握していない場合が多々あります。あなたは大丈夫でしょうか。

たとえば、株式投資を行う際に必要となる経費をすべて書き出してみてください。パソコンの購入費、インターネット回線の費用、プロバイダの会費、会社四季報などを含めた本の代金、新聞の購読料はもちろんのこと、証券会社に支払う売買手数料や証券口座へ振り込む際の振込手数料だってかかりますね（図2-17）。

こういったもろもろの**経費をすべて計算し、その経費とあなたが株式投資をして儲けた利益を比較して、1年間で儲かったのか？　それとも損をしたのか？　を厳しくチェックすべき**なんです。

株式投資も会社の経営活動と同じように考えてください。社長はあなたです。年間の利益が

10万円しかないのに、経費に10万円以上を使ったら赤字ですよ。

したがって、投資資金が少ないうちは、利益以上の経費がかかるかもしれません。ですから、そんなときはできるだけ経費の削減に努めてください。パソコンは高性能で安い品物を買う。ネット回線の費用やプロバイダの会費は激安のところを探す。新聞は夕刊をカットして朝刊だけ購読する。振込手数料が無料の証券会社またはネット銀行を利用する・・・などなど、知恵をしぼればいろいろな方法が浮かびます。どうしても経費がかかりすぎて赤字だらけだと思うのであれば、一度設備を再考したほうがよいかもしれません。

株式投資は、株の売買で儲けるだけがすべてではありません。投資に必要な経費や、運用に際し、どうしても出て行くお金をできるだけカットして、効率的な運用を心がけましょう。

2-17 （参考）ワシが株式投資のために使っている経費

参考

ワシが株式投資のために使っている経費

項目	費用（年間）
パソコン	15万円
ネット回線（NTT基本料金含む）	6万円
プロバイダ年会費（サーバ・ブログ含む）	6万円
会社四季報	7,000円
株式投資本の書籍代	36万円
新聞購読料	36,000円
振込手数料	1,000円
合　計	674,000円

年間70万円弱の経費を
使っているワシの場合
これ(70万円)以上の利益を
稼げないと赤字です。

02 ファンダメンタルズ分析とテクニカル分析（チャート分析）

株式投資で有名な2つの分析方法

私達投資家が、株式投資を行う際に使用する分析方法は、大きくわけて2つあります。ひとつは「ファンダメンタルズ分析」で、もうひとつは「テクニカル分析（チャート分析）」です。どちらの分析方法も大事ですから、できることなら両方をきちんと理解して使いこなせるように学んでいただきたいです。とは言っても、いずれの分析方法も極めるには相当な勉強量が必要ですから、ここでは初心者にとって目からウロコの攻略・秘訣をご紹介します。

ファンダメンタルズ分析の基本

ファンダメンタルズ分析とは「企業の財政状態や経営成績をもとにして、その企業の将来性を判断する分析」のことです。企業の財政状態や経営成績……ん？　どこかでよく似た言葉を見たことがありませんか？　そうです、「会社の家計簿」である財務諸表の項で紹介しましたね。これは、「**貸借対照表と損益計算書等を調べることによって、その将来性を判断する**」に置き替えられます。ということは、これをてっとり早く知るには……わかりますか？　そうです、「**会**

社四季報」を見ればいいんです。

もちろん、これには世界情勢や金利や為替などといった複雑な要因が絡むこともあります。しかし、まずは個別の企業をきちんと分析できることが必要です。そのために、会社四季報を読みこなせるところから始めてみてください。

テクニカル分析（チャート分析）の基本

もうひとつの「**テクニカル分析（別名チャート分析）**」という分析方法は、「過去の株価の水準や値動きに注目して、将来の株価の動きを予測したり、売買のタイミングを判断したりする分析」です。**簡単に言うと「昔、こういう動きをしたから、今回はこのように動くだろう」や「去年、この値段が底（一番安い）だったから、今が買いのタイミングとしては最高だろう」というような考え方**です。

どちらの分析方法がベストか

この両者の分析のよし悪しについては、投資家によって意見がわかれます。「どちらが優れているのか？」というもめごとまで起きています。ワシは、「ファンダメンタルズ分析」を中心に考え、「テクニカル分析」をその補足として活用するとよいと考えています。なのでこの本もファンダメンタルズ分析を中心にした解説を行っています。

それぞれの分析の長所を取り入れて、各々の投資技術向上に努めましょう。

02 テクニカル分析（チャート分析）の基礎である「ローソク足」を理解しよう

ローソク足ってなあに？

ローソク足とは……と、ながながと説明するより、「百聞は一見にしかず」で見てもらったほうが早いです。まずはこちらの図をご覧ください（図2-18）。

白色と黒色のローソクみたいな棒がいくつも横に並んでいますね。これがローソク足です。では、拡大したものでご確認ください。左のローソク足から順番に、「陽線（ようせん）」「陰線（いんせん）」「十字（線）（じゅうじせん）」と言います（図2-19）。

これは1日の株価の動きによって変化します。終値が始値より高ければ陽線、低ければ陰線、同じであれば十字（線）となります。また、陽線と陰線の上下から2本の細い棒がのびていますが、これは「ヒゲ」と言います。始値や終値と高値や安値の両者の株価が異なっている場合、それぞれヒゲが発生します。

1日単位でローソク足を並べたものを「日足」、1週間単位で並べたものを「週足」、1ヶ月単位で並べたものが「月足」といいます。それぞれ、1日、1週間、1ヶ月の期間を通じての始値、高値、安値、終値を描いています。では実際にローソク足を書いてみましょう（図2-20）。

2-18 住友金属工業（5405） 日足チャート

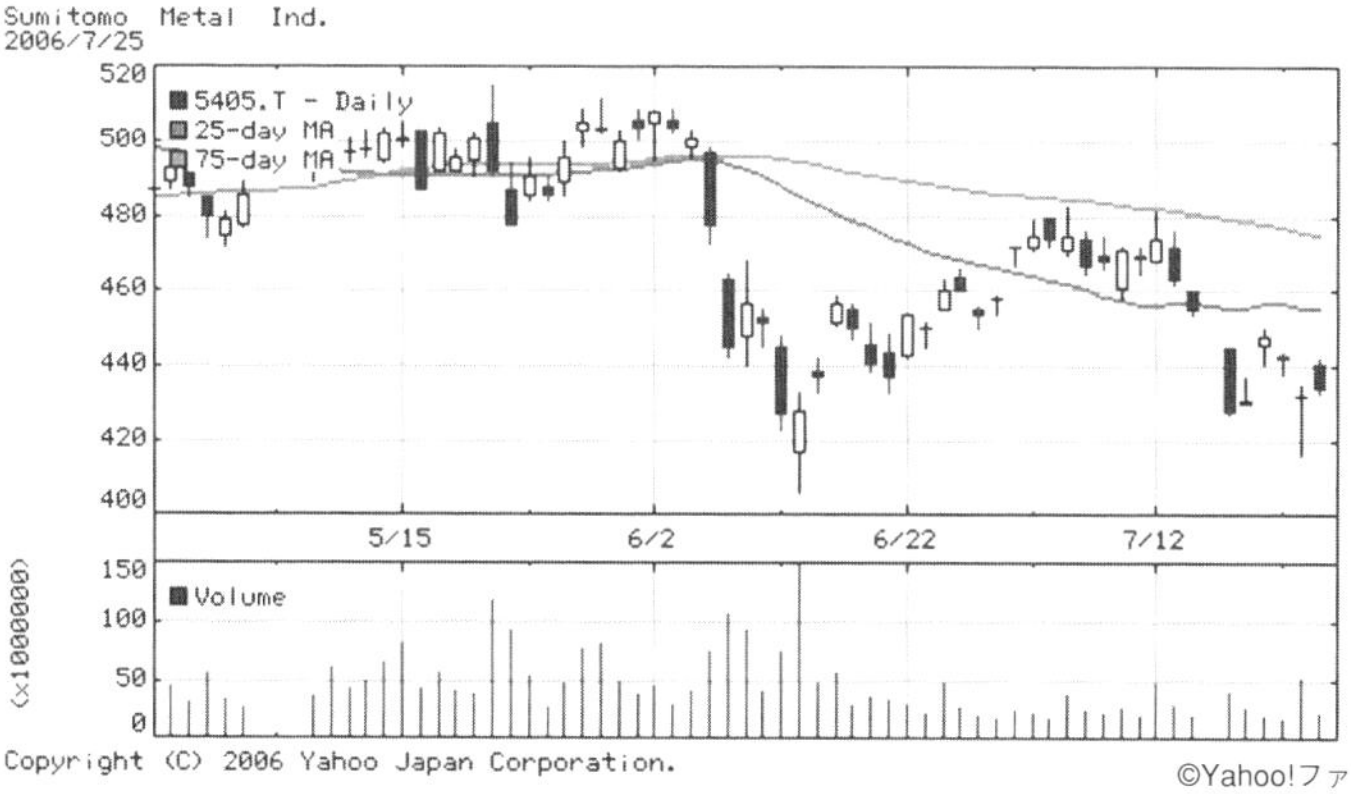

©Yahoo!ファイナンス

2-19 ローソク足3種類

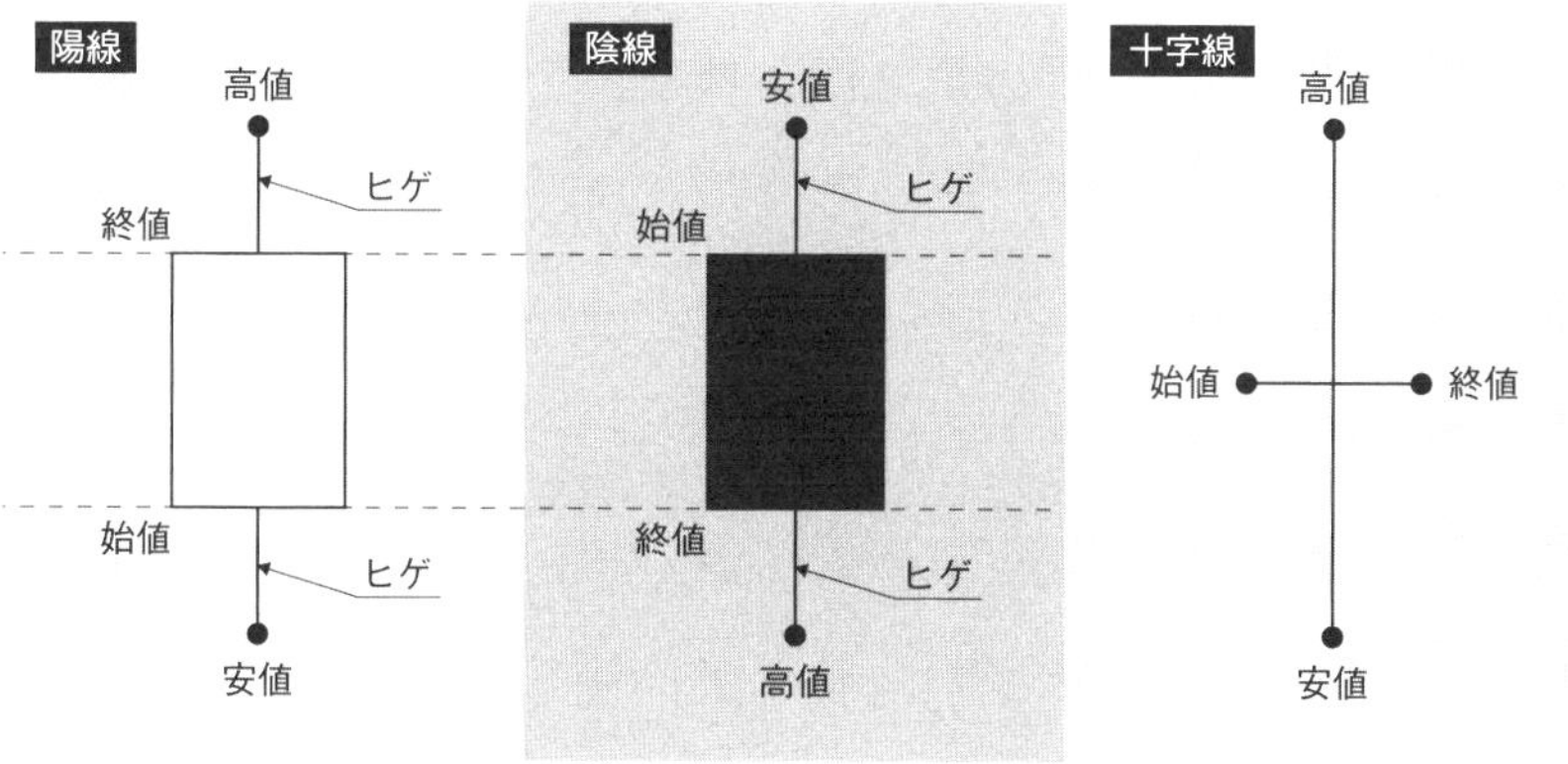

2-20 （問題）ローソク足を書いてみましょう

（問題）

下の株価で、ローソク足を作図しなさい。

住友金属工業（5405）
2006年5月8日～10日株価

日付	初値	高値	安値	終値
5月8日	493	499	489	497
5月9日	497	502	495	495
5月10日	497	501	494	497

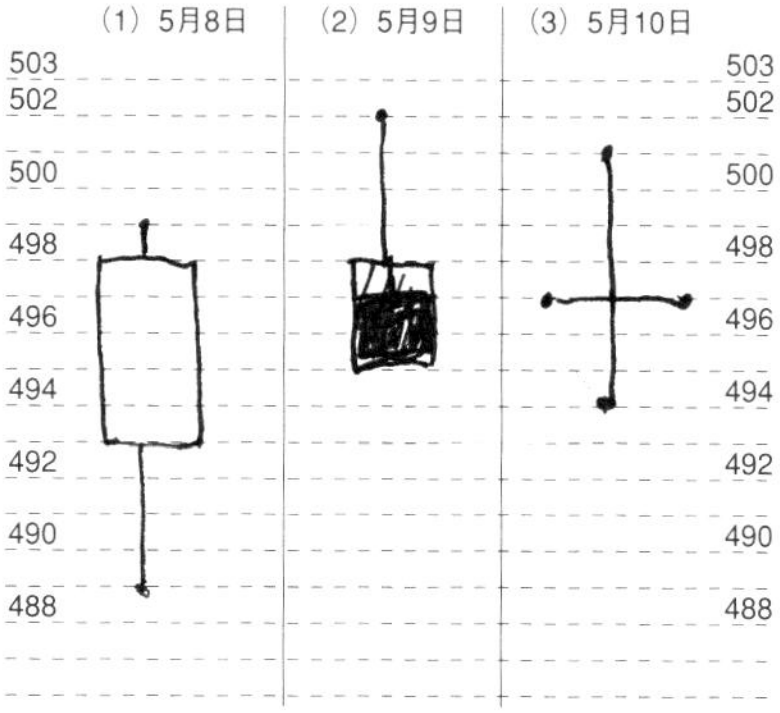

2-20の（解答）

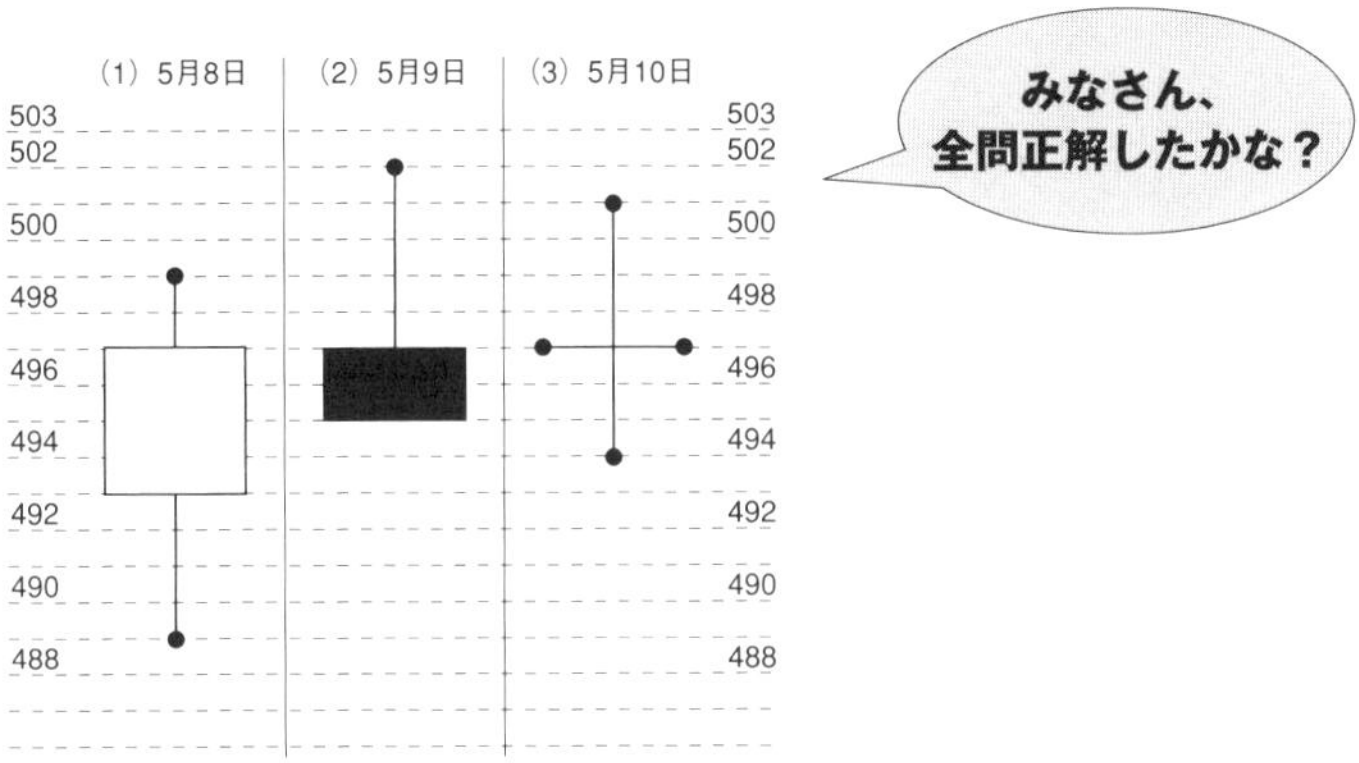

さあ正解でしたか？　このようなローソク足が毎日・毎週・毎月組み合わさって、チャートが作られています。最初のうちは見慣れないので難しいと感じますが、そのうち慣れます。レベルが上がると、この組み合わせによって今後の株価の動きが予想できるようになります。

十字を見て「相場の転換点だな」とか、長いヒゲを見て「ここは底（株価がいちばん安い）だな」「ここは天井（株価がいちばん高い）だな」とか、いろいろ予想しながら投資をすることが可能になります。無理をせず少しずつ理解していけば大丈夫です。

Column

チャートの読み方　ゴールデンクロスとデッドクロス

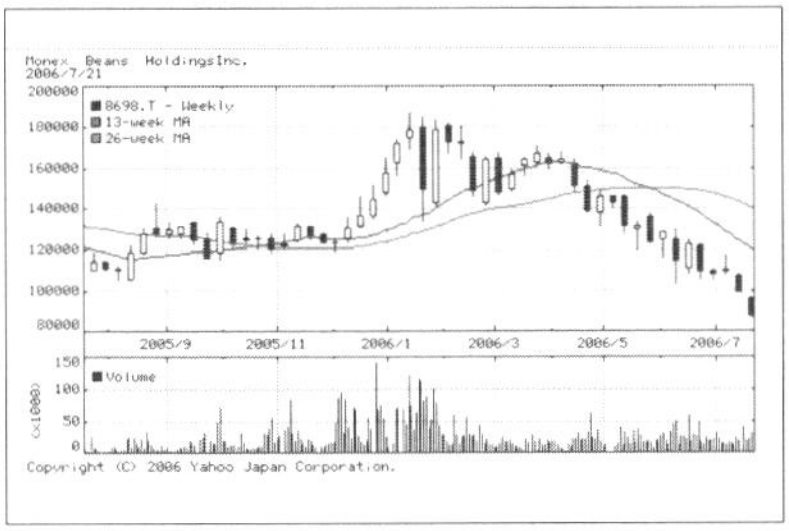

マネックス・ビーンズ・ホールディングス(8698)週足チャート。チャート画面：©Yahoo!ファイナンス

ゴールデンクロス

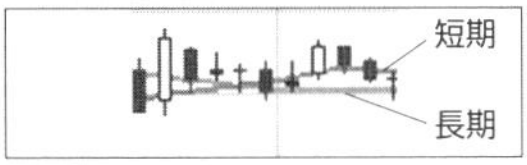

短期の移動平均線が長期の移動平均線に下からクロス⇒株価上昇（買い）

デッドクロス

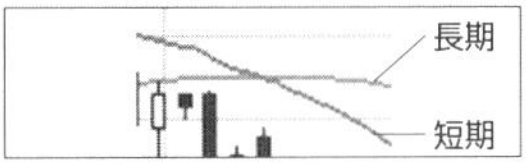

短期の移動平均線が長期の移動平均線に上からクロス⇒株価下落（売り）

左上の図をご覧ください。こちらはマネックス・ビーンズ・ホールディングス（8698）週足チャートです。株式投資の際に使用するチャートは、先ほど紹介したローソク足の他、真ん中が移動平均線、下に出来高という3つの要素が入ったこのようなチャートが一般的です。

①ローソク足
②出来高（取引が成立した数量）を表している棒グラフ
③移動平均線を表している折れ線グラフ（ほとんど曲線）

出来高…取引量が多ければ多いほど棒グラフが長くなり、人気度の高さを表します。

移動平均線…ある一定の期間の終値もしくは出来高の平均値をとって、線にしたものです。その期間は、日足では5日・25日・75日が、週足では13週・26週がよく使われます。上の図は13週Ⓐと26週Ⓑの終値の平均値です。より期間の短い移動平均線が、短期間の株価の勢いを表しています。

上の図の2本の移動平均線を見てみると、途中でクロス『×』になっているところが2ヶ所あります。右のクロスが『ゴールデンクロス』といい、短期（13週）の移動平均線が下から長期（26週）の移動平均線上へクロスしていますので、株価が上昇するシグナルを表します。一方、左のクロスは『デッドクロス』といい、短期（13週）の移動平均線が上から長期（26週）の移動平均線下へクロスしていますので、株価が下落するシグナルを表しています。

なお、これらのシグナルは絶対的に信用できるものではないので、ひとつの目安としてお使いください。

売買スタート編

02 ボロ株とは

発行済み株式数および株価によって、株の呼び方はいろいろ変化する

株式投資をする上で、いろいろ難しい用語が登場しますが、必ずといっていいほど目にする分類が「**大型株**」「**中型株**」「**小型株**」と「**値がさ株**」「**中位株**」「**低位株**」の2種類です。

「大型株」「中型株」「小型株」は、発行済み株式数（簡単に言うと、株主が持っている株の合計数）の多さでわけられていて、「大型株」が「2億株以上」、「中型株」が「6,000万株以上2億株未満」、「小型株」が「6,000万株未満」となっています（東証）。

一方、「値がさ株」「中位株」「低位株」とは株価の水準で決められていますが、明確な基準がありません。一般的には、株価が数千円以上するものを「値がさ株」、1,000円前後を「中位株」、数百円以下の株を「低位株」と分類しているようです。

これらを表にまとめると次の図になります（図2-21）。実はワシは、株価が安い低位株が大好きで、図のト3分の1の範囲を売買することがほとんどです。この低位株の中でも、「超低位株」と呼ばれる区分の株には目がありませんでした（昨年）。この超低位株は別名「**ボロ株**」とも呼ばれ、投資家の間で忌み嫌われている銘柄群となっております。

2-21 株のわけ方とボロ株

発行済み株式数＼株価水準	大型株（2億株以上）	中型株（6,000万株以上～2億株未満）	小型株（6,000万株未満）
値がさ株（株価が数千円以上）			
中位株（株価が千円前後）			
低位株（株価が数百円以下）	◎	◎	○

■……ボロ株ゾーン

図の下3分の1の中に投資家が嫌う「超低位株（別名ボロ株）」も含まれる。
ワシは、株価が安い低位株が大好き。
※縦軸が『株価の水準による分け方』、横軸が『発行済み株式数の多さによる分け方』となっている。

ボロ株とは、人間でいうところの「入院患者」である

ボロ株とは、人間でいうところの「入院患者」です。株価でいえば、だいたい100円以下の銘柄。特に50円しない額面割れの銘柄は、「集中治療室」に入っていると思ってください。ワシはこういう銘柄が大好きです。その理由は、**値上り率が大きい**から。

人間で考えるとわかりやすいです。普通の状態から絶好調になるのと、いまわの際（死ぬ間際のこと）から復活して絶好調になるのと、どちらが振り幅が大きいか。もちろん後者ですね。株価もこのように、瀕死の状態から回復して絶好調になった場合のリターンはものすごいことになります。値段が数倍に跳ね上がります。

ただし、集中治療室にはいるほどの重病患者ですから、そのまま「仏さんになる」＝「倒産」もあるわけで、銘柄の選択には十分注意しましょう。

ここ2～3年の株価上昇により、株価100円以下のボロ株が様変わりしました。危険度が増し、儲けも徐々に少なくなっています。214ページに価格別低位株対策を掲載しましたので、そちらをご覧ください。

第3章

投資心理編

駆け引きで勝利

03 自分の心理の逆をする

「買えないな、買いにくいな」と思ったときが実は買い時

株式市場は、上がるときもあれば下がるときもあります。常に投資家の思う通りに株価が動いてくれることはありません。しかし、投資家というのは勝手なもので、自分が購入した後は、株価がひたすら上がり続けることを希望し、自分が売却した後はひたすら下がり続けることを望みます。

一般的に、**投資家は、株価が上昇しているときに買いたくなる**傾向があります（買いたくなるということは、売りたくないということでもあります）。一方、**株価が下落しているときは売りたくなる**んですね（売りたくなるということは、買いたくないということでもあります）。

これは、私達が通常購入する商品に当てはめて考えてみればわかります。たとえば、「家」を購入したいとしましょう。日本人の持ち家志向は有名な話ですが、家を買うにもタイミングが必要ですよね。もし、これから家の値段が上がっていくのであれば、できるだけ早く買っておかないと損をする気分になりますね。反対に、これから家の値段が下がっていくのであれば、買う時期をもう少し先延ばしにした方がもっと安く買えると思いますよね。

3-1 買いたくないときに買っていれば・・・

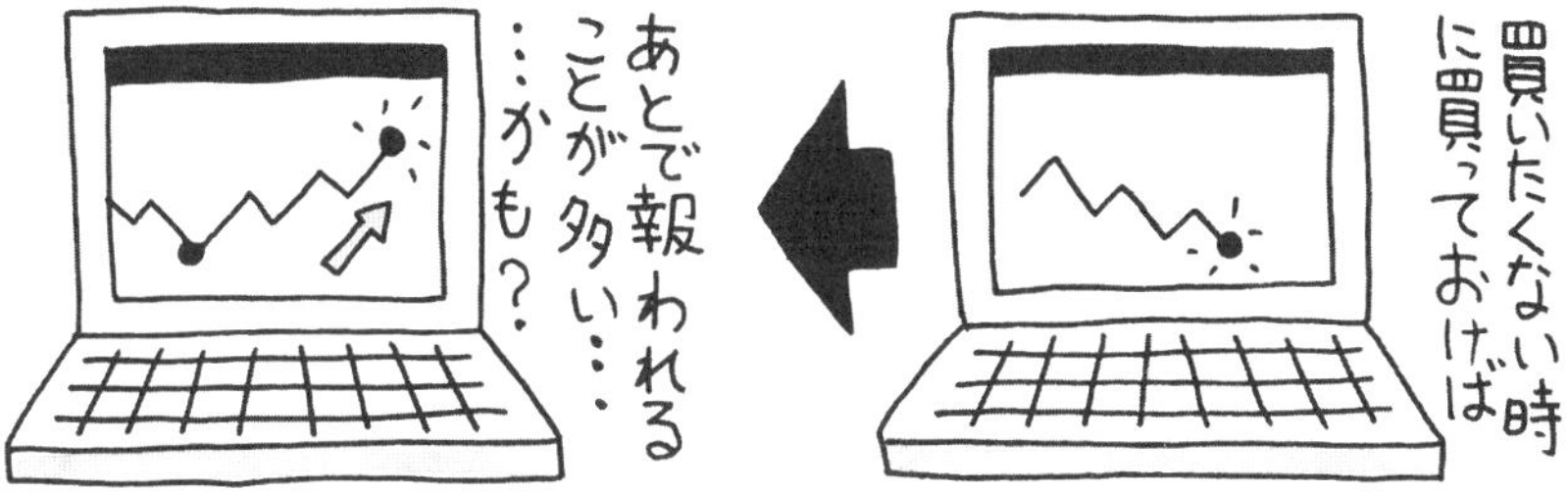
買いたくない時に買っておけば
あとで報われることが多い…かも？

このような傾向は株式投資にも当てはまるわけです。**人は株価が上昇しているときに買いたくなり、株価が下落している時は売りたくなる**んです。

つまり株式市場が下落しはじめると、「明日も下がるんじゃないのか？」という不安が買いをためらわせるのです。

人が買わない時に買う

これは正常な投資家の心理です。無理もありません。でも、ここが買いなんです。**ほとんどの人が買えないからこそ、ここで買う**んです！ 自分の心理は投資家全体の心理です。だから株価が下がるんです。

儲けたければ、自分が「**買えないな、買いにくいな**」と**思ったときに買う**んです。「自分が買いたくないときに買う」、納得ですね。言うは安し、行うは難し。

03 持ち株が動かなければどうするか

業績の裏づけがあれば、最終的には上昇する

日経平均株価が快調に上がり始めると、安価な時期に買っておいた投資家は毎日が楽しくなります。ほぼすべての銘柄が毎日のように上がったりすると、以前の暴落がウソのようで、株式市場に活気が戻ってきます。

しかし、「どうして私の持ち株だけ上がらないの?」という壁にぶつかる場合があります。一生懸命、儲かる株を探して買ったつもりが、好景気でもまったく上がらない、好材料（株価が上がる要因となる情報）が発表されたにもかかわらず上がらない。かなしいですね。

そこで問題です。

(問) 株式投資をしていると、こういうことは頻繁に起きるものでしょうか?

(答)「意外と多いです」

ワシはこのような経験を、何度もしたことがあります。有名なのは「住友金属工業（5405）」です。2002年に50円前後で購入し、上がり始めるまで1年以上待たされました。一時は37円まで下落し、「倒産するかも」とささやかれたこともあります。つらかったです。

でも、そんな住金も、結局のところ200円を超えたのです。

日本経済が回復しつつある状況で業績がよいのであれば、待ちさえすれば上がるんです。いつになるのかわからないのが待つ身のつらいところですが、きっと上がります。

株が上がるパターン

パターンとしては、次の2種類です。

1つは、普段のなんでもない日にいきなり上がり始めるパターンです。この現象が起きると、上がった理由については「昨晩でた材料が原因」云々と後で取り上げられています。不自然なんですが、こういったことがあります。

もう1つは、好材料が出たとき、別の日に出た以前上がらなかった分も含めて、まとめて上昇し始める場合です。この現象は、ある好材料についてまったく反応がなかったとき、調査機関などが後から追随するようにその根拠となる資料を公表する場合です。このような、株価がまとめて上昇する際は、普段では信じられないような値上がりを見せてくれます。

つまり、**自分の持ち株が上がらなくても、好材料（株価が上がる要因となる情報）があった場合はきっと値上がりが見れるのです**。

いちばんしてはいけないことは、「これだけ材料が出たのに上がらないから、見切りをつけて売ってしまおう」とすることです。これを早々に行ってしまうと儲けそこないます。最悪のケースでは、持ち株を売って乗り換えた別の銘柄が下がり、以前の持ち株が上がるということもありえます。「持ち株の上昇」という楽しみは我慢した人が手に入れることができるのです。

03 相談したくなる投資家の気持ち

投資相談は風邪をひいて病院へ行くのと同じこと

株式投資をしていると、なにかと不安になることが多いと思います。別に損をしていなくても、自分が購入した銘柄の将来の展望などを聞きたくなる場合がありますよね。プロである株式評論家などの方には、毎日たくさんの相談がよせられているようです。

このように、評論家などの方に相談をしたくなる投資家というのは、**風邪をひいて病院に行くのと同じ状態**だと考えられます。

現在、風邪に対する特効薬がないのと同じように、**100%儲かる投資法**はありません。当たることもありますし、はずれることもあります。そして、放っておいても自然治癒力で風邪が治ることもあるように、いいかげんな投資法でも、儲かるときは儲かります。

では、評論家の方それぞれによって、どうして内容が異なるのでしょうか？　これは、評論家の方の**スタンスの違い**に、その一因があります。みなさんは、風邪をひいたときに病院へ行くと、薬をもらいますよね。投資家が相談をしたときにもらう薬は「銘柄や投資法に関する情報やアドバイス」となります。

評論家などの方のアドバイスは、「自分が知り得る知識に基づく、今の投資家の状況にいちばん合った最善の方法」を紹介しています。とにかく、その風邪（含み損による精神的な苦痛など）を治すいちばん早い方法をすすめるわけです。

投資情報の取捨選択

しかし、評論家の方でも知識量や投資経験に差がありますから、それぞれに得意不得意の分野が存在します。同じ風邪に関する知識を持った方でも、熱を下げるのが得意な人、咳を止めるのが得意な人、頭痛などの痛みをやわらげるのが得意な人など、いろいろな選択肢があるわけです。ですから、同じ風邪を治すのであっても、さまざまな方法があるんですね。

このような、**投資家にとって「薬」となる情報やアドバイスですが、これには、副作用が含まれています。たとえば、含み損による精神的な苦痛を取り除く際に、損切りを行うというアドバイスの場合、「損失が確定する」ことや「相場が回復したときに儲けそこなう」というデメリットが存在します。**一方、含み損が発生したときにナンピン買いを行うというアドバイスの場合、「株価がもっと下落すると、含み損がさらにふくらんでしまう」というデメリットが存在します。**どのような方法を用いてもメリットとデメリットは表裏一体**です。しかし、情報やアドバイスの副作用については説明することはほとんどないです。

ですから、**相談する側も、ある程度の知識を持つことが大前提**です。「情報やアドバイスは、本当に正しいのか？」「正しいのであれば、自分にとって最善の方法かどうか？」「情報やアドバイスを信じたときのリスクはなにか？」くらいの判断はできるようになりましょう。

03 配当金の使いみち

金額が少ない配当金は使い切ってストレス解消効果大

みなさんは、株式投資を行う場合「配当金」を重視していますか？　ワシは、配当金どころか利益さえ出ない赤字の企業の株を好んで買いますから、配当金などほとんどもらったことがありません。その赤字の状態から復活し、黒字に転換する瞬間を夢見てその企業に投資をするんですね。ですから、投資した企業が黒字になったときには、喜びもひとしおです。配当金をもらえる日には飛び上がるほどうれしくなり、感無量です。

さて、この配当金、みなさんの使い道はお決まりでしょうか？　ワシの場合、今年の配当金の使い道はすでに決まっていて、「コレにする！」と予定を立てています

予定がない方には以下をおすすめしたいと思います。それは、うまいものを喰ったり、旅行に行ったりして、

ぜ〜んぶ使い切ってください！

もちろん、みなさんの中には、配当金で再投資を行う方がいらっしゃるでしょう。また、配当金を生活費に充てている方もいらっしゃると思います。そのやり方はすごく正しいです。す

ばらしいです。ワシはそれを否定するつもりはありません。

でも合計で数千円~数万円くらいであれば、ストレス解消のために、ぜひとも使い切っていただきたいですね。ワシは、インターネットで取引をしているせいかもしれませんが、**勝っても負けてもパソコン画面に映る証券口座の数字が変化するだけ**なんですよ。ちっとも充実感がありません。**ストレスがたまる**んです。

もちろん、勝ち負け共に、そのつど証券口座からお金を引き出せばその実感がありますがワシはオススメしません*。そんな中で、株式投資を行っている時株主であることを最も実感できるのは株主優待と配当金です。

大金を1回の食事で使い切るのは気分がいいですよ。根が貧乏性なせいか、こういうことで充実感を感じてしまいます。ワシの場合、配当金の他にスターバックスの株主優待である「ドリンク券」は両親にあげました。かなり喜んでくれました。「カッパクリエイト」や「くら」など、株主優待を使って家族サービスをすれば、それはそれで効果があります。

まあ、考え方は人それぞれなので強制はしませんが、そうすることによるストレス解消効果はかなり大きいので、一度試してみてください。

*理由は次項をお読みください。

03 金銭感覚のマヒに気をつけよう

短期で儲けたお金を使いすぎない

株式市場が上がり始めると、上昇の勢いが止まらなくなることがあります。90年代前後や2000年前後のバブル期と同じくらいの勢いがある日だってあります。

もちろん、このようなことがいつまでも続くわけがなく、そう思うこと自体が、いかに異常な状態であるかがわかります。

しかし、こういうときって、上がるときはまだまだ上がるんですね。

「もう」は「まだ」なり、「まだ」は「もう」なり

「もう下がるだろう、もう下がるだろう」って思っているのに、株式市場はまだまだ大暴落が起きません。上昇の勢いが最もピークである寸前、特にその数日～数週間がいちばん儲かるんです。毎日毎日資産が殖えていきますから、持ち株を売ろうにも売れない。本当に困ったものです。うれしい悲鳴ですね。

仮に、欲望に打ち勝って株を売り、現金に換えたとしましょう。そうすると次は、「そのお金を使いたい！」という欲望が出て来るんですね。

「大金の使い道は別にないから、資産がどこまで殖えるか試してみよう」という変人（ワシ）はともかく、普通の投資家は、「金持ちになりたい」「おいしいものが食べたい」「生活をラクにしたい」「いい家に住みたい」「ブランド・高級品が買いたい」・・などなど、いろいろな欲望を満たすために株式投資をしているからです。

勇気を振り絞って、去年あたり株を買った投資家で、今現在、証券会社の自分の口座を見てみれば、大量の資金（含み益を含む）があるという人はいませんか？

そうなると、普通は使いたくなるんですね。ぜいたくをし始めるんですよ。**一度でも、証券口座からお金を引き出すとクセになります**。ちょっとしたおこづかいのために少しだけ引き出すつもりでも、回数が重なって来ると、ドンドン資金は減っていきます。「証券口座→銀行口座→自分の手元」という感じで現金が手に入ると……。90年前後のバブル期には、このような投資家がゴマンといて、本当にムダなお金の使い方をしていました。

ワシが知る限りでは、**月収の5倍〜10倍を1日の株式投資で稼いでしまうと、ほとんどの人の金銭感覚がマヒします**。新卒の初任給を20万円とすると、1日で100〜200万円です。毎日これだけのお金が殖えていくと当然のような気がしますね。

株式投資をはじめたばかりの方は実感がないと思いますが、短期間で急激に儲けた方は、もう、すでに金銭感覚マヒの予備軍に入っているかもしれません。注意してくださいね。

03 投資資金を増やしたくなるワナ

投資で儲けたからといって、仕事を辞めるのはやりすぎ

以前、「個人投資家は日本の機関投資家よりも運用成績がよい」というデータが発表されていました。なぜか投資上手な外国人投資家にも成績で勝っているそうです。近年まれに見るおもしろい「珍現象」です。個人投資家が安値で買って、高値で機関投資家に売りつける。こんなことはめったにないことでした。

これは全体のデータですから、個人投資家ひとりひとりが必ず儲かっているのかどうかは定かではありません。ただし、儲かっている人にはひとつの傾向が現れます。それは、「**投資資金を増やしたくなること**」です。

儲けていると、ワシもいつもそう思ってしまいます。「もっと投資資金があれば、さらに利益が増えるのにな」と考えるんですよ。こう思うと、余裕のある資金は、株式投資の方へ、つぎ込みたくなります。この方が苦痛を伴う節約をするよりも、立派な資金運用となり得ます。儲けている時の投資資金アップは、ギャンブルの負けを取り返そうと大金をつぎ込む心理とはまったく逆です。

3-2 投資資金を増やすのはいいが、仕事をやめるのはやりすぎ

ただし、「この傾向は果たしてよいのか悪いのか」と言われると、返答に困ってしまいます。つまり将来、**「もうかりすぎて、まじめに働くのがバカらしくなる」と思ってしまうと、絶対によくない**ことだと言えるので……。こういう感覚になってしまった人に対して、いつも次のように答えます。

「どんな仕事でもいいから、どんなに安くてもいいから、一定の収入を得て、そのお金で生活をする。株式投資はそのおまけとして運用し、巨万の富を作ってください。」これが、いちばん儲かるスタンスだと思っています。

株式投資による収入で生活費をまかなおうとすると、定収入があったときより運用成績が悪くなるのは、将来に対する不安で、プレッシャーが必要以上にかかるからです。ワシには、今のところ、これをする根性はありません。

投資心理編

03 自分の成績はよいのか悪いのか？投資成績をチェック

株式投資をするなら最低でもＥＴＦには勝たねばならぬ

みなさんは「ＥＴＦ」というものをご存知でしょうか？　株価が暴落していた２００３年初旬、当時の竹中平蔵大臣が「今、ＥＴＦを買えば儲かるよ」と言ったＥＴＦです。

そのときは、「将来の株価などわからないのに、大臣がいい加減なことを言うな」と、ものすごい反響がありました。しかし、今振り返ってみると、竹中大臣の発言は正しかったということになります（そんなことは、ほとんど誰も言いませんが）。「りそなの公的資金注入→金融不安解消→株価上昇」のシナリオを最初から予定していたのではないかと勘ぐってしまうほどの環境の変化です。

ＥＴＦは投資信託の一種

さて、このＥＴＦですが、正式名称は「株価指数連動型上場投資信託」と言います。要するに、（ワシはあまり好きではない）「投資信託の一種」であります。しかし、この投資信託は、ファンドマネージャーなどの専門家が知恵を振り絞って銘柄を選ぶのではなく、一定の銘柄を一定の株数だけ買う設定になっています。

日経平均連動型、日経300連動型、東証株価指数（TOPIX）連動型など、さまざまなタイプがあります。このETFというものは、新聞の株価欄のいちばん右下「上場投資信託（ETF）」という場所になります（日経新聞）。

投資成績をチェックしよう

では、お持ちの新聞を用意してください。

大和日経平均、野村日経平均とありますね。ややこしいですが、これが投資信託の名前です。

この投資信託は、株式市場がよくなって、各銘柄の株価が上がっていくと、それにつられてどんどん上がっていきます。要するに、これは**日本経済がよくなれば、ねこでも、さるでも、買えば儲かる**という代物（しろもの）なんですね（ねこやさるは買えませんが…）。

ということは、みなさんが、わざわざ必死に銘柄を選んで、株式投資をするということは、**この投資信託以上の成績を修めないと意味がない**んです。そうでないと、「何も考えないでETFを買ったほうがマシ」という結果になります。

それでは恐怖の成績発表、いきましょう。みなさんの投資成績が、はたしてよいのか？　悪いのか？　みなさんの持ち株の購入日と現在の新聞を用意して、上昇率もしくは下落率を比べてください。いかがですか？　「**何も考えずに、ETFを買った方が儲かっていた**」という方は……ああ、恐ろしい。自分の成績*の優劣が一瞬でわかってしまう、恐ろしい情報でした。

自分の成績
ちなみに、ワシの成績はどうかって？　言わなくてもわかりますね。こんな投資信託なんざ勝負になりませんよ！

03 負けるとどうしてくやしいのか

ギャンブルと株式投資で負けたときのくやしさがちがう訳

みなさんはギャンブルがお好きでしょうか？ ワシは、株式投資を実際に行う前は、競馬やパチンコ・パチスロ、宝くじまで、いろいろなギャンブルを楽しんでいました。しかし、株式投資を始めてからは、これらにまったく興味を示さなくなりました。不思議ですよね。競馬やパチンコに毎月数十万円を賭けていた人間が、株式投資を始めてからは、こちらの方が何十倍、いや何百倍も楽しく感じられるようになりました。

それにしても、株式投資で負けると、どうしてギャンブル以上にくやしく感じるんでしょうか？ ワシも株式投資で全戦全勝というわけではなくて、いくつかの負けを経験しています。しかし、**競馬やパチンコで負けることよりも、株式投資で負けることのほうがずっとくやしい**んです。なぜなんでしょうか？

そのわけは**がんばったことがまったく報われないから**なんですね。

競馬やパチンコは、努力すること以上に運の要素の占める割合が非常に大きいです。確率的な要素がありますから、努力によってまったくカバーできない場合も存在します。仮に負けたときでも「オレには運がなかったな」とあきらめることができます。

株式投資で負けた場合

一方、株式投資はどうでしょうか？　株式投資は、勉強すればするほど、ある程度まで勝率が上がります。しかも、**損をするときは自分の無知が原因であることが多い**です。努力でカバーできることがかなり多いんですね。

ある意味、受験勉強に近いかもしれません。受験勉強はがんばればがんばった分だけ成績が上がりますよね。成績が上がれば、希望の高校や大学に合格することができるでしょう。でも、これもすべてが同じというわけではないんです。受験勉強の場合は、仮に志望校に不合格となった場合でも、「勉強をして知識を身につけた」という形のあるものが残ります。すがすがしさや充実感・満足感が多少なりともあるでしょう。

しかし、**株式投資にはそれがない**んですよ。仮に負けてしまうと**手元にあるお金が減るだけ**。自分の無知に失望し、今までの努力がまったく報われないんです。このくやしさは、株で負けたものにしかわからない事実です。

ですから、負けなんて経験はいりません。全戦全勝を目指すくらいがちょうどいいです。どうせ全部勝つことなどできませんが、最初からある程度負けることを前提とした投資をすると、負け越してお金を大幅に減らすのがオチです。ギャンブルと株式投資。世間一般では同じように考えられていますが、まったく異なるものです。一度はその違いを経験してみるべきでしょう。

株式投資がおもしろくなりやめられなくなっても責任は持てませんけどね。

03 儲けるうちに気づく心境の変化

株式投資で儲けるとどうなるか

ワシは株式投資が大好きです。

なんてことをいまさら言わなくても、ここまで読んでくれたあなたならわかりますよね。毎日のように株式市場と接していると、もう、この生活から逃れられません。「土・日・祝日なんか、なければいいのに」ということも本気で思ったりします。ここまで来ると完全な株式投資中毒患者ですね。

ところで、投資暦がドンドン長くなってくると、投資家の心境が徐々に変化してきます。その中でもいちばん大きい変化が「ムダ遣いをしなくなること」です。

株式投資をはじめて間もないころのあなたは、あまりわからないと思いますが、株式投資を長く続けていて、なおかつ順調に資金が増加している投資家は、きっと同じことを考えていると思います。それは、

「高い買い物をするのがもったいない」

ということです。

ワシは現在、税込み15万円の中古車を愛用していますが、今のところ、わざわざ新車を購入したいと思わないのです。もちろん、株式投資の資金を取り崩せば、新車の1台や2台はゆうに買えます。高級車に乗ることも可能でしょう。でも、別にほしいとは思わないんですよ。

株式投資を始める動機として、「金持ちになりたい」「おいしいものが食べたい」「生活をラクにしたい」「いい家に住みたい」「ブランド・高級品が買いたい」などなど、いろいろな欲求を満たすためのものがたくさんあります。でも、株式投資で投資資金を殖やして、実際にその願望が達成できるようになると心に余裕が出てきて案外「別に買わなくてもいいや」と思うようになります。

投資暦が長くなればなるほど、無駄なものを買わなくなります。ワシの場合だと、10万円のブランド品を買うよりも、10万円の株が買いたくなります。必要なものはどれだけ値段が高くても買いますが、無駄だと判断した品物は、まったく買わないで投資に回すようになります。株で儲けているうちに、驚くくらいのお金持ちが毎日質素な暮らしをしているという感覚が理解できるようになりますよ。

税込み15万円の中古車は去年廃車となりました。今度は奮発して80万円の中古車を購入。10年間使い続けたいと思います。もちろん、投資資金を取り崩したのではなく、余裕資金を使い、現金一括で支払いました。

03 パニック売りへの対応

投資家全員が売りたい状況、あなたならどうする

「パニック売り」。いやな言葉ですね。これは、文字通り、「投資家がパニックになり、冷静な判断ができずにとにもかくにも株を売る」という行動です。

日本の株式市場の株価が暴落・急落する要因となるものは、テロ・戦争・自然災害・NYやヨーロッパ、アジアなどの株式市場の下落など、いつどこで何が起こるかわかりません。

もし、このようなパニック売りが起こった場合、あなたはどのような行動を考えますか？

えっ？「とりあえず、みんなと同じように売っておく」ですか？

いや〜、それじゃ、他の投資家と同じじゃないですか。ワシがオススメするのは、**暴落のときに買う資金をあらかじめ用意しておくこと**です。みんなと同じように売るのはもってのほか。「自分の心理の逆をする」よりも、もっと厳しい条件ですが、**こんなときこそ買う**べきなんです。

しかし、やみくもに買えばいいわけではありません。買う量やタイミング、利益確定の時期など、あらかじめ設定しておかなければならないことがかなりあります。それは「暴落・急落時の買い方」（130ページ）でご紹介します。

第4章

投資資金／投資力チェック編

必ず勝つための条件

04 投資資金はいくら必要か

なんとかがんばって100万円を貯めよう

ここまで読まれた方は、「よし、株式投資をしたいな」とかなり感じてくれていると思います。しかし、いったい投資資金がいくら必要なのか、まったくわからないですよね。そこで、ワシが必要な資金を決めちゃいましょう。それは、

ズバリ、100万円です！

ちょっと多いですか？ ギャンブルと呼ばれる競馬や競輪、パチンコ、ジャンボ宝くじにくらべると、金額としてはかなり大きいです。でも、できればこれくらいを用意して欲しいです。ウチのサイト「**ど素人の株日記（http://www2.ocn.ne.jp/˜evant/index1.html）**」では、初心者の投資資金が「**10万円***」**というケースがすごく多い**です。しかし、**10万円で買うことができる銘柄はすごく少ない**です。なるべく100万円を貯めてください。ここが株式投資初心者のスタートです。

100万円を3分割

さて、投資資金100万円が貯まったらそれを3分割します。資金の使い道ですが、それは、

*ワシが積極的に株を購入していた2003年の頃ならば、株価が下落していたのでこの金額でも十分でしたが、現在の、株価が上昇している段階では心もとないです。

「初期投資用」「ナンピン買い用」「暴落時用」の3パターンです。

「初期投資用」は、あなたが買いたいと思ったときに使う資金、「ナンピン買い（「第5章　株価は思う通りに動いてくれない」で紹介）用」は、買った銘柄の株価が下がったときに使う資金、「暴落時用」は、市場全体が暴落したときに使う資金です。

この配分は後章で紹介します（第4章　資金配分はサッカーのシステムで）。ワシの場合は、初期投資用：ナンピン買い用：暴落時用＝3：4：3の割合です。ですから、100万円だと、30万：40万：30万の分割ですね。

ここでひとつ、疑問が出てきますね。そう、「買った銘柄の株価が下がらなかったらどうするか？」と「暴落が起きなかったらどうするか？」です。その場合は、そのまま現金として持っておくのです。**証券会社に預けておくだけで銀行利子よりも高い利息**が手に入ります。

資金の分割だけでなく、時間的な分割も行う

この3つの分割は、単に資金を分割するだけではありません。使うタイミングにも注意してください。ごくまれに、（といっても最近は特にそうです）「初期投資用」「ナンピン買い用」「暴落時用」のすべての資金を1ヶ月間にうっかり使い果たしてしまうことがあります。もし、そうなりそうな場合は、「ナンピン買い用の資金」を絶対に使わずに確保しておいて、6ヶ月後もしくは1年後に使うようにしてください。そうしないと、投資資金がすべてなくなり、身動きがとれない状態になります。経験の浅いうちは、売り買いの判断を誤ることがありますので**「ナンピン買い資金は6ヶ月後または1年後に使うこと」**です。これをきちんと守ってください。

04 借金で株式投資をするとどうなるか

借金で行った投資は儲かりにくい

みなさんは、「借金」を株式投資の資金に充てたことはありますでしょうか？　90年代のバブルの頃は頻繁に行われていました。そういったケースは現在の参考になりませんので、日経平均が比較的安い水準で推移した2003年、借金を投資資金にした投資家Aさんを例に挙げます。

投資家Aさん

（借金の形態）借入金：100万円、利率：年20%（毎月10万円の12回払い）
借り入れ期間：2003年1月
返済期間：2003年3月下旬からの12回

話を聞くところによると、「あまり儲からない」らしいです。年20%の金利がすでにリスク大ともいえますが株式投資で年20%値上がりする銘柄を探すのは、2003年の段階では可能でした。株式投資は、元となる資金が多ければ多いほど利益が大きくなりますから、このような借金でも、値上がりする銘柄を買えば戦略としてはありでしょう。

事実、日本株は大幅に値上がりして、投資した銘柄によりAさんは儲かっているはずです。しかしAさんはあまり儲からなかったと言います。どうして儲からないんでしょうか？

それは、**投資と借金の相性の悪さ**です。

まず、借金をした段階で（ここでは2003年1月）、「どんな銘柄でもいいから買ってみたい」と思いがちです。つまり**資金が増えたことによって気が大きくなるのと、期限が決められたお金なのでできるだけ長い期間運用したいという考えが働く**んです。

ワシの場合、株価が下がるまで待ってから買うのですが、**借金をするとこの余裕がなくなる**らしいです。「なるべく早く儲けたい」と思うんですね。これは精神的にかなり不利です（図4-1）。

4-1 借金の資金は買いたい気持ちが普段より大きい

つぎに、返済期限ですが最初の期限は2003年3月下旬でした。それまでに10万円をなんとか工面する必要があります。そのとき、すべての資金を使って株を買っていると、どれかを売らないといけないんです。

この「売り時」が、また曲者なんです。返済期限が決められているから、「早く利益確定をしないといけない」という気持ちと「まだ上がるかもしれないから、できるだけ長く持っていたい」という気持ちの間で悩むことになります。

この場合、上がるにしろ下がるにしろ「返済期限ギリギリまで売るのをためらってしまう」という結果になるんです。売り時を勝手に決められているようでとても苦痛です。

そして、今度は、その売る銘柄でも相当悩むことになります。たとえば、住金（5405）を100円で5，000株、富士電機（6504）を250円で2，000株持っているとします。返済額は10万円ですから「富士電機はとても売りづらい」そうです。

どうしても、住金を一株売って返済にまわしたくなるんです。つまり**返済額となるべく近い株価の銘柄を売りたくなる**んです。しかも、株数が多いですから、「5，000株が4，000株になるだけだからいいや」と思うんですね。これは売る銘柄があらかじめ決められているようでいけません。

最後は、**含み損なのに返済期限が迫ってきた場合**です。たとえば、住金が90円になり、富士電機が220円になったというケースです。これは、すごく悩みますね。住金をひとつ売っただけでは返済額に届きませんし、かといって住金を2つ売ったり、富士電機をひとつ売っても、返済後の資金がかなり余ってしまうのでロスが大きいです。

2003年度は住金も富士電機も後で値上がり傾向にありました。「待てば上がるとわかっていながら損切りをする」のは、精神的に耐えられないほどつらいそうです。

いかがでしょうか？　Aさんは「こんなに苦しい思いをするなら、借金をしなければよかった」と言っています。また、「あれだけがんばったのに、利益が少なくて割に合わない」とも言っています。結局のところ、借金の利息が高いにしろ、安いにしろ、このような投資で儲かるにしろ、損をするにしろ、「おすすめできる方法じゃない」ってことです。**借金で投資すると、普通より儲かりにくい**という結論です。

しかし、どのような借金でも投資資金にしてはいけないのでしょうか？　いえ、投資資金にすることができる借金がきちんとあります。それは、**親兄弟・親類からの借金**です。親兄弟・親類であれば、利息もありませんし返済期限もなくすことができますね。他人から借りるよりも頻繁に催促をされないでしょう。

どうしてもお金を借りるのであれば、ぜひ、親兄弟・親類に頼むことをオススメします。ただし、お金が絡むと家族といえども信頼関係がこじれる可能性がありますのでご注意ください。

4-2　借金で株を買うと売り時および売る銘柄に相当悩む

4-3　どうしても借金するならば親兄弟・親類からが無難

04 ひとつ上のステージ

投資資金が殖えると、選択肢が広がると同時に迷いも生じる

株式市場に人気が戻り、取引が活発になると、儲かる投資家もかなり増加します。

ワシのような中長期運用タイプの個人投資家は、頻繁に売却することはないので含み益が増えるだけですが、それでも、資産が拡大していくのを実感できるので毎日がとても楽しくなります。目標としていた大台を突破する投資家の方もいらっしゃるでしょう。

さて、この10万から100万に、100万から1,000万に、1,000万から1億に……と、目標としていた大台を超えて資産が増えていくとある変化が訪れます。

それは、**ひとつ上のステージ**です。

みなさんは、この大台を達成してから、損益に関係なく持ち株をすべて売って現金に換えたことはありますでしょうか？　そして、その現金を手にしたことはありますでしょうか？　その現金を通帳に振り込んでもらっただけでもいいです。

これがあると満足感がじわじわとわいてきます。

特に100万円が1,000万円になったときは、投資法の選択肢が驚くくらい広がります。

購入することができる銘柄数もすごく増えます。たとえば東証1部で値段が高い「キーエンス」や新興市場の100万円以上の銘柄が、何の苦もなく投資対象になるのです。

しかし投資対象が広がると同時に迷いが生まれます。「このままの投資法を続けていて大丈夫だろうか？」ってね。これは選択肢が広がったことによる迷いです。

特に、短期間で儲けてしまった方は相当焦ると思います。ハイリスクハイリターンで儲けたので、その分今度は資産を減らしたくない気持ちが強く働くんですね。結果、守りの姿勢になる可能性が出てきます。中長期投資で儲けた投資家もハイリターンを得ると同様です。

ここがひとつの分岐点なんです。

客観性を保つ

ここからさらに儲けることができるのか？ あるいは、あえなく失速して資産を減らしてしまうのか？ここで客観的かつ冷静な判断が、今後の損益に大きく左右してくると思います。

ワシもそうなんですが、**生まれついての金持ちではない人が、株式投資で一気に儲けてしまう**と、**戸惑いが出ます**。「こんなに儲けていいのだろうか？」という心が落ち着かない感情です。

これが、不労所得*の怖さです。

一般の方は「毎日コツコツ働いて給料を増やす」という考え方が体に染み付いていますので、「あしぎん」で儲けた人がお金をばらまいた話は有名ですが、ドカンととても不安になります。儲けた人はあの心境になるのです。

不労所得（ふろうしょとく）
労働しないで得る所得。利子・家賃・地代など。

04 新規上場から持っていれば……。

長期投資を続けていれば、100万円が数億円に!?

有名企業の新規上場や株式分割の発表など、株価が上がる情報が出てきたときにいつも言うのが**上場から、今まで持っていれば○億円になりますよ**というネタです。テレビやラジオ、新聞では必ずやっていますね。ヤフーやセブンイレブンのように、頻繁に株式分割を行う企業や、松下やソニーといったかなり昔に分割したものまで挙げて「ず～っと持っていればこんなに儲かるんだよ」と、株式投資の魅力をうんざりするくらい解説しています。

しかし賢い投資家なら、これがどれだけ難しいことであるかすぐにわかります。たとえばヤフー・ジャパンが上場したとき、ほとんどの人が見向きもしませんでした。買っていた人でさえこれだけ上がるとは思っていなかったのです。しかも、こんな**株価が上がったり下がったりする、ジェットコースターのような動きの銘柄をひたすら持ち続ける**など、不可能に近いです。

松下やソニーも同じことです。公募や分割を行っていた昭和50年くらいまでの会社四季報を見ればわかります。松下やソニーが、市場でどれだけの評価をしてもらっていたかがわかるはずです。当時は鉄鋼や海運の人気が高く、ハイテク株など今とちがって悲惨なものでした。

「松下の株を今までず〜っと持っていれば、資産が数億円になっていたのに」と言ったりすることはずかしいことです。そんなことできっこないんです。砂漠の中から金を探すのとおなじくらい大変なことなんです。「砂漠の中から金を探すのと同じくらいは言いすぎだろ」ですって？　いえいえ、そんなことはないですよ。このような**銘柄は倒産した企業の数よりも少ないんです！**

もちろん、上場から持ち続ければ結果的に時価数億円に化ける銘柄がこれからも出てきます。でもそれは、**宝くじに当たるくらい確率が低く、そして、売りたい欲望に勝つ**ということで、非常に難しいことなのです。

4-4　時価数億円になる銘柄を探すのは、なかなかできることではない

04 資金配分はサッカーのシステムで

投資法「投資資金3分割」の考え方

今回は「投資資金はいくら必要か」の内容を踏まえてご説明します。104ページで必要な投資資金を100万円としました。その資金の配分を行ってみます。

まずはじめに株式投資を行うにあたって、あなたは生活に必要な資金や他の投資に必要な資金を全て除いた「余裕資金」で投資資金を用意します。それはすべて株式投資につぎ込んでも大丈夫ですね？

ここで、100万円の投資資金が用意できたとします。「投資資金はいくら必要か」では、資金を3分割するように説明しました。ワシの場合の比率は3：4：3でしたね。最初の3が初期投資に使う分、次の4がナンピン買いに使う分、最後の3が暴落時に使う分でした。

まず比率の意味を考えてみましょう。最初の初期投資に使う分の比率が大きければ大きいほど、儲ける可能性が大きくなる反面、損をする可能性も高くなります。

次に、今は上昇相場であるか、下落相場であるか？　今後は上昇していくのか？　下落していくのか？　現在の株式市場の状況も考えて運用を考えます。つまりケースバイケースでシミュレーションを行うのです。

さきほどの比率を、3：4：3だけでなく、4：4：2とか、2：4：4とか5：3：2とか、いろいろなパターンで考えてみます。もちろん厳密な正解というものはありません。あなたの投資の考え方で、あなた自身が決めてください。この3分割の比率を決めるときに大事なことは、どうしてその比率に決めたのかをきちんと自分で説明できるかどうかです。これができれば決めた比率にしたがって投資行動を進めます。

と、言われても意味がわからないですよね（笑）。資金配分をこれまでそれほど意識してなかった方もいらっしゃるかと思います。わかりやすくするためにサッカーのフォーメーションを用いて説明します。

サッカーのフォーメーションを使った資金配分

まずは、次ページの図をご覧ください（図4-5）。ご存知の方も多いと思いますが、サッカーは「FW（フォワード）・・・主に攻めを担当」、「MF（ミッドフィルダー）・・・攻めと守りを担当」、「DF（ディフェンダー）・・・主に守りを担当」という3つのポジションがあります。この3つのポジションでちょうど10人。これにGK（ゴールキーパー）を加えて11人で1チームとなります。このような多彩な戦術を生み出すサッカーのフォーメーションは、投資にも応用できる「しろもの」なんです。

現代サッカーにおいて、オーソドックスとなっているフォーメーションは、FW（フォワード）が2人、MF（ミッドフィルダー）が4人、DF（ディフェンダー）が4人で構成される

4-5 サッカーのフォーメーションシステムを使った資金配分

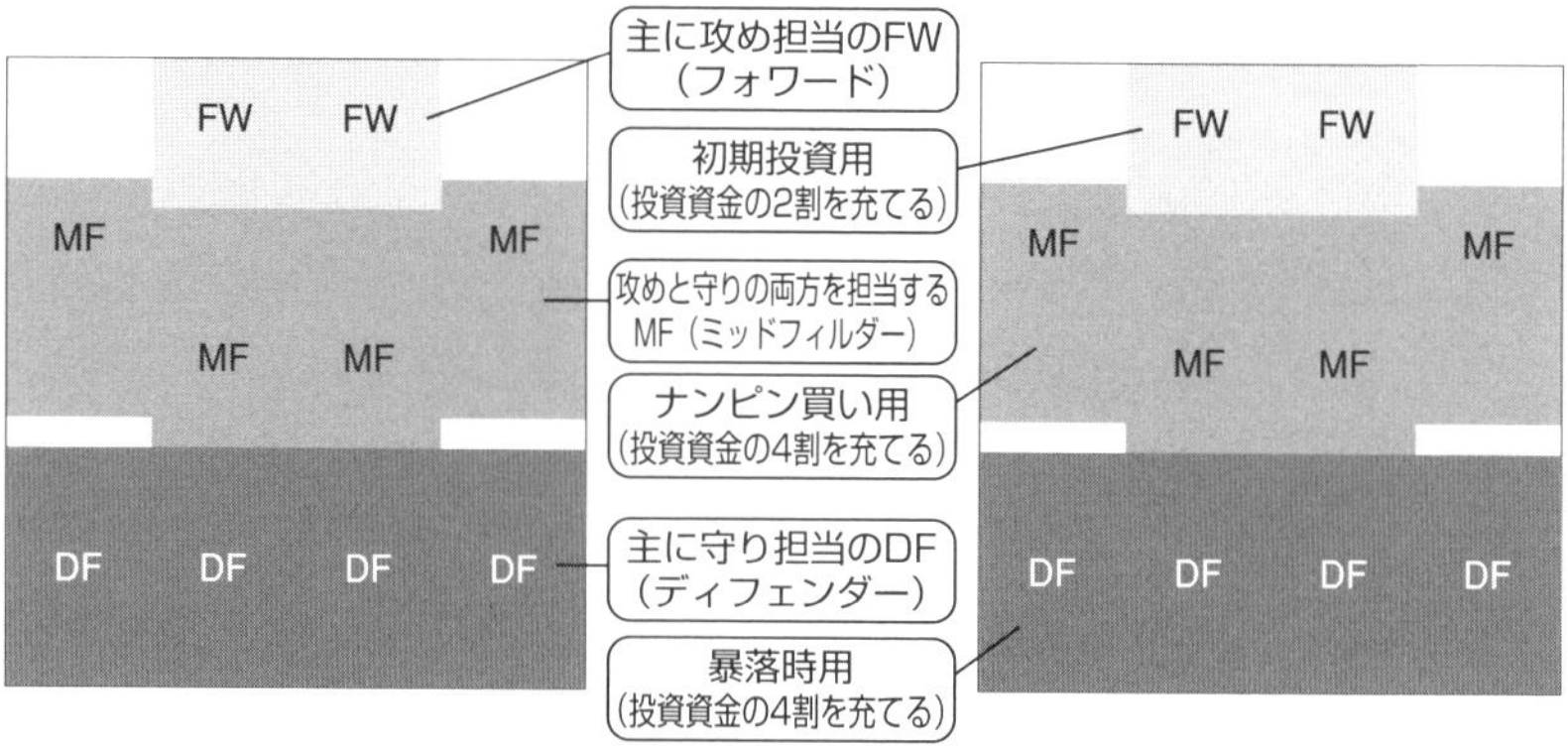

世界の主なチームはFW：MF：DFの比率が2：4：4であることが多い。
サッカーのシステムを投資資金に当てはめると2：4：4の割合になり、バランスはよくなる。

10人のシステムです。

筆者の希望メンバーで、日本代表にあてはめますとFWの2人が高原選手と柳沢選手、MFの4人が中田選手・中村選手・小野選手・稲本選手、DFの4人が宮本選手・中沢選手・加地選手・三都主（サントス）選手の計10人です。

このフォーメーションの考え方を資金配分に当てはめてみましょう。**FWを「初期投資用」、MFを「ナンピン買い用」、DFを「暴落時用」と考えると、初期投資用＝2割、ナンピン買い用＝4割、暴落時用＝4割**です。

サッカーにおけるFW「攻撃」は投資においては「資金投入」です。

つまり売買スタート時は初期投資の2割で攻めて行き、さらに儲けたいと考えたらナンピン買い用の4割も使う。非常事態が起こったとき（サッカーでは負けているとき）など

は、暴落時にとって置いた資金も使うのです。
ただし、サッカーでもＤＦが攻撃参加することはたまにありますが、全員が攻めることは滅多にありません。常に１～２人を自陣に残しています。つまり、**投資でも最低１～２割は使わずに、手元に残しておいてほしい**のです。こうすることによって負けにくくなります（リスクヘッジ）。

ちなみにワシの場合、オーソドックスなパターン（２：４：４）*をアレンジして、初期投資を２→３に、暴落時用を４→３としている訳です。これは３：４：３の配分ですので、より積極的に投資しているということになりますね。全くの初心者の方は、２：４：４のオーソドックスな資金配分をおすすめします。

２：４：４ サッカーでは、ＤＦ→ＭＦ→ＦＷの順番で通常「４－４－２」システムと表記されます。

04 シンプルな銘柄の選び方

銘柄選びはシンプル・イズ・ベストで

さて、前回の「資金配分はサッカーのシステムで」のところで、投資資金の配分もきちんと決まりました。比率は「2：4：4」ですか？　それともあなた独自の配分ですか？

決まったら、次の「銘柄選び」に進みましょう。ワシの場合は、いたってシンプルです。

1．自分が知っている企業かどうか？　2．業績が赤字から黒字に回復する企業であるかどうか？　3．1株利益の大きさ　の3つだけです。このほかに「旧財閥系」や「低位株である」などの条件も気にしたいところですが、基本はこの3つです。

自分が知っている企業かどうか

これは消費者としての視点ではなく、あなたが働いている業界から見た企業の分析の方がより正確な分析となります。消費者からの視点ですと、現在売れ筋の商品がわかったとしても、「その商品を売ることによってどのくらい儲かるのか？」まではわからないことがあります。しかし、あなたが働いている業界の企業状況であればかなり見通しが立てやすいはずです（関係する情報がリアルタイムで受け取れるため）。このように、自分に有利な業界をひとつでも多く

4-7 シンプルな銘柄の選び方

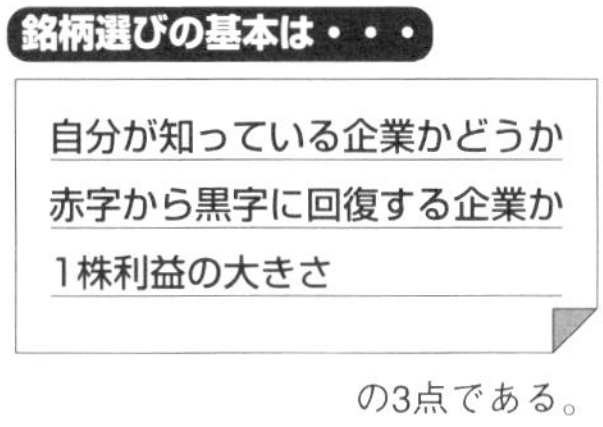

銘柄選びの基本は・・・

> 自分が知っている企業かどうか
> 赤字から黒字に回復する企業か
> 1株利益の大きさ

の3点である。

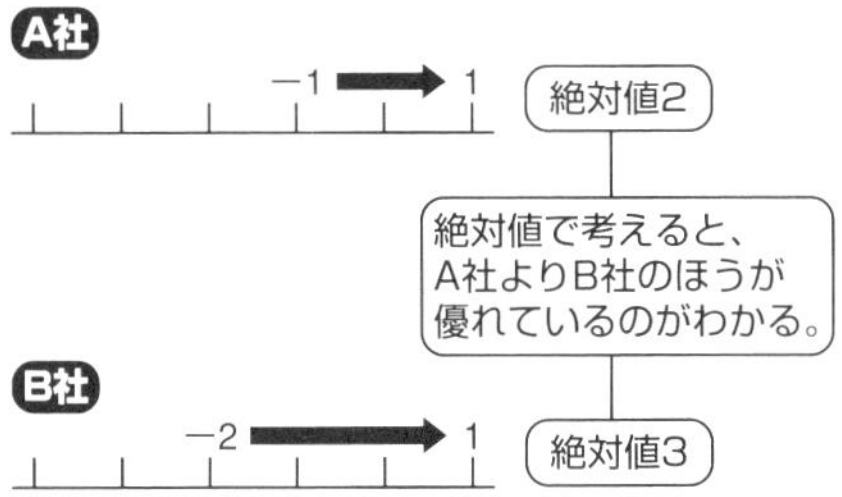

知っていれば、投資がすごくラクになります。

業績が赤字から黒字に回復する企業かどうか

たとえば、「2006年3月期が赤字で、2007年3月期が黒字になる」企業です。大赤字から大黒字になる企業が一番いいですが、そうそうみつかるものではありません。「赤字から黒字」になる企業であればかまいません。

ちなみに最近では黒字企業が多くなり、「赤字から黒字という企業がない!」状態も考えられます。そんなときは「黒字から大黒字」になる企業を選びましょう。

1株利益の大きさ

業績の基本は**1株利益**でしたね。ちなみに、1億円の赤字から1億円の黒字となる企業と、2億円の赤字から1億円の黒字となる企業とでは、どちらの株を買うべきか? それは後者です。

業績の利益率アップは「絶対値」で考えてください。マイナス1→プラス1までは絶対値が「2」です。ですから、マイナス2→プラス1までは絶対値が「3」です。ですから、絶対値の大きい「3」の方が優れています。以上が銘柄をみつける簡単な方法です。四季報などで業績をチェックしながらがんばってみつけてくださいね。

4-8 業績は絶対値で判断しよう

絶対値で考えると、A社よりB社のほうが優れているのがわかる。

04 初期投資資金を使った買い方・売り方

投資資金に見合う銘柄を探す

資金の配分は決まりましたか？　そして、初期投資に使える資金はいくらになりましたか？　さらに、どんな銘柄を買うことにしましたか？　それぞれのことがきちんと決まったあなたはもう大丈夫。それでは早速購入する準備に入りましょう。

ワシの場合、１００万円を持っていたならば、30万円を初期投資の資金として使います（105ページ参照）。これをさらに細かく分けてみましょう。10万円、10万円、10万円と3つに分けるもよし、20万円、10万円と金額を別々に分けるもよし、いろいろなパターンが考えられると思います。それは、みなさんが買いたい銘柄や投資金額と相談して的確に判断します。

仮に15万円と15万円の2つに分けるとします。これは「15万円以内の資金の範囲内で株を2銘柄買いますよ」という意思表示です。つまり1，000株単位で買える銘柄だと150円まで、100株単位で買える銘柄だと1，500円まで、1株単位で買える銘柄だと15万円まで・・・となります（図4-9）。

ここでは「マネックス（８６９８）」と「バンダイネットワークス（３７２５）」を購入する

ことにしましょう。どちらも15万円以内で最低単位株を購入することができます（2006年9月の段階では両者とも株価は15万円未満）。

ほとんどの方は、**投資金額よりも投資銘柄を先に考えがちですが、できれば、投資金額を先に考えてほしい**です。初期投資の資金が30万円しか使えないのに、35万円の銘柄を欲しがってはいけません。30万円までの銘柄を買うんです。この辺は、生活費と同じで、手元にある収入で支出を抑えるという考えと同じ感覚ですね。

この段階で、「買える銘柄がひとつもないよ！」となった方はいらっしゃいますか？　その場合は、**銘柄を高望みしているか投資資金が少なすぎる**かのどちらかです。前者ならば、より安い銘柄を探せばいいだけですし、後者ならば、もっと投資資金を貯めるべきです。現段階で無理をして購入しても失敗するリスクが高くなります。

4-9 初期投資資金をさらに分割する

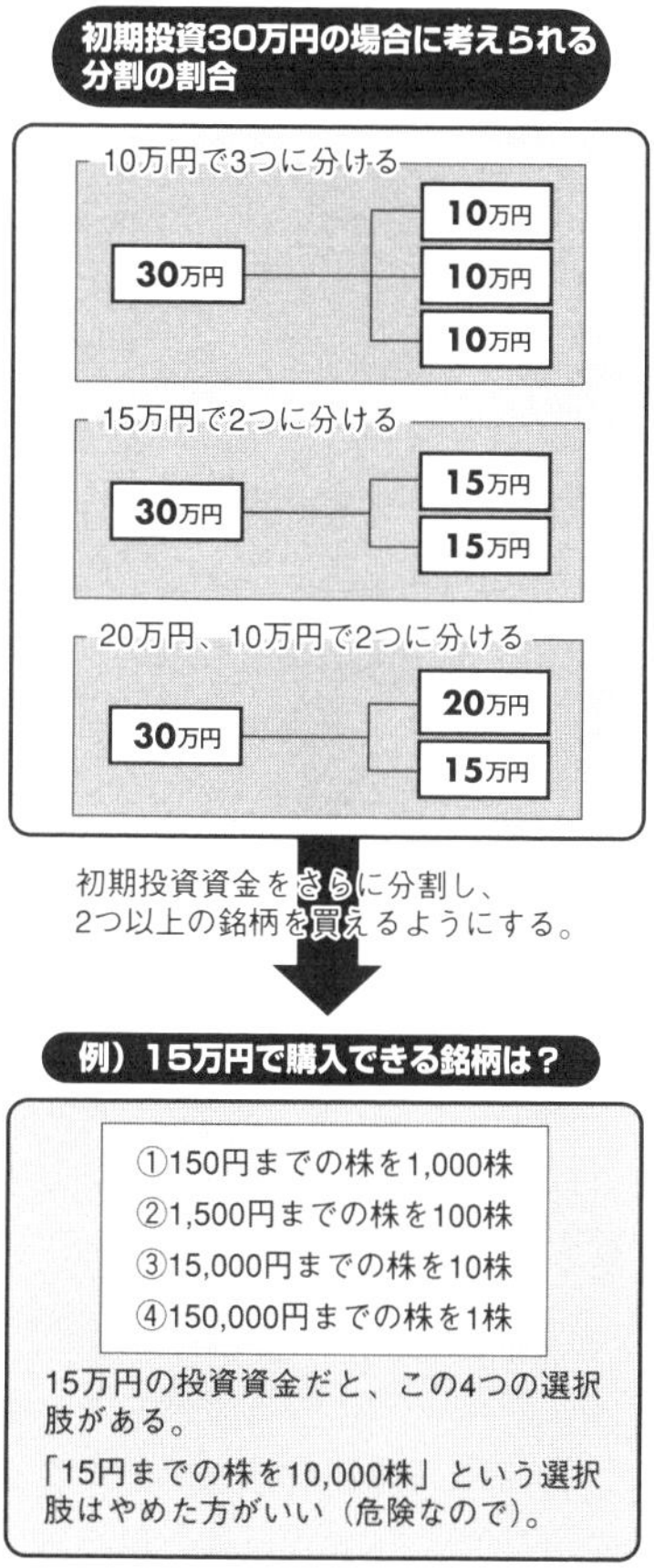

初期投資30万円の場合に考えられる分割の割合
10万円で3つに分ける
30万円
10万円
10万円
10万円
15万円で2つに分ける
30万円
15万円
15万円
20万円、10万円で2つに分ける
30万円
20万円
15万円
初期投資資金をさらに分割し、2つ以上の銘柄を買えるようにする。
例）15万円で購入できる銘柄は？
①150円までの株を1,000株
②1,500円までの株を100株
③15,000円までの株を10株
④150,000円までの株を1株
15万円の投資資金だと、この4つの選択肢がある。
「15円までの株を10,000株」という選択肢はやめた方がいい（危険なので）。

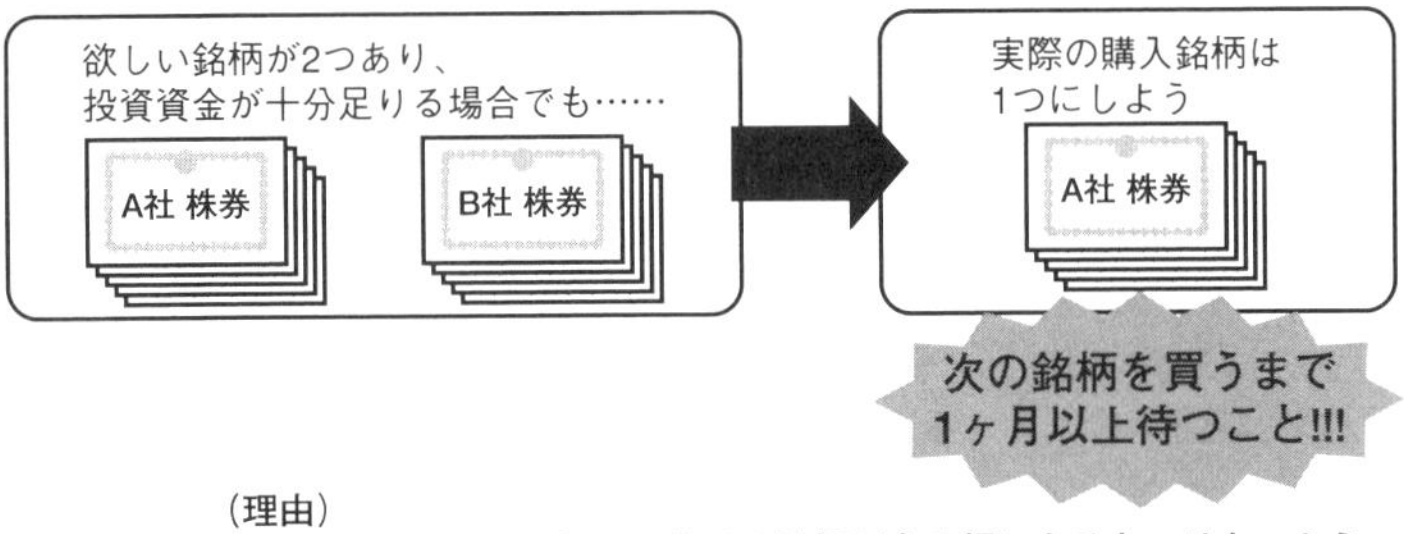

（理由）
まとめ買いをしたあとに、全ての銘柄が含み損になるといけないから。
「まとめ買いをしなかったから儲け損なった」と考える必要はない。

銘柄を一度に複数買うべきではない

以上を踏まえた上で、マネックスとバンダイネットワークスを買ってみるとします。マネックスか？　それともバンダイネットワークスか？　これは欲しい銘柄から先に買ってください。ただし、**購入資金が少ないうちは「まとめ買い」をやめる**ことです。

少なくとも、2番目に購入する銘柄は、最初に買ったときから1ヶ月以上待ってください。1ヶ月待ったために資金が足りなくて買えなかったのであれば、それはそれで仕方がないとあきらめましょう。

これは、**2銘柄を一度に買ってしまうと、その2銘柄とも含み損になる**リスクが高くなるからです。

いくら有望銘柄といえども、株式市場全体の動きにはほとんど勝てませんから、日経平均が下がれば、それにつられて個々の株価も

下がることが多いためです。少なくとも1ヵ月後に購入することによって、含み損の値幅を小さくすることができます。

反対に、含み損ではなくて含み益になったのであれば、それはそれで結構なわけです。売りたい値段に到達したときにその株を売って利益確定しましょう。リスクヘッジした訳ですから「まとめ買いをしなかったから、儲けそこなった！」と考える必要はありません（図4-10）。

はじめての取引で「成功するか?」、失敗するか?」によって、今後の株式投資の成績に大きく響いてきます。もし失敗すれば、「二度と株式投資をしたくない！」と考える投資家までいます。できるだけ損をしない方法を考えてはじめましょう。

投資資金／投資力チェック編

04

ナンピン買いの方法 ナンピン用の資金による買い方・売り方

株価は思い通りに動いてくれない

初期投資用の資金を使って、何か銘柄を買ってみましたか？　そして、儲けることができましたか？　儲けることができた方は優秀ですね。この調子でドンドン売買を繰り返して利益を殖やしていきましょう。

反対に、含み損ができてしまった方は本当に残念です。さっさと損切りをして、新しい銘柄にチャレンジしましょう……と、普通の人なら言ってしまうところですが、ワシはまったく違います。ここで、**ナンピン買い**をしていただきます。

ビギナーズラックがあるとはいえ、そうカンタンに儲かるほど株式投資は甘くありません。株価が下がって含み損ができた場合の準備もあらかじめしておく必要があります。そのための**ナンピン買い**です。

今日から、株価が下がって落ち込むのはやめて、むしろウキウキと喜ぶことができる投資家に変わりましょう。そのくらいナンピンには効果があるんですよ。

ナンピン買いってなあに？

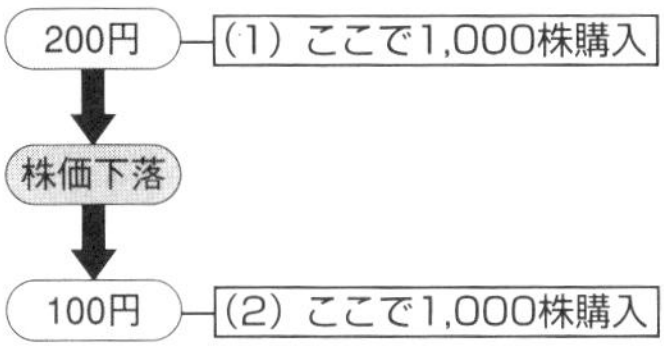

株価が200円から100円に下落すると、
（1）の状態では、

（投資金額）200円×1,000株＝200,000円
（時　　価）100円×1,000株＝100,000円
100,000円－200,000円＝－100,000円

となり、10万円の赤字である。

そこで、100円でさらに1,000株購入すると、

（投 資 金 額）200円×1,000株＝200,000円
100円×1,000株＝100,000円
計300,000円
（平均買付単価）300,000円÷2,000株＝150円

となり、最初から200円の株を購入したのではなく、150円の株を2,000株購入したことと同じになる。

ナンピン買いとは

「ナンピン買い」とは、**最初に購入した銘柄の株価が下がって含み損ができた際に、その平均買付単価を下げるためにさらに同じ株を購入すること**を言います。

こちらをご覧ください（図４-12）。たとえば、２００円の株を１，０００株購入したとします。そして、運が悪く１００円まで株価が下落します。この下落時に１００円で１，０００株購入すると、平均買付単価が１５０円に下がります。さらに株数は２，０００株に増え、含み損の金額は変化がありません。しかし、平均買付単価が１５０円に下がることにより、２００円の株を購入したのではなく、**最初から１５０円の株を２，０００株購入したのと同じ効果があります**。この作業がナンピン買いです。

では、実際にナンピン買いで購入した例を

4-13 マネックス・ビーンズ・ホールディングス（8698）のモデルケース

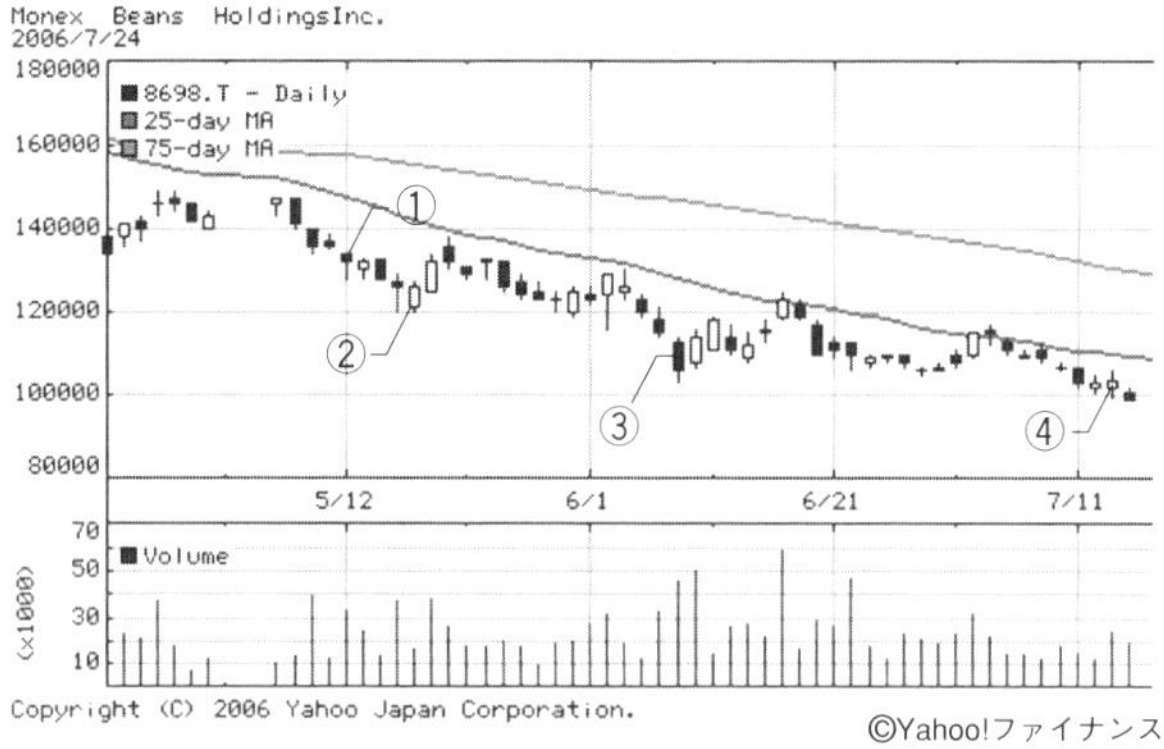

©Yahoo!ファイナンス

2006年5～6月のナンピン買い

135,000円 ― 初期投資の資金で購入 ①
↓
125,000円 ― ナンピン買い1回目 ②
↓
115,000円 ― ナンピン買い2回目 ③
↓
105,000円 ― ナンピン買い3回目 ④
↓
95,000円 買い準備
↓
85,000円 買い準備
↓
75,000円 買い準備
↓
65,000円 買い準備 **購入予定価格（最低）**

株価が10万円までの下落のため（2006年7月時点）、購入できたのは、

125,000円×1株＝125,000円
115,000円×1株＝115,000円
105,000円×1株＝105,000円　計345,000円

となり、初期投資の135,000円と合わせて480,000円となる。
平均買付単価は

480,000円÷4株＝120,000円

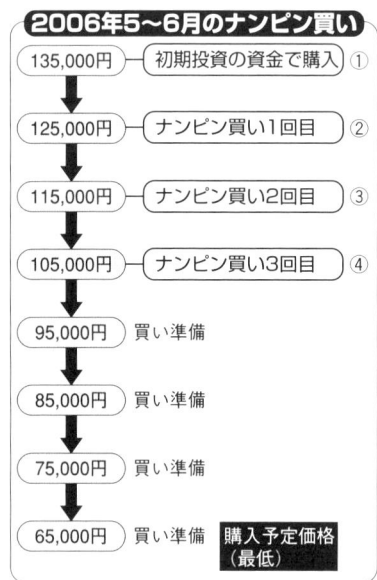

紹介します。マネックス・ビーンズ・ホールディングス（8698）を使って、ナンピン買いを行った場合です（図4-13）。

株価が下がってきたマネックスを発見し、今後上昇するであろうとの予想のもと、初期投資の資金を使って135，000円で購入しました。しかし、購入後に株価が上がるどころか、ドンドン下がっていきます。そこでナンピン買いの準備を行います。

まず、ナンピン買いに使えるお金を割り出します（114ページ参照）。ここでは、80万円としましょう。このお金をオーバーしないようにして、マネックス株をナンピン買いします。

次に、最低水準の購入予定価格を設定します。ここでは65，000円と設定します。この値段は、上場してしばらくたっている企業であれば上場来安値（企業が株式市場に上場した期間でいちばん安い値段）で設定しましょう。

初回に購入した135，000円から、この65，000円の間で、手持ち資金を使って何回ナンピン買いができるかを計算します。この図では、1万円間隔で購入しています。まず135，000円で買って、125，000円、115，000円、105，000円、95，000円、85，000円、75，000円、そして65，000円と計7回購入*します。

各株価で1株ずつ購入した場合、購入資金合計は685，000円となり、予算の範囲内でおさまります。また平均買付単価が初回の135，000円から比べて102，500円と、32，500円も下がりました。つまり、**135，000円で購入したのではなく、最初から102，500円で購入したのと同じ効果がある**んです。

例では10，000円の間隔で購入したが、あなたの資金的な状況を踏まえて資金が乏しければ、20，000円間隔でも30，000円間隔でも問題なし。

そして、各購入予定価格でナンピン買いをする株数ですが、これは同じ数であることをオススメします。確かに、株価が下がるほど多い株数を購入すれば、それだけ買付単価が下がります。しかし、どこまで株価が下がるのか予想できない上に、株価が下がるほど雪だるま式に含み損が増える状況は初心者には耐えられないと思います。ですから、ここは同じ株数を購入する方を選択してください（ここでは1株ずつ買い下がっています）。

前ページの図でチャートを見ながら確認しましょう。

実際の株価は95，100円までの下落ですから、購入できたのは125，000円、115，000円、105，000円の計3回です（2004年9月時点）。ナンピン買いで使用した投資資金は345，000円、初回の135，000円を含めると480，000円です。平均買付単価は480，000円÷4株＝120，000円となり、初回より15，000円単価が下がりました。今後の株価上昇を考えると、まずまずの購入ではないでしょうか。

ナンピン買いで購入した株の売り方

今度は購入した株の売り方です。ナンピン買いをした株は、売りのときも少しずつ分散すると考えるのが多くの投資家の結論です。しかし、ワシは異なった考えをしています。

ナンピン買いで購入した株は、初期投資の資金で購入した株といっしょに一度に売却します。売却価格は、初期投資の資金で購入した株を売るつもりだった値段と同じです。

マネックスの場合だと200，000円ですね。後で紹介する暴落時の資金とは異なり、ナン

ピンの場合は、目一杯含み益を膨らました状態で売却したいのがワシの考えです。

一度株価が大幅に下がった銘柄は、売り希望価格になかなか届かないことはわかります。しかし、ここは到達するまでガマンしたいところです。上昇途中で株価を売るのであれば、何のために苦しい思いをして含み損を耐えながらナンピン買いをしたのかわかりません。

ですから、１３５，０００円で購入した株も１０５，０００円で購入した株も同じ２００，０００円で売却しましょう。

こうすることによって、ナンピン買いをしなかったとき以上の売却益が得られます。売り時をガマンするのは大変かもしれませんががんばってください。

わかりやすいように手数料について考慮しないで解説した。

04 暴落・急落時は絶好の買い場

暴落・急落時の買い方

株式投資を行っていると、頻繁に株価の暴落が起こります。自分の持ち株の株価も下落し、そのおかげで、ほとんどの投資家の予定が狂ってしまいます。行け行けドンドンで投資資金を全部突っ込んでいた投資家は、予想外の暴落に驚き、大損を覚悟で損切りをするか、もしくは、大幅な含み損をつくったまま、まったく身動きが取れないということになります。

日経平均株価が1日で500円以上も下がる日もあり、なにもできずに唖然・呆然（あぜん・ぼうぜん）とするだけ。ある者は『あ～』ッと両手で頭をかかえてひざまづき、ある者は信用取引の追証に迫られる。自分の無力さを嘆き悲しむ、そんな日々を過ごすことでしょう。

それと同時に、暴落時の資金をあらかじめ用意しておく大切さをしみじみと実感することになると思います。まあ、済んでしまったものはしょうがないです。次回から、きちんとそのときに備えて、しっかりと資金を貯めておきたいですね。

では、暴落・急落時の買い方を紹介しましょう。

4-15　150円の株のケース

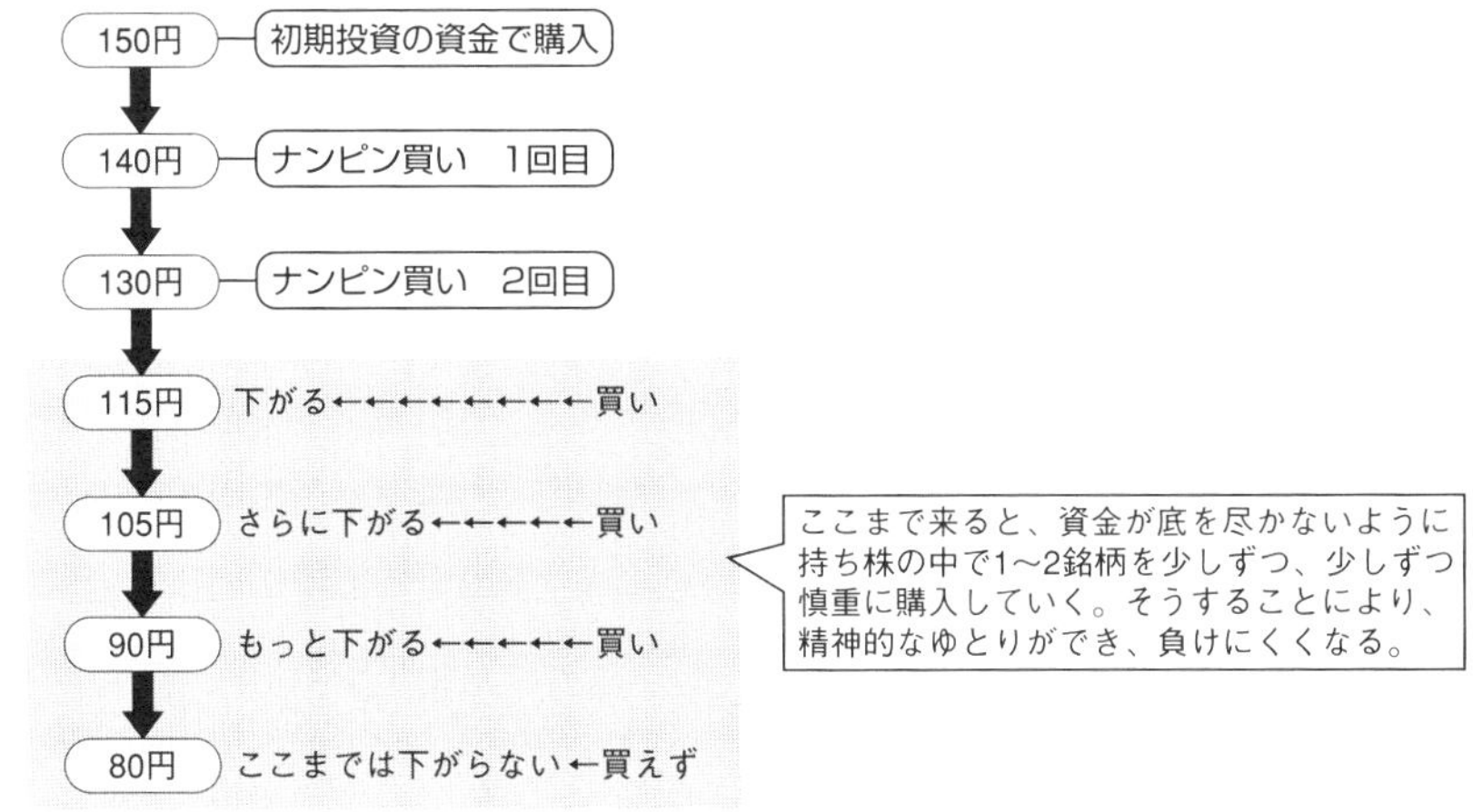

モデルケースとして、１００万円の投資資金を２：４：４の割合で配分をしたとします。購入銘柄はワシの持ち株である住友金属工業（５４０５）とし、初期投資の資金で１５０円で買ったとしましょう。

そのあと、ナンピン買いで、１４０円、１３０円の投資をしたとします。これを表したものが次の図です（図４-15）。このケースでは、暴落のときに使える資金は40万円ですね。

あなたなら、どのように使いますか？　20万円を２回ですか？　甘いです。

資金を使う際に、10万円を４回にわけないと負けます。仮に、暴落時のための資金が１００万円あれば、約10万円を10回にわけて勝負したいところです。

日経平均が下降気味になると、株価はどこまで下がるのか予想がまったくつきません。

「ここが底（いちばん安いところ）だ」と決め

つけて一気に資金をつぎ込むのはもってのほか。この暴落時の資金を使用する際は、リスク分散して含み損を作りながらでも、資金の性質上、結果的に負けないようにしなければなりません。

暴落時は、銘柄の選択および資金の使い方に工夫が必要

つまり**限りなく最小単位で、ちょっとずつ、ちょっとずつ購入すること**です。

ここで大儲けしなくてもいいんです。株式市場が回復すれば、必ず、高い値段で買ったところも含み益が出てきます。そうなる時期まで耐えるための取引です。自分の心や市場状況に負けない投資を心がけてください。

では、負けない投資をするには、どのような銘柄を、どんな風に売買すればいいのでしょうか？　あなたは10銘柄以上の持ち株を購入されていますか？　日経平均が下落していた2006年5月時点では、ほとんどの銘柄が、ピーク時に比べると大幅に値下がりしていました。たとえば、ワシが10銘柄以上の株を持っていて、暴落だからといって下がったこれらの株をすべてまんべんなく買っていたら、投資資金などすぐに底を尽きます。

暴落時のための資金の使い方は持ち株を買い、かつ1〜2銘柄に絞ることです（図4-16）。

こうすることにより、暴落時の資金を有効に使うことができるようになります。この資金は、**限りなく最小単位でちょっとずつ資金を使う、暴落時の資金は持ち株を買い、かつ1〜2銘柄に絞る**ことによって、ほぼ勝つことができます。

現在は上昇相場の途中段階ですのでこれで負けることはない*でしょう。少ない資金は、知恵をふりしぼって効果的に使いたいですね。

*下落が果てしなく続くバブル崩壊時などの特殊環境下は通用せず。

投資資金／投資力チェック編

04

利益確定はバトンリレーで暴落・急落用資金の回収の仕方

暴落・急落時に購入した銘柄の利益確定方法

ここでは前項の「暴落時に買った銘柄」をどのように利益確定するかを紹介します。それは一言で言うとバトンリレーなんです。ここで、前回の図をもう一度使いましょう（図4-17）。この場合、利益確定は購入した順番のちょうど逆になります。80円では買えませんでしたから、90円の分は105円で利益確定し、105円の分は115円で、115円の分は130円で……。と順番に利益確定をするので「バトンリレー」と名づけました。

「株価の数％上昇したら売る」と考えようとすると初心者には難しいので、このように、株価が値上がりして以前の買値に届けば、安いところで買った分を利益確定する方法を紹介します。この方法だと誰でも利益確定ができますね。

しかし、ここでひとつ問題があります。「途中で株価がもう一度下がり始めたらどうするのか？」ということです。しかしこの場合も簡単に判断できます。

仮に、ある日の終値である115円から、もう一度下がるとしましょう（図4-18）。そのときには、もう一度同額で同じ銘柄を買っていけばいいんです。つまり、115円で購入した分

4-17 バトンリレーで利益確定

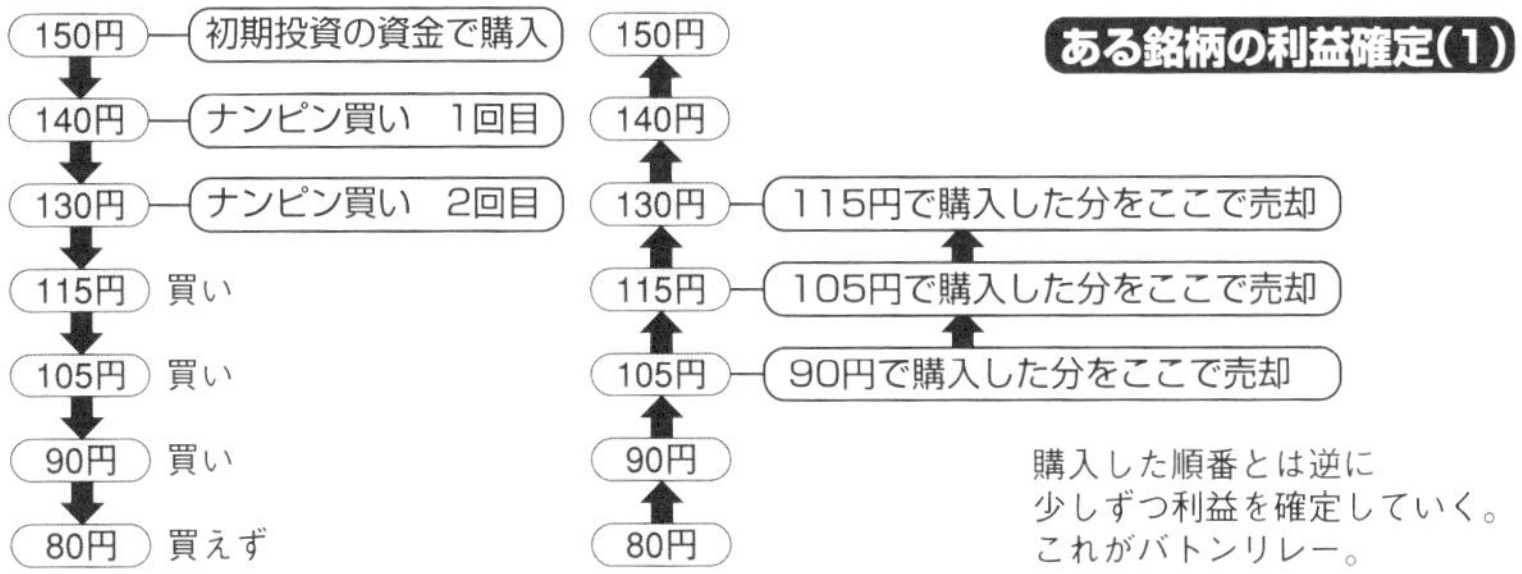

4-18 利益確定をする前に株価がもう一度下がり始めたら

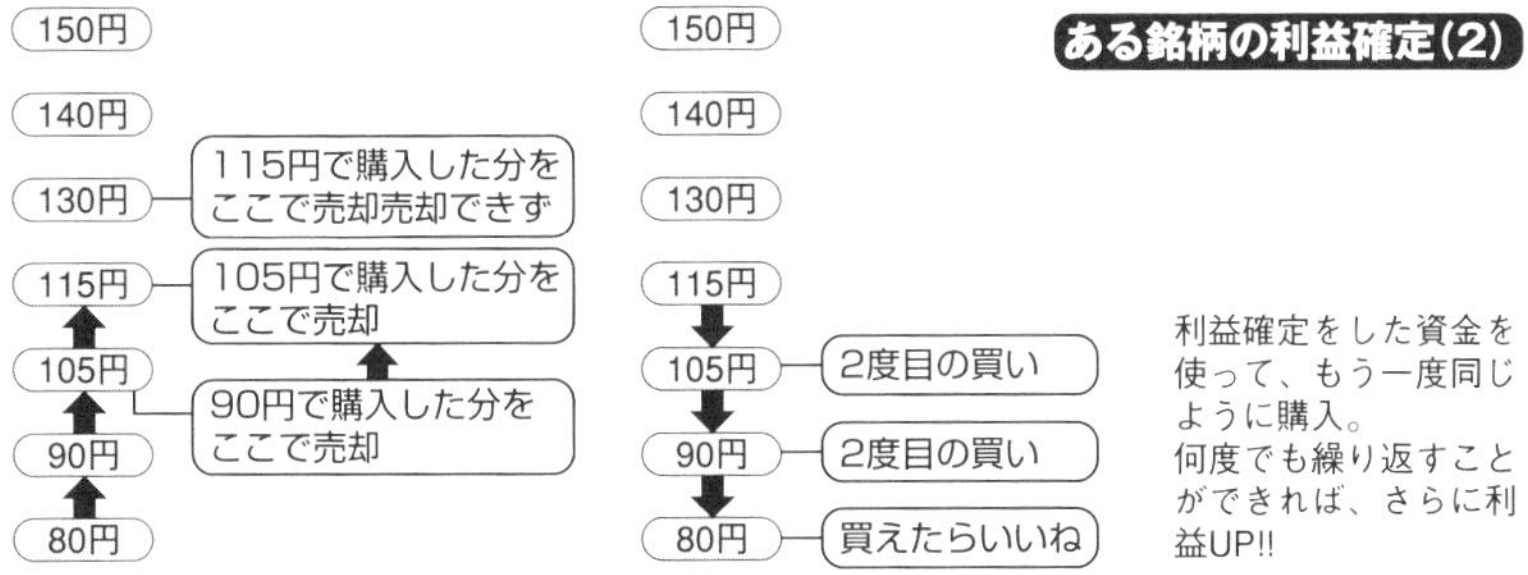

は利益確定をしていませんから、105円になったときは105円で、90円になったときは90円で、もう一度買っていけばいいんです。仮に、運よく80円で買えれば万々歳です。そして、買った後は順調に回復するのを待てばいいんです。機械的にこれらをこなすだけです。

暴落時の資金はなるべく早く利益確定して回収する方が、心理的に楽です。機械的に購入設定したとしても、徐々に暴落時の資金が減ってくると、確実に焦りが生まれます。「果てしなく下がるかも」という恐怖が買いをためらわせる原因になりますからね。

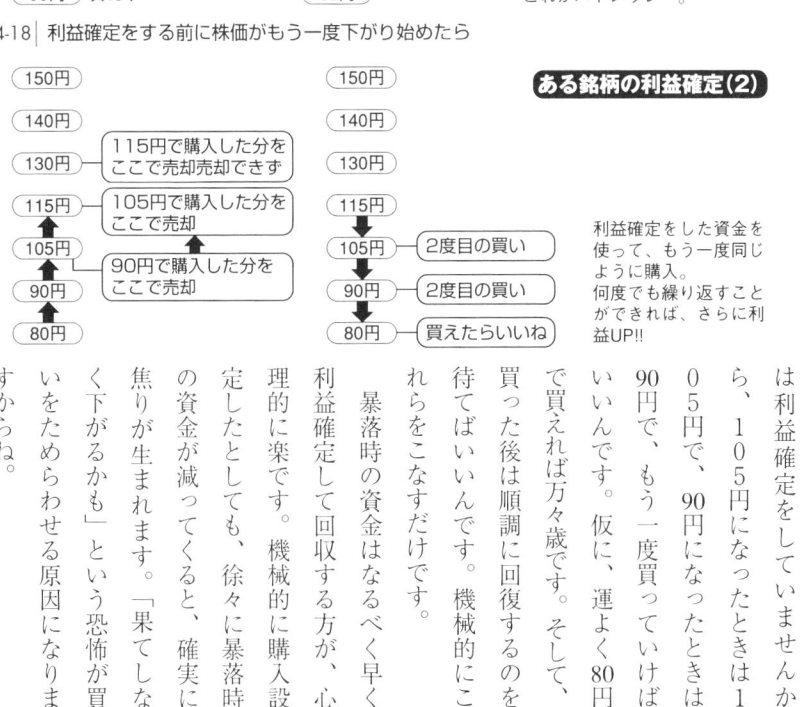

04 変わった売り方（現金回収法とへそくり株のこし）

先行きが全くわからないときは投資した現金を回収しよう

現金回収法

これはある銘柄の投資履歴です（図4-19）。まず、1月6日、2月6日、3月6日にある銘柄を買いました。投資資金は1月6日：100円×1,000株＝100,000円、2月6日：110円×4,000株＝440,000円、3月6日：120円×1,000株＝120,000円の計**66**万円です。その後、この銘柄は上昇し一時は140円をつけましたが途中で勢いがなくなり、130円近辺でうろうろし続け、今後上がるか下がるかわかりません。

そのような場合は**投資資金をすべて回収する売り**を行ってください。133円の段階で見切りをつけて、最初に購入した5,000株を売ってしまうとします。すると4月6日：133円×5,000株＝665,000円となり、投資資金をすべて回収し、なおかつ1,000株が残るという成果が出ます。

したがってこの**残りの1,000株がどのような結果になっても、絶対に損はありません**。株価が上がれば上がっただけ儲けが増え、倒産しても損はない、つまり残りの株が存在するだけ

4-19 ある銘柄の売買履歴（1）

日時	銘柄	買値	株数
1月6日	ある銘柄A	100円	1000株
2月6日		110円	4,000株
3月6日		120円	1,000株

日時	売値	株数
4月6日	133円	5,000株
まだ先		

手数料は考慮せず

1月6日・・・100円×1,000株＝100,000円
2月6日・・・110円×4,000株＝440,000円
3月6日・・・120円×1,000株＝120,000円

株数計6,000株　投資資金計660,000円

今後の株価の先行きが
まったくわからないときは・・・

4月6日・・・133円×5,000株＝665,000
665,000円ー660,000円＝5,000円
6,000株ー5,000株＝1,000株

売却益5,000円　株数計1,000株

このように、先に5,000株を売却すると、売却益の5,000円と、損益を気にする必要のない1,000株が手元に残る。

4-20 ある銘柄の売買履歴（2）

日時	銘柄	買値	株数
1月6日	ある銘柄B	100円	10,000株
		100円	2,000株

日時	売値	株数
4月6日	200円	10,000株
存在を忘れるべし		

手数料は考慮せず

1月6日・・・100円×12,000株＝1,200,000円

株数計12,000株　投資資金計1,200,000円

中途半端な端株を
売却せずに残しておくと・・・

4月6日・・・200円×10,000株＝2,000,000円
2,000,000円ー1,200,000円＝800,000円
12,000株ー10,000株＝2,000株

売却益800,000円　株数計2,000株

このように、先に10,000株を売却すると、売却益の800,000円と、損益を気にする必要のない2,000株が手元に残る。
そのうち、この2,000株が大金に化けるかもしれない。

で儲かる状態です。この元金回収という方法は結構使えます。

このように、これから上がるか下がるかわからないときは最高です。さらにうれしいことに売った後、株価が下落し手ごろな値段になることもあります。

へそくり株（恩株）の楽しみ

前ページの図をご覧ください（図4-20）。投資資金が多くなると、ひとつの銘柄で大量の株数を購入することがあると思います。たとえば、株価100円の銘柄を12,000株購入したとしましょう。そうすると、100円×12,000株＝計120万円となります（手数料は考えない）。その後、幸運なことに、この銘柄の株価は上昇し、200円になりました。あなたは喜び、この銘柄を売ろうと考えます。さて、ここで問題です。あなたは、いったい、どれだけの株数を売却しますか？

「12,000株」と答えたいでしょうが、ここは10,000株にしてほしいです。ワシは「10,000株だけ売却し、残りの2,000株の存在を忘れる」ことをおすすめしたいんです。

このまま5年、10年とたつうちに株価が上昇するかもしれません。あなたが再びこの株の存在を思い出したとき、株価が200円ではなくて500円になっているかもしれません。そうすると、時価100万円です。ちょっとした旅行が可能になります。お金が必要になったとき、この100万円が助けになってくれるかもしれません。

このように、株数を増やす集中投資をした場合、必ずといっていいほど中途半端な株数が出

4-21　忘れていたへそくり株の存在は嬉しい

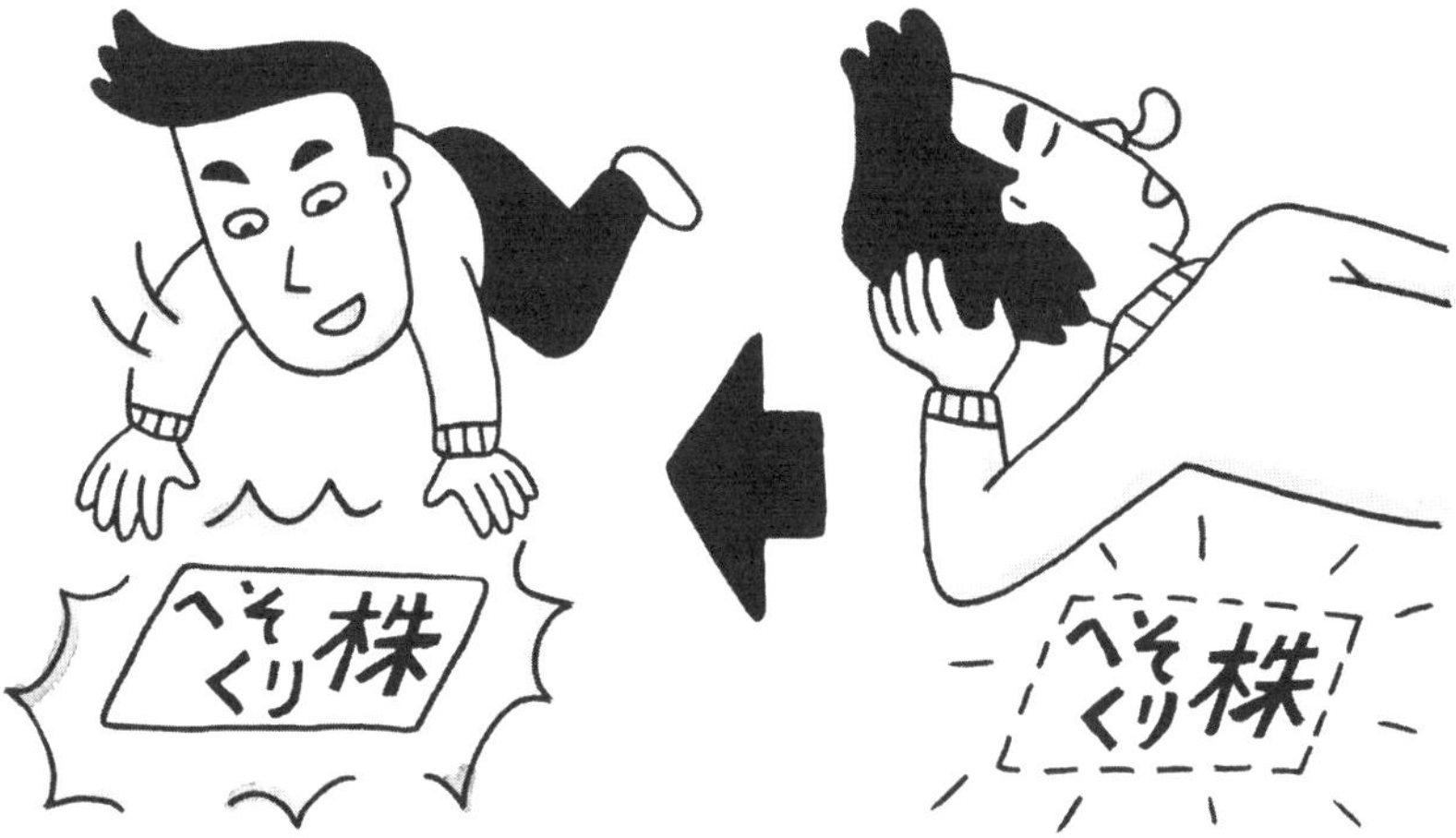

ます。こんなとき、へそくり株のことを忘れてみてはいかがでしょうか？　新しい銘柄を買う度にこれを繰り返すと、いろいろな銘柄のへそくり株がちらばります。宝さがしのようでおもしろいですよ。

ちなみに、ある人はバブルのとき、ある銘柄1，000株を売って旅行に行きました。もちろん、その株の存在に気づいたときは、感慨深いものがあったことは言うまでもありません。

04 資金はどうして3つに分割するのか

3つに分割した資金は、「**初期投資用**」「**ナンピン買い用**」と「**暴落時**」のそれぞれに使うことになっていましたね。

初期投資では、みなさんが使いたいときに資金を投入しますので、どうしても株価が下がることがあります。いや、株価が下がるのを見越して初期投資用の資金をつぎ込んでいいと思います。そうすると、株価が下がったときの対策として「ナンピン買い用」の資金が生きてきますね。しかし、初期投資・ナンピン買いのそれぞれで資金を投入しても、それでも株価がさらに下がる可能性があります。また、株式市場の状況が悪くなり、日本株全体が下落する可能性があります。

暴落時の資金は「お守り」である

そんなとき、「**暴落時の資金があるかないか**」で、**ずいぶん差がついてくる**んですね。

普通ならば、株式市場全体が悪くなれば、投資家は「さらに下がるかもしれない」と不安になり、持ち株をどんどん売っていきます。すると底なし沼のように株価は下がり続けます。自分もそれにつられて持ち株を売りたくなるんです。それを食い止めるのが「暴落時の資金」なんです。精神的な負担をやわらげる、いわば**「お守り」**のような存在です。

狼狽売りを防ぐ

仮に、恐くて暴落時に株を買えなかったとしても、「狼狽売り（ろうばいうり）」は防ぐことができます。**狼狽売りとは、「株価が急激に下がったので慌てて売ること」**を言いますが、これは絶対にしてはいけない行為なんです。狼狽売り後は株価が上がることが多く、売ったところが「いちばん安い値段」というケースがかなりあります。

狼狽売りは、損失を最小限にとどめる「損切り」ではありません。他の投資家と同じような行動をとっていては儲かるものも儲からなくなります。

また、株価が下がってくると、手ごろな値段になった「とっておきの銘柄」も出てくるでしょう。いままでこの本を読んで学んだ読者の方であればすごく買いたくなると思います。資金を残しておく大切さを身にしみて理解するでしょう。

このように、資金を3つに分割し、暴落時の資金を用意しているのにはきちんとした理由があります。どんなに株価が上がり続けても、どんなに儲かるとわかっていても、投資資金をすべて使ってしまわず、なにが起こるかわからない突発的な出来事のために心とお金は準備しておきましょう。

暴落時の資金を使わずに眠らせておくのがもったいないと思う方は、短期投資の練習に少し使うのもよし、ほとんどと言っていいほど当たらない？ ＩＰＯ（新規上場）銘柄に投資するもよし、小回りのきく投資先にひとまず預けるのもいいかもしれません。

投資資金／投資力チェック編

04 必ず勝つための条件（1）

1 倒産しない銘柄を選ぶ（旧財閥株）

「当たり前だろ！」って思うかもしれませんが、これはすごく大事です。ワシはボロ株・低位株が大好きなので、他の投資家の方と比べて倒産企業に出くわす可能性が高いです。ですから、株価が安い銘柄の中でも、できるだけ倒産しない銘柄を見つけ出す能力が必要になります。そういう意味で、ワシの場合「旧財閥（三井・三菱・住友）グループを買う」ことを積極的にしています。今のところ、旧財閥株は最悪でも減資もしくは吸収合併という形で済んでいます。企業が倒産せずに復活さえすれば、株価も回復する可能性がありますので、他のボロ株・低位株に比べて旧財閥株は信頼があると言えます。

2 暴落時に買うべし 暴騰時に売るべし

これを実践できる人は絶対に負けません。しかし、できる人はなかなかいないでしょう。

暴落時といえば、最近では「2006年1月」のライブドアショックですね。(図4-22)。

あなたはこの時期に株を購入しましたか？ この暴落に直面した時に買う勇気を出せなかっ

2006年1月16日に行われた強制捜査を発端とし、ライブドアグループ株だけでなく株式市場全体に売り注文が殺到。1月18日には東証が「全銘柄の取引停止」に陥った。その日の日経平均株価は一時700円以上暴落した。その後、ライブドアショックの直接の影響はないものの、株価は低迷し、2006年5月以降も冴えない状況が続いた。

4-22 2006年1月　日経平均暴落時

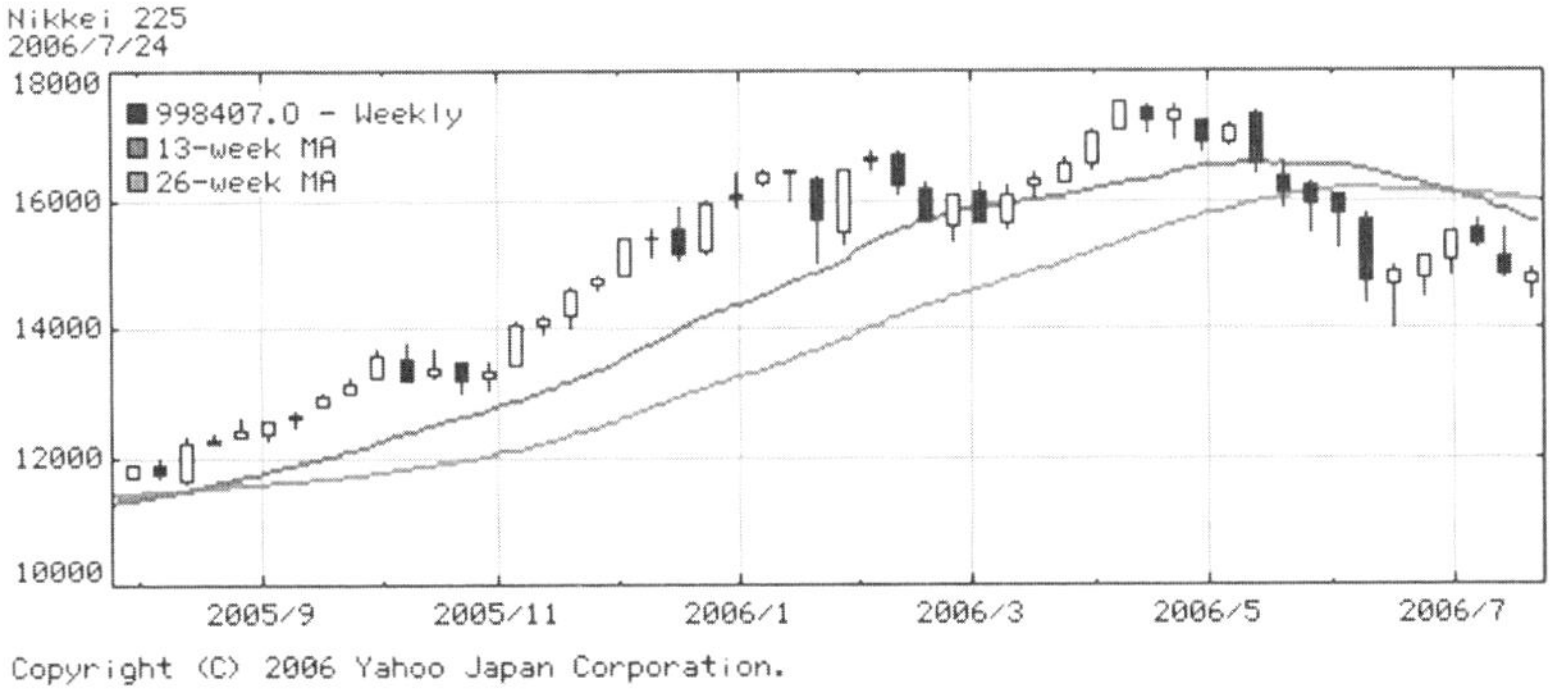

©Yahoo!ファイナンス

たのではないでしょうか？　しかし、ワシは買いました。先ほど紹介した「暴落・急落は絶好の買い場です」の内容を忠実に実行しました。このようなときに買うからこそ儲かるんです。暴落時の、みんながためらう時に、ためらわずに買う。これができれば絶対に損はしません。

3　借金をして株を買わない

結論として、あまり儲かりません。ここでは、借金をして買うことのメリット・デメリットを示してみましょう。次ページの図をご覧ください。一見、メリットの方が大きいと感じるかもしれませんが、それは完全な間違いです。借金での投資は個人投資家最大の武器である「時間」が使えないというハンデがあります。値下がりから値上がりまでの過程を耐えるための「時間」という武器が使えな

4-23 借金で投資することによるメリット・デメリット

メリット

1．自己資金以上のお金で勝負ができる
2．どうしても買わなければならないときに勝負ができる
3．儲かった時の利益が大きい

デメリット

1．借りたお金には利子がつく
2．借りたお金には返済期限がある

いということはそういう点でかなりのハンデになります。

返済期限が迫ってくると、売り買いの判断が相当鈍ります。利益確保のための焦りと損失拡大による恐怖が常につきまといます。初心者がこんな状態で勝てるはずがありません。

デメリット1．もかなりのハンデです。年20％の金利でお金を借りると元本の2割分の金額が必要になります。株式市場の暴落と重なるとお手上げ状態になります。株価が上がるか下がるかわからない状況で確実に毎年2割の手数料を取られる。これでは、初心者は勝てませんね。

4 損切りはしない

5 買った株が下がったらナンピン買いすべし

この部分が多くの投資本と全く異なる内容だと思います。損切りとは、「買った値段よりも株価が下がったので、損失を覚悟の上で株を売ること」です。メリットとしては、

（1）損失の拡大を防ぐことができる
（2）株から現金に換えることで、新たな投資を行うことができる（時間のロスを防ぐ）

などが挙げられます。しかし、ワシはこの損切りを**絶対に認めません！** なぜなら（1）は値がさ株（株価の高い銘柄）を買わないことで、大幅に値下がりするリスクは避けることができます。そこでさらに「**ナンピン買い**」をすることをすすめます（124ページ）。

（2）ははっきり言って「無意味」です。よく考えてみてください。「一度値下がりするような銘柄を選んだ人間が、次にすぐ値上がりする銘柄を選ぶことができるか？」ということです。

損切りをしたあとは資金が減少しているので、購入できる銘柄の選択肢が少なくなっています。さらに損切りをしたことによって、次に購入するときは絶対に負けられないというプレッシャーが強くなります。こういうハンディキャップを背負ったままで「株式投資初心者が勝つことができるのか？」ということを冷静に考えれば理解できると思います。ですから、メリット（2）の時間のロスを防ぐことより、その「時間」という武器を存分に使って、中長期投資で含み損が多少増えても株価が値上がりし回復するまで落ちついて待ちましょう。

4-24　損切りのメリットは初心者に活用できるのか？

メリット

1. 損失の拡大を防ぐことができる
2. 株から現金に換えることで、あらたな投資を行える（時間のロスが防げる）

このようなメリットはあるが、

デメリット

1. 損切り後の資金減少により、購入できる銘柄の選択肢が少なくなる
2. 負けられないプレッシャーが増幅し、精神的な負担が強大となる

などから、初心者にとって、かなりのハンディキャップとなる

04 必ず勝つための条件（2）

6 儲けたお金は株式投資以外に使わない

1990年代のバブルや2000年前後のネットバブル期に莫大な金額を儲けた投資家はほとんどの方が消えてなくなっています。株式投資の世界は、そのくらい浮き沈みが激しいです。このような浮き沈みが激しい世界では「儲けたお金を使って生活水準を上げないこと」がとても大切です。

7 ひたすら株数を増やすべし

最終目標は大株主

株式投資における「キャピタルゲイン」は「値上がり益」インカムゲインは「配当金」のことです。現在の日本は、値上がり益（キャピタルゲイン）を追求するのが主流ですが、かつては配当金をもらう方が主流でした。当時は「1割配当」という考えが普通で、1株50円（今の水準ではボロ株）で5円配当が当たり前の時代でした。今現在の配当金は、株価の数%がほとんどなので銀行や郵便局の利息に比べると多めですが、値上がり益をねらう投資家の立場で考

4-25 話を聞く際のチェック項目

話を聞いたときに調べておきたいチェック項目

1. 儲かった銘柄を選んだ理由
2. その銘柄をいつ買い、いつ売ったか？
3. どのような投資法を使用し、儲けることができたのか？

これらを細かくチェックし、マネができるかどうかを判断する。

えると、すごくもの足りない感じがします。

さて、ワシの目標は「大株主」になることです。大株主になるためには、まず**株数を増やさなければなりません**。値上がり益を追及して、買値の2～3倍になったらその銘柄を売る。そして、その資金で別の低位株を買う。これを繰り返して**とことん株数を増やしてから、配当金をねらいます**。つまり、株数が増えたら（資金が多くなったら）「配当金の多い銘柄を買う」んです。「東燃ゼネラル石油（５０１２）」などの配当金を多く出す銘柄です。配当金で生活できるまでになりたいですね。

8 「株」をよく知る人に話を聞くべし

これはとても大事です。有料でも無料でもどちらでも構いませんし、儲けている人でも損している人でもどちらでも構いません。とにかく話を聞いて、知識を増やしてください。

みなさんが初心者である以上、経験者の話は貴重です。話をそのままうのみにするのは危険ですが、上手に取捨選

なべ流 初心者の投資心得

1. 倒産しない会社を選べ
   財閥系低位株を買うべし
2. 暴落時に買うべし
   暴騰時に売るべし
3. 借金して株を買わない
4. 買った株が下がったら、
   ナンピン買いすべし
5. 損切りは絶対しない
6. 儲けた金は株式投資以外に使わない
7. ひたすら、株数を増やすべし
8. 「株」をよく知る人に話を聞くべし

これを全て守れば
絶対に儲かるで〜。

択すると、みなさんの血となり肉となります（176ページ）。聞き方のコツは、まず相手を誉めること。相手は気分がよくなり、かなり饒舌になります。おそらく、その時に『○○の銘柄を買って○○万円儲けた』と自慢話になるでしょうから、そこで、その銘柄を選んだ理由・いつ買ったか？・どんな投資法か？　などを細かくチェックしましょう。もしも『株のことをよく知っている人に話を聞く』ことができない人は、いろいろな株式情報サイトを利用しましょう（182ページで「儲かるサイトの歩き方」を紹介）。

第5章

投資戦略編

投資情報活用の極意

05 株式投資の基本はあくまで配当金をもらうこと

基本はあくまで配当金をもらうこと

突然ですが、質問です。「株式投資の基本ってなんですか?」この問題、ほとんどの人が知っているようで知らないんです。おそらく、あなたはこのように答えるのではないでしょうか?「値上がり益（キャピタルゲイン）を手に入れることです」と。

でも、これはまちがいです。答えは、「配当金をもらうこと」です。

第1章の「株ってなんだろう?」から順番にさかのぼっていくと、その理由がわかりますね。株主になることのメリットには、1．配当金がもらえること、2．優待がもらえること、3．分割などが行われるとタダで株がもらえる、4．株主総会に出席できる……がありました。最後に挙げた5．値上がり益が手に入る、というのは、上の4つのメリットを持つ株券を欲しい人間の間で取引が行われることで生じた、いわば「おまけの存在」です。

ですので、値上がり益が一番の目的で売買している、今の株式市場の状況というのは、**おまけが欲しくてグリコのキャラメルを買っているのと同じ**なんです（図5-1）。

という訳で株式投資の基本はあくまで「配当金」になります。

しかし、株主に対する還元がほとんどない配当金ねらいの売買をするとまったく儲からないから今の状況がある訳です。ワシも、1年で株価が2倍になる銘柄を探して投資する努力をしています。配当金をすっとばして「基本は値上がり益だ！」と思われている方のために、あえて今回お話しました。

では、なぜワシがこのような説教じみたことを紹介したのか？ それは「**配当金と値上がり益を同時にねらっている投資家がすごく多い**」からなんです。また、「配当金が多い銘柄は、きっと株価が大幅に値上がりするだろう」と思っている投資家も多いからです。これは、明らかな間違いです。

その辺のお話は次の「配当金ねらいの売買はトクなの？」でご紹介します。

05 配当金ねらいの売買はトクなの?

配当金ねらいの投資は「元本回収」が目的

毎年もしくは数ヶ月に一度の配当金をもらうための「配当金ねらいの投資」と、安く買って高く売ることを目的とする「値上がり益をねらう投資」は、考え方が明らかに異なります。

配当金ねらいの投資で考えないといけないことは、ズバリ**「配当金で投資資金を回収すること」**です。たとえば、丸三証券(8613)の場合、配当金が110円で株価が1,603円ですから、年7%近い利回りの配当金をもらえます(110÷1603=0.06862・・・)。ということは、丸三証券に投資した場合、ざっと15年弱で投資資金が回収できる計算になります。この考え方が基本です。配当金ねらいの投資で、株価が下がって落ち込むのはそもそも考え方がまちがっています。

また、配当権利落ちにからんで、「権利確定後は株価が下がるから、確定前に売却しよう」、「配当金ねらいで毎月さまざまな銘柄を売り買いする」という行為も基本からは逸脱しています。この2例などは、失敗することもあります。チャレンジする価値はありますが、基本に忠実に投資をした方が安全です。あくまで「配当金で投資資金を回収する」のが配当金ねらいの投資

5-2 予想配当利回り上位銘柄の年間値上がり率

順位	コード	銘柄	配当利回り
1	8613	丸三証券	6.86%
2	6811	クオンツ	6.25%
3	9374	軽貨急配	6.17%
4	8901	ダイナシティ	5.94%
5	9836	リーバイ・ストラウス	4.85%
6	9980	マルコ	4.78%
7	7600	日本エム・ディ・エム	4.67%
8	8616	東海東京証券	4.47%
9	8836	ヒューネット	4.44%
10	6889	オーデリック	4.37%

株式投資の配当利回りは預貯金と比べて、かなり有利。しかし、高配当利回り銘柄には超低位株も含まれており、注意が必要である。
（2006年7月26日終値を元に配当利回りを算出・REIT等の投資信託を除く）

となります。

増配発表が株価上昇のきっかけになる現実

では、「配当金が多くもらえる銘柄を買って、値上がり益を期待できないのか？」という話です。

ワシの考えは「期待してはいけない」です。

しかし、現実問題として、２００５年に配当利回り上位銘柄の株価が上昇するという現象が起きました。それが配当利回り１位の「丸三証券（８６１３）」です（図５-２、図５-３参照）。

２００６年３月15日の増配発表をきっかけに（図５-４）配当利回りの高い銘柄に投資家が殺到し、株価が８００円以上も上昇します。

配当金の権利確定日が近かったことや短期の値上がり益を狙った投資資金が流入していた

5-3 丸三証券（8613）週足チャート

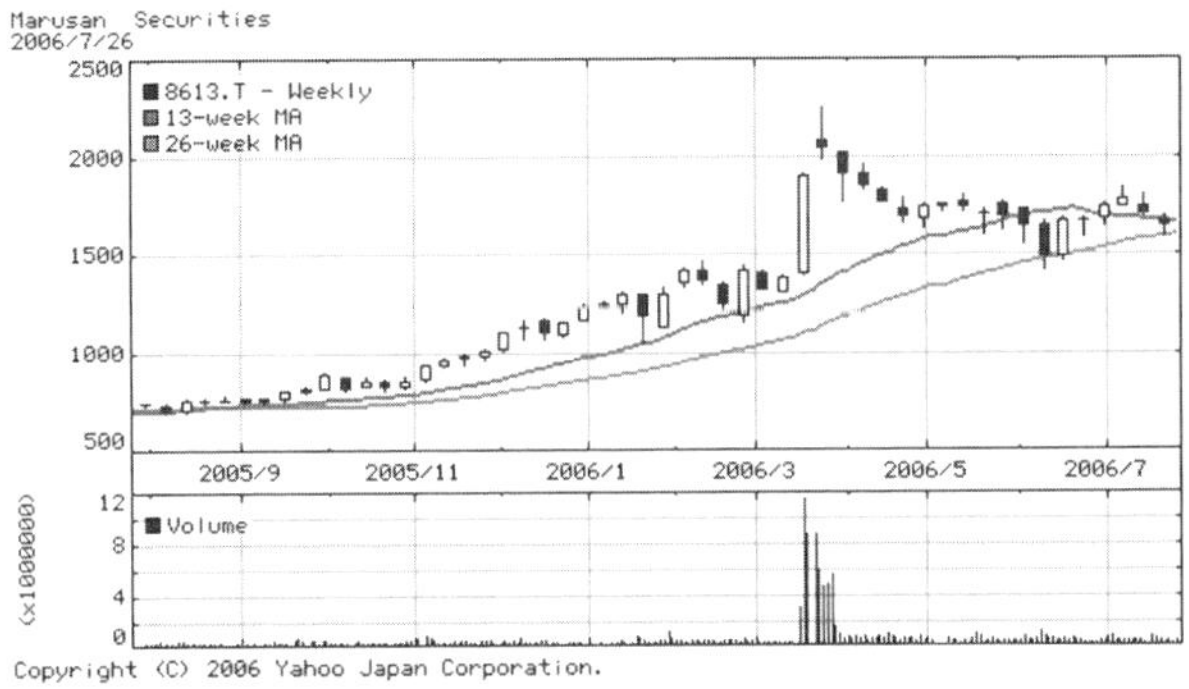

©Yahoo!ファイナンス

こともひとつの原因ではないかと考えられます。

この現象が正しいか間違っているかは別にして、また、今後もこの傾向が続くかどうかも別にして、これはとても興味深いデータとなりました。前作を出版した２００４年当時の傾向とは大きく異なる結果が得られたことに大変満足しています。

ただし、今後は「株式分割の発表による株価上昇」と同じように、「増配発表＝株価上昇」にならないのではないかと考えられます。

5-4 丸三証券増配発表（2006年3月15日）

（平成18年3月期ならびに平成19年3月期の配当予定について）
当社は本日開催の取締役会において、平成18年3月期の1株当たり配当金について下記方針を決定しましたので、お知らせ致します。

	平成18年3月期予定	平成17年3月期実績
1株当たり配当金	（普通配当金　60円）	（普通配当金　20円）
	（特別配当金　50円）	（創業95周年記念配当金10円）
	合計　110円	合計　30円

この発表をきっかけに、株価が急上昇。配当利回りの高い銘柄の人気がうかがえる。
ただし、今後もこの傾向が続くかどうかはわからない。

丸三証券発表「平成18年3月期ならびに平成19年3月期の配当予定について」より抜粋

05 有料情報ツールをタダで使い放題にするコツ

欲張りさんにオススメ　取引回数が多い人ほど有料情報が無料になる!!

できることならお金をかけずに有料情報だって手に入れたい。そこで、有料情報がタダで使い放題になる方法を紹介したいと思います。有料情報が無料になるサービスがあるのは「**イー・トレード証券**」と「**楽天証券**」です。その対象となる情報ツールはイー・トレード証券が「HYPER E*TRADE」、楽天証券が「マーケットスピード」です。いずれも投資家に人気の高い情報ツールです。

イー・トレード証券が提供している、有料情報サービスが無料になる条件は、取引回数の多さ等によって決められています。次の図をご覧ください。「HYPER E*TRADE」が過去1ヶ月に40回以上の取引で有料情報サービスが無料になります（図5-5）。

また、楽天証券の「マーケットスピード」も過去3ヶ月間に手数料が発生する取引を1回以上行った方を無料の対象としています（図5-6）。

5-5 HYPER E *TRADEの情報料が無料になる条件

下記の条件を全て満たした方が対象となります	無料ご利用期間
・前月1ヶ月間（約定日ベース）に国内株式の約定が合計40回以上 ・前月末の最終営業日、17時時点で電子交付サービスをご選択、ご利用	当月10日～翌月9日

個別銘柄画面
（仮発注、チャート、クォート、ポジション）

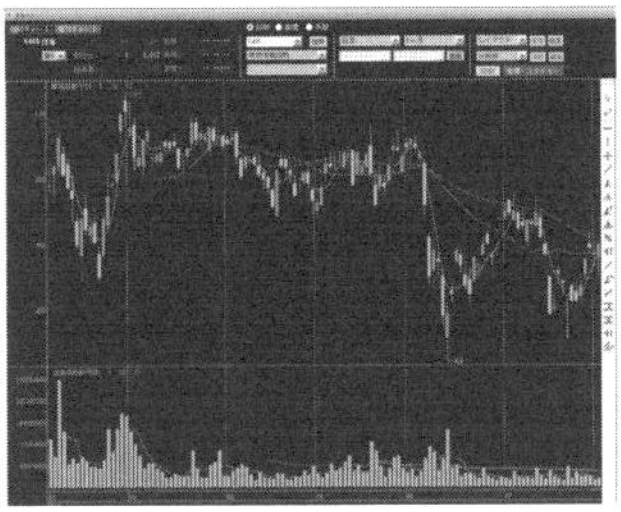

5-6 マーケットスピードの情報料が無料になる条件

・過去3ヶ月で手数料の発生する1回以上の約定実績
・新規に利用申請した場合、最初の3ヶ月
・先物建玉残高　1枚以上
・オプション建玉残高　3枚以上
・先物・オプション証拠金残高　30万円以上

投資情報→個別チャート

会社四季報はネット証券に加入すれば「無料で」見放題

株式投資を行う上で絶対に欠かせない書籍と言っても過言ではない**会社四季報**。投資対象の銘柄を探すときには大変重宝します。ワシも毎号欠かさず購入しています。しかし、この会社四季報は、ネット証券に口座を持っている人なら無料で見ることができるんです！ネット証券のサービス精神には頭が下がります。

現在、口座開設すると会社四季報が無料で閲覧できるネット専業証券会社には**イー・トレード証券**、**マネックス証券**、**楽天証券**、**カブドットコム証券**があります。どの証券会社も会社四季報の発売日には内容が更新されていますので、常に最新の情報が手に入ります。会社四季報の欠点は「持ち運びに不便であること」ですから書籍とネット証券を使い分けることにより、いつでもどこでも四季報の質の高い情報を見ることができるようになりました。

四季報の情報は書籍とネットを上手く使い分けるべし

ワシの場合、書籍は折り目を付けたり、付箋を貼ったりして投資情報をコンパクトにまとめる際に使用し、ネット証券は外出先および取引を行う寸前の確認作業の際に使用しています。両者を有効に活用し、できるだけ効率的に投資を行いたいですね。

5-7 イー・トレード証券の会社四季報画面

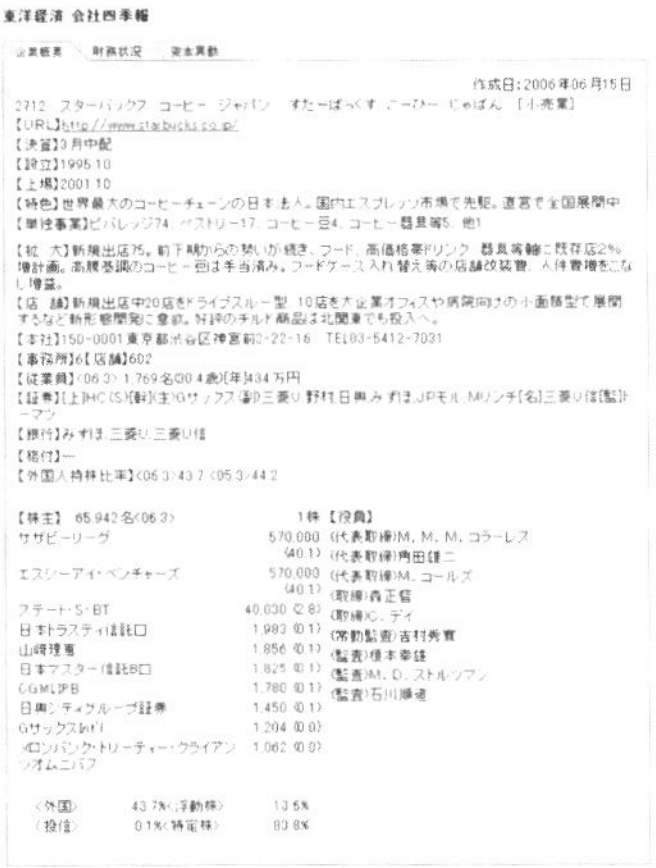

東洋経済 会社四季報

企業概要　財務状況　資本異動

作成日:2006年06月15日

2712 スターバックス コーヒー ジャパン すたーばっくす こーひー じゃぱん [小売業]
【URL】http://www.starbucks.co.jp/
【決算】3月中配
【設立】1995.10
【上場】2001.10
【特色】世界最大のコーヒーチェーンの日本法人。国内エスプレッソ市場で先駆。直営で全国展開中
【単独事業】ビバレッジ74、ペストリー17、コーヒー豆4、コーヒー器具等5、他1

【拡 大】新規出店75。前下期からの勢いが続き、フード、高価格帯ドリンク、器具等軸に既存店2%増計画。高騰基調のコーヒー豆は手当済み。フードケース入れ替え等の店舗改装費、人件費増をこなし増益。
【店 舗】新規出店中20店をドライブスルー型、10店を大企業オフィスや病院向けの小面積型で展開するなど新形態開発に意欲。好評のチルド商品は北関東でも投入へ。
【本社】150-0001東京都渋谷区神宮前2-22-16　TEL03-5412-7031
【事務所】6【店舗】602
【従業員】〈06.3〉1,769名(30.4歳)[年]434万円
【証券】[上]HC(S)[幹](主)Gサックス(副)三菱U,野村,日興,みずほ,JPモル,Mリンチ[名]三菱U信[監]トーマツ
【銀行】みずほ,三菱U,三菱U信
【格付】―
【外国人持株比率】〈06.3〉43.7〈05.3〉44.2

【株主】 65,942名〈06.3〉	1株	【役員】
サザビーリーグ	570,000 (40.1)	(代表取締)M. M. M. コラーレス (代表取締)角田雄二
エスシーアイ・ベンチャーズ	570,000 (40.1)	(代表取締)M. コールズ (取締)森正督
ステート・S・BT	40,030 (2.8)	(取締)C. ディ
日本トラスティ信託口	1,983 (0.1)	(常勤監査)吉村秀實
山崎理惠	1,856 (0.1)	(監査)根本幸雄
日本マスター信託B口	1,825 (0.1)	(監査)M. D. ストルツマン
CGML IPB	1,780 (0.1)	(監査)石川順道
日興シティグループ証券	1,450 (0.1)	
Gサックス(インターナショナル)	1,204 (0.0)	
メロンバンク・トリーティー・クライアンツオムニバス	1,062 (0.0)	

〈外国〉	43.7%	〈浮動株〉	13.6%
〈投信〉	0.1%	〈特定株〉	83.8%

5-8 マネックス証券の会社四季報画面

【2712】 スターバックス コーヒー ジャパン (HC)　　取引所変更[HC]

現物買　現物売　ストップ注文　注文一覧　気配　決算短信

価格　指標・業績　時系列データ　チャート　会社四季報

基礎／財務情報　業績／株主構成　資本異動／役員等

決算	3月中配
設立	1995.10
上場	2001.10
特色	世界最大のコーヒーチェーンの日本法人。国内エスプレッソ市場で先駆。直営で全国展開中
単独事業	ビバレッジ74、ペストリー17、コーヒー豆4、コーヒー器具等5、他1〈06・3〉
業種コード	6100
業種名	小売業
拡 大	新規出店75。前下期からの勢いが続き、フード、高価格帯ドリンク、器具等軸に既存店2%増計画。高騰基調のコーヒー豆は手当済み。フードケース入れ替え等の店舗改装費、人件費増をこなし増益。
店 舗	新規出店中20店をドライブスルー型、10店を大企業オフィスや病院向けの小面積型で展開するなど新形態開発に意欲。好評のチルド商品は北関東でも投入へ。
本社	150-0001東京都渋谷区神宮前2-22-16
電話番号	TEL03-5412-7031
	【事務所】6【店舗】602
従業員	〈06.3〉1,769名(30.4歳)[年]434万円
格付	―
証券	[上]HC(S)[幹](主)Gサックス(副)三菱U,野村,日興,みずほ,JPモル,Mリンチ[名]三菱U信[監]トーマツ
銀行	みずほ,三菱U,三菱U信
URL	http://www.starbucks.co.jp/
株式	4/30 1,421千株 時価総額 734億円
外国人持株比率	〈06.3〉43.7〈05.3〉44.2

【財務】〈単06.3〉百万円

総資産	36,132
株主資本	22,071
株主資本比率	61.1%
資本金	8,335
利益剰余金	2,824
有利子負債	4,742

5-9 楽天証券の会社四季報画面

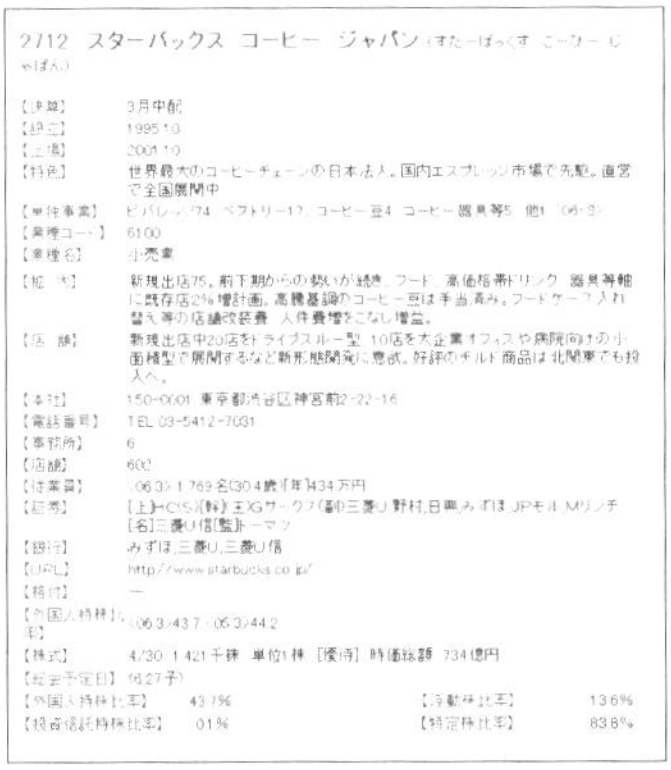

2712 スターバックス コーヒー ジャパン(すたーばっくす こーひー じゃぱん)

【決算】	3月中配
【設立】	1995.10
【上場】	2001.10
【特色】	世界最大のコーヒーチェーンの日本法人。国内エスプレッソ市場で先駆。直営で全国展開中
【単独事業】	ビバレッジ74、ペストリー17、コーヒー豆4、コーヒー器具等5、他1〈06・3〉
【業種コード】	6100
【業種名】	小売業
【拡 大】	新規出店75。前下期からの勢いが続き、フード、高価格帯ドリンク、器具等軸に既存店2%増計画。高騰基調のコーヒー豆は手当済み。フードケース入れ替え等の店舗改装費、人件費増をこなし増益。
【店 舗】	新規出店中20店をドライブスルー型、10店を大企業オフィスや病院向けの小面積型で展開するなど新形態開発に意欲。好評のチルド商品は北関東でも投入へ。
【本社】	150-0001 東京都渋谷区神宮前2-22-16
【電話番号】	TEL 03-5412-7031
【事務所】	6
【店舗】	602
【従業員】	〈06.3〉1,769名(30.4歳)[年]434万円
【証券】	[上]HC(S)[幹](主)Gサックス(副)三菱U,野村,日興,みずほ,JPモル,Mリンチ[名]三菱U信[監]トーマツ
【銀行】	みずほ,三菱U,三菱U信
【URL】	http://www.starbucks.co.jp/
【格付】	―
【外国人持株比率】	〈06.3〉43.7〈05.3〉44.2
【株式】	4/30 1,421千株 単位1株 [優待] 時価総額 734億円
【総会予定日】	〈6.27予〉

【外国人持株比率】	43.7%	【浮動株比率】	13.6%
【投資信託持株比率】	0.1%	【特定株比率】	83.8%

5-10 カブドットコムの会社四季報画面

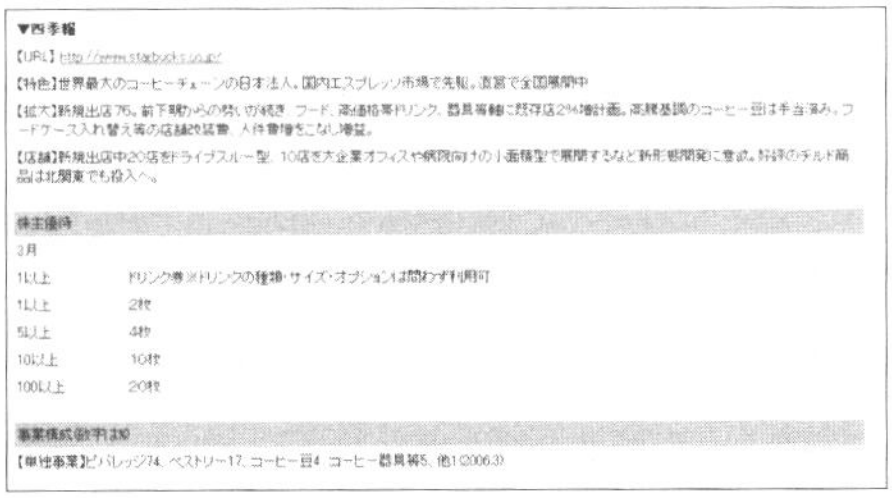

▼四季報

【URL】http://www.starbucks.co.jp/

【特色】世界最大のコーヒーチェーンの日本法人。国内エスプレッソ市場で先駆。直営で全国展開中

【拡大】新規出店75。前下期からの勢いが続き、フード、高価格帯ドリンク、器具等軸に既存店2%増計画。高騰基調のコーヒー豆は手当済み。フードケース入れ替え等の店舗改装費、人件費増をこなし増益。

【店舗】新規出店中20店をドライブスルー型、10店を大企業オフィスや病院向けの小面積型で展開するなど新形態開発に意欲。好評のチルド商品は北関東でも投入へ。

株主優待

3月

1以上	ドリンク券 ※ドリンクの種類・サイズ・オプションは問わず利用可
1以上	2枚
5以上	4枚
10以上	10枚
100以上	20枚

事業構成(数字は%)

【単独事業】ビバレッジ74、ペストリー17、コーヒー豆4、コーヒー器具等5、他1(2006.3)

企業はすべてスターバックスコーヒー(2712)

05 決算発表後の暴騰・暴落

決算発表スケジュールを知れば儲かる可能性が広がる

毎年4回、私達個人投資家が企業の業績を知ることができる「四半期決算・中間決算・本決算」の発表が最大のイベントとなります。3月決算の企業では、6月・9月・12月・翌年3月と、3ヵ月ごとの業績が発表されます。したがって、この**発表前後の株価の動きには注意が必要**となります。

もし、企業が発表する業績が、事前の予想より上回っていれば、株価が大幅に上昇する可能性がありますし、反対に、予想より下回っていれば、大幅に下落する可能性があるからです。各企業の業績発表のスケジュールに関して、投資家が神経質になるのも無理はありません。

さて、このような業績発表を利用して儲けてみませんか？

一言で言えば「**先回り買い**」をするわけです。もうすぐ決算発表をする銘柄の中から好業績予想のものを選んで、前日もしくはそれまでにコッソリ買っておくのです。

みなさんがお勧めの会社はどの業種でしょうか？　**同業他社の中に業績内容が予想できる企業はありませんか？**　毎日接しているのですから、「その業種が好調なのか、不調なのか」の予想ができますね。その予想から好調な企業をあらかじめ購入しておきましょう。

予想どおりにことが運べば、発表後に即「上昇」。運が悪くて決算発表後に上がらなくても、黒字企業ならそのうち上がります。しかも大幅黒字予想が赤字になることは、今の日本経済の状況ではまずありえないでしょう。

特に**人気のない銘柄**は株価にまったく反映されていません。市場にまだ十分な資金がないために、そこまで買うのに手が回らないのでしょう。**超割安価格で放置されています**。ワシは毎日、決算発表後の株価動向をチェックしています。みなさんもやってみてはいかがでしょうか。

05 業界1位がその下を引っ張り上げる

業績の回復は大企業から＝株価の回復も大企業から

２００３年、２００４年と連続して、日本経済の回復を表すさまざまな数字が連日のように発表されていました。各企業の決算発表でも、黒字および業績の上方修正が目立ちます。もちろん、このような発表があれば株価も上がる可能性が高いです。しかし、私達の生活に目を移すと、あまりそのようなことを感じません。つまり、実際の経済では、「大企業→中小企業→私達（個人）」の順番で、景気の回復を実感するという流れがあるようです。

それでは、株価の回復はどうでしょうか？　これも同じようなことが言えます。昨年、「三菱商事（８０５８）」が年初来高値を更新する大幅な値上りを見せてくれました。それに続いて、三井物産（８０３１）→住友商事（８０５３）→伊藤忠（８００１）→丸紅（８００２）……と商社株全体に波及するという現象も見せてくれます。まさに景気回復の流れと同じです。

一般的な投資家の行動で考えてみましょう。最初に三菱商事が値上りすれば当然「三菱商事に上昇に勢いがあるなあ。お金を集めて買ってみよう」となりますね。しかし、そのうち時間が経つと「三菱商事は上昇しそう（上昇中）だが、お金が足りなくて買えないなあ」→「でも安い丸紅だったら買えるな」となります。ついには「丸紅の方が値段が安いから、三菱商事より儲かるかも」となるんです。

こうなると、丸紅の方が利益率が高くなったりする場合もあります。現に、２００３年の上昇率では、三菱商事が８３．６％の上昇率に対して、丸紅２．１倍になりました。「丸紅の方が効率的」という結果です。**業績が回復するという前提があれば、株価の安い方が利益率は高いよう**です。

当然、他の業界・業種にもこの動きは当てはまります。石川島（７０１３）を持っているなら三菱重工（７０１１）が、住金（５４０５）を持っているなら新日鉄（５４０１）が、という風にそれぞれの業界の1位がドンドン上昇すると2位以下が上昇しやすくなります。しかもうれしいことに、運がよければ、1位に接近し、さらに1位を抜いてしまうくらいの勢いで株価は上がります。結局のところ業界1位のド本命が上がらないことには話になりませんが。

たまに、同業他社だけが順調に値上がりし、自分の持ち株が上がらなくて取り残されるということがありますが、「クソ〜**！**」と腹を立てるのは間違いです。業界全体が潤っていて、しかも、持ち株の企業の業績がよくなっているのであれば、そのうち上昇の勢いが波及し上がる可能性はきわめて高いです。

だから、同業他社の値上がりをむしろ喜びましょう。結果的にあなたの**持ち株の割安感が一層強調されるから**です。そうなればしめたもの、後はあなたの持ち株に資金が流れて来るだけ。持ち株を売らずに上昇の順番をガマンして待てば、後でオイシイ思いができますよ！

05 リアルタイム株価情報サービスで儲けるコツ

便利なサービスは積極的に利用すべし

みなさんは「リアルタイム株価情報サービス」というものをご存知でしょうか？　これは、東京証券取引所からの気配値や取引の情報を、証券会社などの情報機関が投資家に対してリアルタイムで配信しているサービスです。ワシは、イー・トレード証券の「POWER E*TRADE2*」（図5-11）を使っていますが、ほかには野村證券の「クイック」や楽天証券の「マーケットスピード」などが同様のサービスです。各証券会社には、それぞれこういう便利なサービスがあり、無料で提供してくれるところも多いです。

さて、この株価情報サービスの銘柄登録ですが、みなさんはどのように銘柄を並べていますか？　**儲けたいのであれば、「業種別」にならべる**ことです。たとえば鉄鋼ならば、「新日鉄、住金、神戸鋼、JFE、日新製鋼」という具合に、ハイテクならば、「日立、東芝、三菱電機、NEC、富士通、松下、ソニー」という具合です。これは、証券会社の「株価ボード」と同じやり方です。こういうふうに並べると「**相場の流れ**」**がわかる**んです。

POWER E*TRADE2は400銘柄の登録が可能です。ワシは、各業種ごとに登録し

*POWER E*TRADE2は2006年12月にサービスを終了する予定。POWER E*TRADE2の一部サービスはHYPER E*TRADEに移行される。

5-11 POWER E*TRADE 2によるリアルタイム株価情報サービス

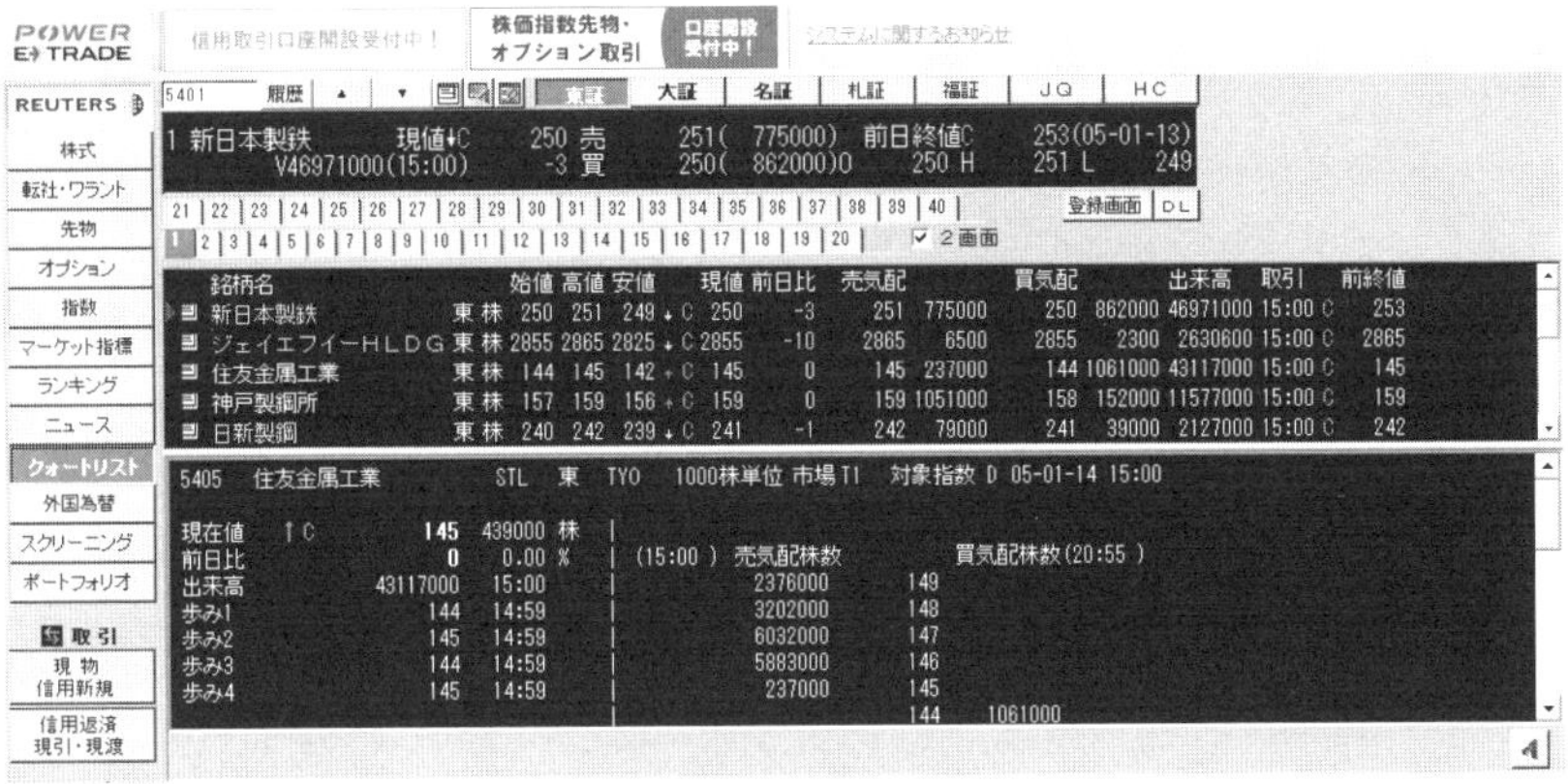

リアルタイム株価情報サービスを使って出遅れ株を探そう。

ています。主要な銘柄はすべてカバーできます。

このようにすれば、毎日どの業種に勢いがあるか一目でわかりますからね。

このサービスのおいしいところは、出遅れ株を探せること

さらに、この並べ方のおいしいところは「出遅れ株を探せる」ことです。たとえば、新日鉄と神戸鋼が新高値を更新するほど値上りすると、それにつられて住金も上がることがあります。いままで取り残されていた銘柄が最後に上がるケースです。そんなときに業種別に並べておくと上がり始める瞬間がすぐわかります。登録は簡単ですから、やってみてはいかがでしょうか。すごく便利で見やすいですよ。

05 期待リターンの選択

株式投資は利益目標の設定が大事

株式投資を行う投資家にとって、「毎年どのくらいの利益がほしいのか?」という考え方は欠かせません。投資したお金がほとんど減らない預貯金と異なり、元本が減る可能性のある株式投資では、より多くの利益を求めて効率的に儲かる銘柄を探します。この、「毎年どのくらいの利益がほしいのか?」を知るために使う公式で「**72の法則**」があります（図5-12）。

これは、投資額を2倍にするのにかかる年数を調べるためのもので、72÷年利回り（%）で計算します。たとえば、毎年2%の利益があれば、儲けた利益を来年さらに運用するとして計算すると、72÷2=36となり、投資資金を2倍にするには36年かかるという結果になります。

表を見ると、毎年1%なら72年、毎年2%なら36年・・・というように、利益が多ければ多いほど、2倍になる年数は短くなります（当たり前ですね）。

ちなみにワシの場合、2003年度の成績は1年で2倍以上の資金になりましたから、この法則は使えません（笑）。しかし、毎年かならずこのようなバッグンの運用成績を安定して修めることなど不可能です。なのでいつもおすすめしているのは**年50%**の利益目標です。

個人投資家にとって、このくらいの利益目標が現実的でないかと思われます。

もちろん「年10%くらいで十分満足だ」とおっしゃる方もいらっしゃるでしょう。しかし、**少ない投資資金を効率的に殖やしていくには、年10%では足りません**。それはお金持ちの運用目標といえるでしょう。

（図5-13）は「100万円を1億円にするには何年かかるか」という表ですが、これは「毎年何%の運用益があれば何年で1億円に到達するのか」ということを教えてくれます。これはワシが最低限必要だと思う投資資金である100万円のケースですが、毎年50%の利益があれば、最短12年で1億円に到達します。もし、年100%利益（つまり毎年2倍）にすれば、たった7年で1億円になります。

このような夢を求めて、投資家は株式投資にのめりこむことになるんですね。最近では株式投資で1億円を達成した方が大勢います。あなたもぜひとも達成してください。

5-12 72の法則

利回り	年数
1%	72年
2%	36年
3%	24年
4%	18年
6%	12年
8%	9年
10%	7.2年
20%	3.6年
30%	2.4年
50%	1.4年

運用利回りが大きいほど、2倍に到達する年数は短くなる。

5-13 100万円を1億円にするには何年かかる（年50%で運用のケース）？

年数	資金
0年	100万
1年	150万
2年	225万
3年	337万
4年	506万
5年	759万
6年	1,139万
7年	1,708万
8年	2,562万
9年	3,844万
10年	5,766万
11年	8,649万
12年	1億2,974万

儲けをさらに運用する複利の効果はあなどれない。

05 株価に直接影響する「材料」の宝庫とは？

前日の取引状況は新聞で速攻把握 日経新聞「企業欄」

「材料」という言葉をご存知でしょうか？ 一般的には、商品・製品などのモノを作るときの、その「もと」として使われるもののことです。しかし、ここでは**「株価が上昇・下落するときのきっかけとなる情報のこと」**と考えてください。

日経新聞の中で、株価に対して一番影響を与える情報が詰まっている場所がこの「企業欄」です。新製品の開発や仕事の受注、設備投資や人事にいたるまで、企業に関する重要な情報＝材料がたくさん詰まっています。

この企業欄の記事の中でも、とても有名で速報性のある内容であれば、1面や2面・3面の総合欄で紹介されることになります。これらの情報は、株価に対するインパクトも抜群で、よい内容であれば、紹介された企業の株価が跳ね上がることも不思議ではありません。

ただし、影響が大きすぎるがゆえの問題点もあります。それが**「寄り付き天井」**です。日経新聞を見た投資家の買いが朝方に殺到し、取引開始後しばらくの間は株価が上昇します。しかし、その上昇によって情報による影響を完全に先取りしつくしてしまい、その後に下落するというパターンになります。日経新聞を見てからその企業の株を購入した投資家が損をするケースが出てくるんですね。つまり、現在のように情報が瞬時に行き渡る状況では、日経新聞を見てからでは遅いという結論になります。しかし日経新聞よりも早く情報を仕入れるとなると、これも無理ですから、別の考え方が必要になります。

そこで、ワシがおすすめするのは「**発表されてから結果が出るまでに時間がかかる材料**」を**ねらう**ことです。例えば「**設備投資**」。数百億・数千億円単位の投資であれば、日経新聞の1面で紹介されるほどインパクトが大きいので、こちらは株価に影響するかもしれません。しかし、企業欄に小さく掲載されている記事でも記者がきちんと調査していますから、その信頼性は抜群です。業績に大きく反映するほどの設備投資であれば、あとで必ず数字として結果に現れます。ここがねらい目なんです。

また、「**人事**」もおすすめです。ソニーのような大企業であれば、株価に影響するのもすぐですが、企業欄に小さく掲載されている内容はおすすめできます。新社長になった方の経歴や実績を細かくチェックしましょう。ネットで調べてもいいです。

企業は数時間や数日で劇的に変化するものではありません。しかし、もっと長い目で見れば大きな変化が生じることもあるでしょう。そのような、「**株価には影響されにくいんだけれど、業績で考えれば確実に良い材料である情報**」をみつけることができれば、効率的に儲けることができます。

05 決算発表と新規上場企業情報は要チェック

企業情報やIP情報を収集　日経新聞「投資・財務欄」

前ページの企業欄が将来に期待が持てる材料が中心であることに対して、こちらの「**投資・財務欄**」は、企業の成績・結果に関する情報が多く盛り込まれています。企業の成績といえばもちろん「**決算発表**」です。

この本が発売される頃は、ちょうど3月期決算企業の中間決算発表が行われたところでしょうか。他に比べて業績が大きく変化した企業（良い場合も悪い場合も含めて）や有名企業の決算は、紙面中央に大きく取り上げられます。この情報も株価に影響を与えやすいです。企業の当初の予想より大きく上回る結果を発表すれば（業績の上方修正）、株価も跳ね上がります。逆に予想より大きく下回る結果であれば、叩き売られます。目先の結果に一喜一憂するのも考えものですが、こういう現実があることを知っておくといいでしょう。

材料出尽くしに注意

ただし、この決算発表による株価への影響にも問題があり、それが「**材料出尽くし**」になります。材料出尽くしとは、株価へ影響を与えるはずの材料が、発表前にすでに先取りして反映されつくしてしまい、発表後に株価が反応しないことをいいます。

例えば、前期より業績が50%UPするという材料があったとしましょう。しかし、このような情報は発表前から業績が良くなる予兆があるわけで、その予兆の段階から徐々に株価に反映されることになります。仮に50%UPの情報が発表される前に50%UPする分の株価上昇がすでに起こってしまったら、たとえ発表されたとしても株価が反応しないということになるわけです。最近では、四半期決算を導入する企業が増え、本決算の前に中間決算として、中間決算の前に第1四半期決算として、企業の情報をいち早く知る機会が多くなりました。その分、「材料出尽くし」の可能性も高くなり、より慎重な対応が求められることになります。

新規公開株の横顔

ワシよりもみなさんの方が詳しいかもしれません。そうです、株式投資界の宝くじ「**IPO（新規公開株）**」**の情報**です。日経新聞では、新規上場になる企業を、その1～2週間前にピックアップし、「**新規公開株の横顔**」として紹介しています（図5-14）。

上場する株式市場や発行済み株式数、申込期間、主幹事、直近の業績などが簡潔にまとめられ、事業内容や今後の予想が詳しく解説されています。

上場前の企業は、投資を行うために参考とされる企業情報が圧倒的に少なく、情報収集にいつも苦労します。IPO狙いの投資家の中には、事業内容等を全く見ずに、手当たりしだいIPOを申し込む人もいます。しかし、このような投資は「公募価格割れ」という損失が起こる可能性もあり、危険度が高いです。少しの時間でいいですから、この「新規公開株の横顔」を

日経新聞
公開の1〜2週間前

見て、どんな仕事を行っているのか？くらいは知っておきましょう。

新規公開株の横顔

サイバーステップ（3810）

【7月5日　マザーズ上場】
（東京都調布市、武内重親社長、042・440・3300）

上場時発行済み株式数（株）		20,300
公募株式数（株）		1,500
売り出し株式数（株）		2,450
オーバーアロットメントによる売り出し株式数（株）		0
申込期間		6月28日―30日
主幹事		日興シティグループ証券
証券略称		サイステップ
	2006／5（推）	2007／5（予）
売上高（百万円）	907	1,200
経常利益（百万円）	390	440
一株利益（円）	15,849	12,315
一株配当（円）	0	0

（注）単独ベース

オンラインゲーム開発

パソコン向けオンラインゲームを開発する。運営中のゲームは２本。主力は最大８人まで参加可能な対戦型格闘ゲーム「ゲットアンプド」。５月から試験サービスを始めた日本を含め韓国、中国、タイ、インドネシア、台湾で提供している。無料でも遊べる「アイテム課金」と呼ばれる方式を取る。参加すること自体は無料だが、ゲームを有利に進める武器などアイテムを販売して収益を上げる。「合計で1600万人の登録者がいる」（武内社長）という。

07年５月期の予想単独売上高は前期推定比32％増、経常利益は13％増を見込む。上場で調達する予定の約４億円は、「研究開発費と運営設備の購入に充てる」（同社長）。オンラインゲーム業界は新規参入が相次いでいる。５月に始めた国内運営を軌道に乗せられるかが上場後の成長力を占うカギとなる。今期は内部留保を優先。来期以降の配当は業績を踏まえて検討する。

出所：日本経済新聞2006年6月23日付

新規上場企業情報がコンパクトにまとめられている。ＩＰＯに参加する投資家は見ておきたい。

Column

前日の取引状況がすばやく把握できる日経新聞「マーケット総合欄」

主要指標

22日 主要指標

株式			
日経平均（225種・東証）	大引け	15135円69銭	＋491円43銭
		騰落率	＋3.355％
日経３００		301.23	＋8.51
		騰落率	＋2.907％
日経500平均（東証）		1380円84銭	＋41円07銭
		騰落率	＋3.065％
日経ＪＡＰＡＮ1000		1801.69	＋51.19
日経総合株価指数		452.96	＋12.25
東証株価指数（①・総合）		1549.12	＋43.61
		騰落率	＋2.896％
単純平均（東証Ⅰ全銘柄）		471円48銭	＋12円41銭
マザーズ指数		1440.94	＋9.56
ヘラクレス指数		2299.43	＋35.27
日経ジャスダック平均		2339円55銭	＋14円24銭
ＪＱ指数		101.07	＋1.35
Ｊストック指数		2055.74	＋39.26

日経平均除数＝24.290　倍率＝9.263

（①は１部、②は２部市場）

指数・平均株価

指数	東証１ 大型株	1577.87	＋45.29
	中型株	1508.54	＋45.48
	小型株	2319.64	＋57.34
	東証２ 総合	4352.92	＋48.85
	東証ＲＥＩＴ	1626.97	－4.09
	大証① 300種	1657.06	＋39.04
修正	大証① 250種	28545.90	＋696.00
	大証② 40種	7169.32	＋72.35
単純	東証② 全銘柄	364.15	＋2.93
	大証① 300種	614.57	＋14.12
加重	東証① 全銘柄	375.41	＋10.43
	東証２ 全銘柄	173.47	＋1.91

売買高・売買代金・騰落銘柄数

	東証①	東証②	大証①	大証②	ジャスダック
◇売買高（千株）	1706020	101235	12462	13382	53655
◇大商い10銘柄占有率（％）	18.9	74.8	50.2	74.6	
◇売買高６日移動平均（千株）	1666050	88788	16208	16487	90328
◇売買代金（百万円）	2208241	31913	43284	3693	64679
◇売買単価（円）	1294.3	315.2	3473.2	275.9	1205.4
◇売買単価６日移動平均（円）	1274.7	291.2	2812.1	261.0	860.4
◇騰落銘柄数					
上場銘柄	1698	494	661	268	974
値上がり	1607	277	91	114	417
値下がり	60	99	7	49	209
商い成立	1697	448	111	189	828

◇立会外市場	東証	大証
売買高（千株）	935601	14718
売買代金（百万円）	118660	3193

東証・ジャスダックの時価総額・利回り・ＰＥＲ・ＰＢＲ（連結ベース）

◇時価総額（億円、百万株、普通株式数ベース）

	①	②
東証	5002831	81447
上場株式数	327509	13796
発行済株式数	333401	14072
１株当たり時価（円）	1527.00	590.35

ジャスダック156254

◇純資産倍率（ＰＢＲ、倍、前期基準）

① 225種	1.89
①３００	1.84
① 500種	1.87
①全銘柄	1.80
②全銘柄	1.36
ジャスダック	1.92

◇株価収益率（ＰＥＲ、倍）

	前期基準	予想
① 225種	19.12	18.56
①３００	19.19	18.78
① 500種	19.34	19.04
①全銘柄	20.15	19.29
②全銘柄	25.99	19.82
ジャスダック	42.35	23.02

◇株式益回り（％）

①全銘柄	4.96	5.18

◇平均配当利回り（％、売買単位換算）

	前期基準	予想
① 225種	1.03	1.12
①３００	1.11	1.17
①全銘柄	1.14	1.17
同　（加重）	1.11	1.17
②全銘柄	1.29	1.29
同　（加重）	1.15	1.12
ジャスダック	1.36	1.36

出所：日本経済新聞2006年6月23日付

各市場の様子が一目でわかる主要指標。毎回細かくチェックする必要はないが、「日経平均」「◇騰落銘柄数」「◇株価収益率（ＰＥＲ）」は見て損はない。

まちかど

まちかど

総会集中の回避は買い？

○…三月期決算企業の株主総会は二十九日に集中日を迎える。大和総研が二〇〇三年度以降で集中日以外に総会を開いた企業群の株価を調べたところ、総会から二十日後の時点で東証株価指数の値動きを約一・四％上回った。集中日より早く開催した企業ほど株価は堅調という。

○…斉藤哲朗クオンツアナリストは「開催日の分散や前倒しは株主重視の表れと受け止められやすい」と分析する。今年は東証一部の約六百社がこれに該当。総会では買収防衛策などに関心が集まるが、開催日に着目して投資戦略を練る手もありそうだ。

出所：日本経済新聞2006年6月23日付

お気に入りのコラム。毎回変わったテーマで楽しませてくれる。

「株価欄（証券欄）」を見る前に、ちょっと目を通すだけで理解度が全く違ったものになる「マーケット総合欄」。前日に行われた取引の概況が各市場ごとに紹介され、主要指標・株式ランキングなど、各種データも充実しています。毎回2～3銘柄がピックアップされ、その日の株価動向を解説する「株式往来」、マザーズジャスダック等の市場に注目する「新興市場」など、株価をチェックする前に見ておくと、無味乾燥な株価をなにげなく眺めるよりもわかりやすくなります。ワシのお気に入りは「大機小機」と「まちかど」の各コラム。他の項目は流し読みでもこれらのコラムは毎回チェックして「なるほど」と相槌を打ったり、「それは違うだろう！」とツッコミを入れたり、楽しませてもらっています。

05 儲かる株本の歩き方

株式投資本の種類

あなたは、今までどのくらいの株式投資本を読みましたでしょうか？　ワシは、株式投資を始めてから気が遠くなるくらいの量の投資本を読みました。その中には、すごくタメになる本やまったく役に立たない本、わかりやすくて理解しやすい本や難しくてまったくわからなかった本まで、実にいろいろな種類の投資本がありました。あなたが今お読みのこの本はいかがでしょうか？　難しいですか？　わかりにくいですか？　今回は、この本を含めた株式投資の本の読み方をご紹介したいと思います。

株式投資の本は、大まかにわけると以下の種類で分類できます。

1．作者が儲かると思う銘柄を紹介する本

2．作者が儲かると思う投資法を紹介する本

3．作者が儲かったことをひたすら自慢する本

もちろん、1と2が重なっていたり、1～3まですべて含まれていたりとテーマは複合したものも多いです。

しかし、最近では、このほかに、

4．過去のデータに基づいた分析を淡々（たんたん）と述べる本

も増えています。

以上の4パターンに、外国人投資家が書いた翻訳書も当てはまります。ベストセラーとなっている本では、必ずこの4パターンのどれかを含んでいますね（図5-15）。

投資本を読めば儲かるか

では、このような投資関連の本を使えば、株式投資で儲かるようになるのでしょうか？ もちろん、答えは「NO！」です。絶対になりません。たかだか千数百円の本で、すごく儲かる情報なんて教えてくれません。たとえ、数千円、数万円もする本を読んだとしても、儲かるかどうかはわかりません。

しかし投資した本の代金くらい、儲かる情報を手に入れたいですよね。そこでワシがその分だけでも回収できる本の読み方を紹介しようというわけです。

ほとんどの投資関連の本は、「情報を理解する→儲かる情報に変える」という作業に、一定の知識が必要となります。ひとつの壁といったらよいでしょうか？ この壁を越えないことには、書いている内容をそのまま実践しても、まったく儲からないんですね。その辺りは、投資本を読んでいるあなたが一番ご存じのことと思います。

5-15　株式投資本でありがちな4つのパターン

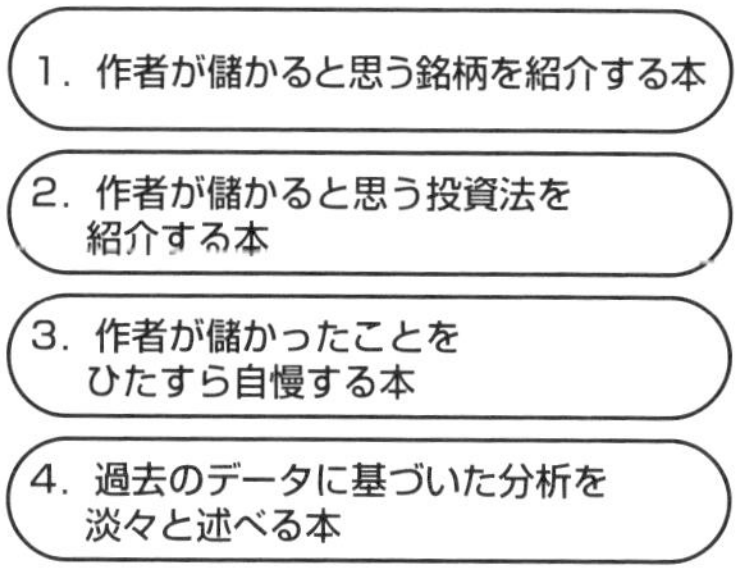
1．作者が儲かると思う銘柄を紹介する本
2．作者が儲かると思う投資法を紹介する本
3．作者が儲かったことをひたすら自慢する本
4．過去のデータに基づいた分析を淡々と述べる本

株式投資本はどれかに当てはまる、もしくはいくつかの項目が重なり合っている。
したがって、これらの本を普通に読んだからといって簡単に儲かるわけではない。

5-16　儲けるためにしておきたい3つの作業

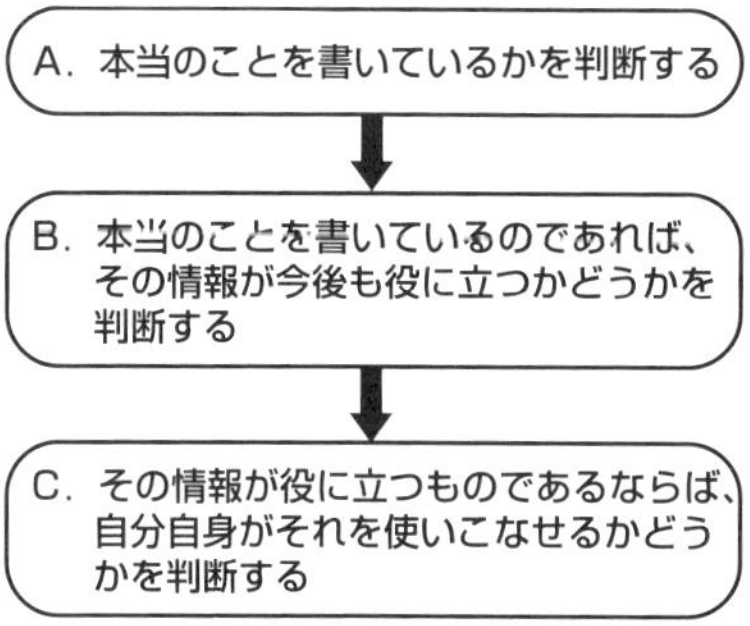
A．本当のことを書いているかを判断する
B．本当のことを書いているのであれば、その情報が今後も役に立つかどうかを判断する
C．その情報が役に立つものであるならば、自分自身がそれを使いこなせるかどうかを判断する

どんなによい内容が書かれている本でも、自分自身がそれを使いこなせなければ意味がない。

実は、投資関連書は、一般的な書籍を読むのと異なり、しなければいけない作業があるんです。それは、

A．本当のことを書いているかを判断する

B．本当のことを書いているならば、その情報が今後も役に立つかどうかを判断する

C．その情報が役に立つものならば、自分自身がそれを使いこなせるかどうかを判断する

の3つの作業です（図5-16）。面倒でしょう。しかしこれをしないといけないいちばんの理由は、「**株式投資で儲けた人が書いていない本が多いから**」なんです。実際に儲かっていない人が、儲かる銘柄や投資法を紹介しても説得力がないですよね。株式投資本は悪く

言えば、蘊蓄さえあれば本が書けてしまうのです。

ですから、３つの作業をしっかり行って、儲かる可能性がある本か？　それともその可能性がない本か？　をきちんと見分ける目を身につけたいですね。

そうすれば、より自分に合った投資本をみつけて成功することができますよ。

05 マネー雑誌徹底比較

株式投資初心者はぜひ読んでおきたい4大マネー雑誌

最近、株式投資関連の書籍・雑誌って増えていませんか？ この本もそうですが、本屋さんに行くとたくさんの株本が並んでいますね。どれを選んでいいのかわからないくらいです。

そこで、この本では株式投資初心者にとっていちばん役に立つと思われる4大マネー雑誌を紹介します。

（図5-17）は4大マネー雑誌である「ＭＯＮＥＹ ＪＡＰＡＮ（マネージャパン）」、「ダイヤモンドＺＡｉ」、「あるじゃん」、「日経マネー」の一覧表です。値段を比べると、「あるじゃん」がいちばん安くて４００円（税込み）、それ以外は６００円（税込み）となっています。定期購読にすれば、どの雑誌も1か月分の割引があります。支払方法は雑誌によってさまざまですが、郵便振替はどれも大丈夫なようです。では、個々の雑誌をそれぞれ紹介します。

玄人好みの「MONEY JAPAN」

４つのマネー雑誌の中で、ここがいちばん「堅い」イメージがします。レベル的にはここがいちばん高く、良質で読み応えのある内容が紹介されています。長年の伝統を誇る有名なマネ

4大マネー雑誌一覧表

マネー雑誌	出版社	値段	発売日	定期購読	クレジットカード	コンビニ or 郵便局
MONEY JAPAN	角川書店	600円	毎月21日	1年6,600円	○	○
ダイヤモンドZAi	ダイヤモンド社	600円		1年6,600円	○	○
あるじゃん	リクルート	400円		1年4,400円	○	○
日経マネー	日経ホーム	600円		1年6,600円	×	○

『クレジットカード』『コンビニor郵便局』は支払方法。
『○』は支払い可能、『×』は支払い不可能。
その他、郵便振替での支払いはすべて可能。
また、送料は全雑誌無料。値段は全て税込み。

ー雑誌といえるでしょう。ワシが若いころから発行されていました。株式投資暦の長い投資家なら、必ず知っている雑誌ですね。この雑誌の内容が難しい、もしくは「とっつきにくい」と思ったら、もっとわかりやすい「マネープラス」があります。「いちばんやさしいお金の本」というサブタイトルの通り、ごく基本的なところから、しっかり解説してくれます。同じ出版社から発行されていますから、みなさんの投資暦および投資家レベルにあわせて、わかりやすい方を選んでください。

株式投資情報のスペシャリスト「ダイヤモンドZAi」

現在、マネー雑誌の中で日本No.1の売上があると言われている「ダイヤモンドZAi」です。カラーページや写真の多さのおかげで、見やすさやわかりやすさが他の雑誌より格段に優れています。年に数回特集記事となる株主優待企画は、ワシも重宝しています。優待券や優待品などの実物が写真つきで紹介されているのでとてもありがたいです。

その他にも、ここはチャート分析に優れていて、専門家の方がひとつひとつの銘柄を取り上げて詳しく説明してくれます。どれを買うか迷ったときは、この雑誌ははずせません。

値段の安さとマネー情報のバランスが優れている「あるじゃん」

リクルートが発行している「あるじゃん」は女性の読者が多いせいか、貯蓄・節約・保険・投資信託・外貨など、実にさまざまなジャンルのマネー情報が紹介されています。前述したダイヤモンドＺＡｉが株式投資に特化している印象を受ける分、このあるじゃんはバランスのとれた情報提供が魅力です。金融情報に対してオールマイティな知識を手に入れるなら、あるじゃんをおすすめします。４００円（税込み）という値段の安さも魅力です。

ただし、マネー情報全般にわたっている分、株式投資の情報がかなり少ない感じがします。これをプラスと考えるか？　マイナスと考えるか？　で読者の判断が異なって来ると思います。

株式投資情報の質で勝負をする「日経マネー」

４大マネー雑誌の中で、いちばんコンパクトです。そして、いちばん中身が詰まっている感じがします。ひとつひとつの情報の質の高さが魅力です。マネー関係で圧倒的な強みを持つ「日経」の底力を感じます。他の雑誌では見られない変わった視点からの特集記事が驚きを感じさせてくれます。日本経済新聞との併用により、より一層理解が深まります。

5-18 なべの4大マネー雑誌評価

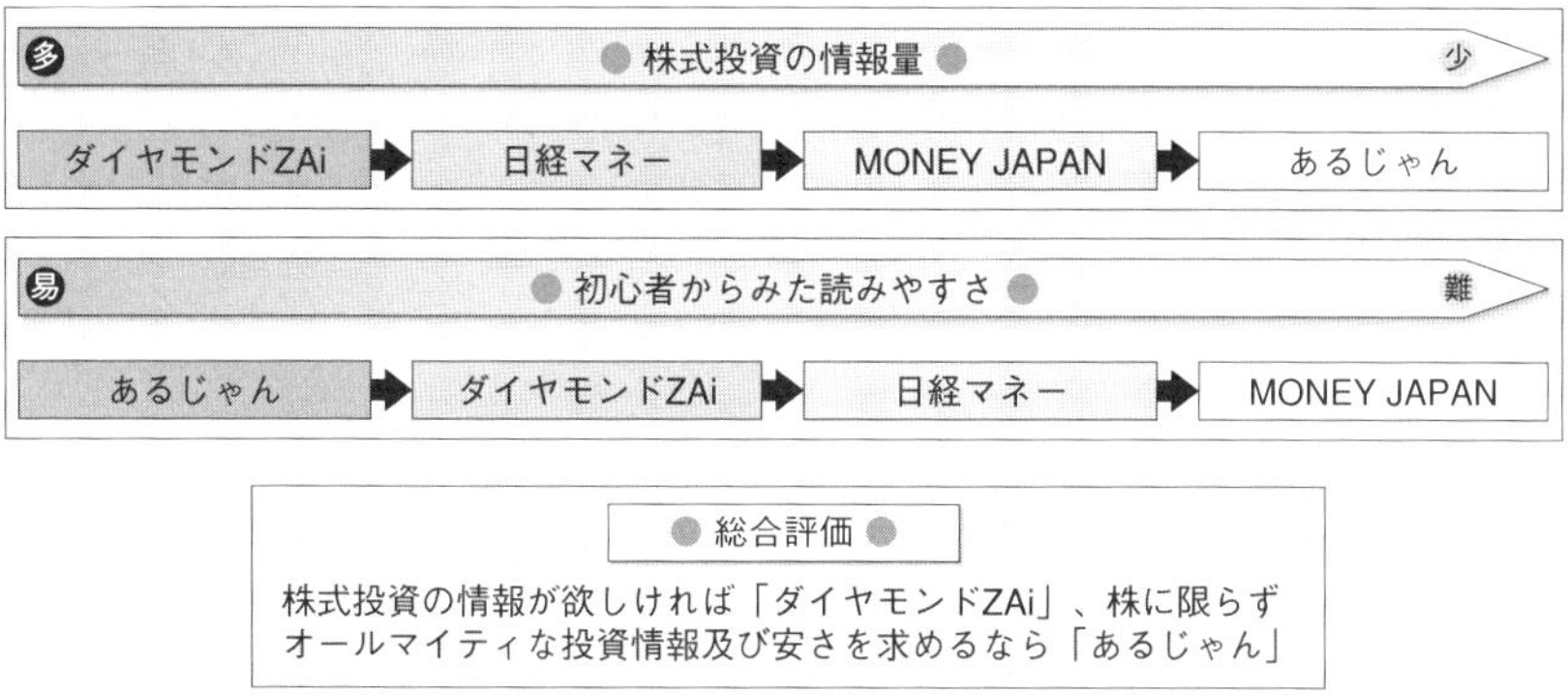

結論：株式投資の情報を得るには「ダイヤモンドZAi」がおすすめ

それでは、結論です。株式投資の情報量は、ダイヤモンドZAi＞日経マネー＞MONEY JAPAN＞あるじゃんとなり、前になるほど情報が多くなっています。ということは、後になるほど株式以外の投資の内容が充実していることを意味します。

また、初心者から見た読みやすさならば、あるじゃん＞ダイヤモンドZAi＞日経マネー＞MONEY JAPANとなり、前になるほど普通の雑誌のようで読みやすいです。

したがって、**株式投資の情報が欲しいならダイヤモンドZAi、オールマイティな投資情報および安さを求めるならあるじゃん**が、無難な結果でしょう。どれか一冊を選ぶのであれば、ワシは「ダイヤモンドZAi」を選びます。

05 儲かるサイトの歩き方

ワシのイチオシサイトを紹介!

あなたが株式投資をはじめたころって、どんな感じでしたか? えっ、これから始めるところ? それはよかった、間に合った。今の心境はこんな感じでしょう。

「見るものすべてが新鮮で、どんな情報でもいいから知りたいし儲かりそうなことが書いていれば、とりあえず買って見てみたい」と。ワシも最初はあなたと同じでした。

でも、これは、かなり危険なんです。「イエスマン」のごとくなんでもかんでも信じてしまうと失敗します。残念ながら、**株式投資関連の情報はウソが多くて、そのまま情報をうのみにすると損をすることが多い**んです。よいものと悪いものとをかぎ分ける嗅覚を鍛えることが必要なんです。

そこで今回、ワシがその方法を紹介しようという訳です。単刀直入に行きましょう。その方法とは**よいものをたくさん見ること**です。これに尽きます。

平凡ですか? いえいえ、そんなことはないですよ。子供の早期教育で英才教育がありますよね。あれと同じことなんです。知識をスポンジのように吸収する初期段階ですばらしい教育を受けることで情報の善し悪しの判断がつくようになります。

つまり株式投資の「英才教育」。ワシが多くのサイトを見た中から、初心者の血となり肉となるすばらしいサイトを紹介します。これをひと通り見た後はかなり株式投資がわかりやすくなります（図5-19）。

5-19 初心者のためのオススメサイト一覧

超初心者にオススメのサイト

ジェットのかぶ入門（http://www.jetsnet.co.jp/nyumon/index.html）

ここはジェット証券の初心者のための株式投資入門講座。この本と同じように、『株ってなに？』の部分から丁寧に解説されている。おもしろいのは、証券会社のページらしく『手続き関係の内容が多いこと』。取引をしていて困ったときは、ぜひ見ていただきたいサイト。

初心者のための株式投資入門（ヤフーファイナンス）（http://biz.yahoo.co.jp/docs/howto/）

ここは、いずれお世話になると思うYahoo！ファイナンス（http://quote.yahoo.co.jp/）の株式投資入門講座です。上のジェットのかぶ入門をコンパクトにまとめた感じ。時間をなるべく短縮して、コンパクトに情報を収集したい方にはうってつけのサイト。なお、Yahoo！ファイナンスはあまりにも有名なので、ここでは取り上げない。Yahoo！ファイナンスの詳しい使い方が知りたい方は『YAHOO！ファイナンスではじめる株のある生活（ノマディック）』というすばらしい本があるのでご購入をオススメしたい。

NIKKEI NET（http://www.nikkei.co.jp/）

ここは日本経済新聞社のニュースサイトです。新聞を読む時間の全くない人やリアルタイムのすばやいニュースを知りたい方はここを見るべき。経済情報の充実度は他の新聞社に負けない。

少しレベルアップをした投資家にオススメのサイト

ケンミレ株式情報（http://www.miller.co.jp/）

このサイトのトップページ中央にある『ケンミレ・アイ』『今日の視点』『今日の市況』の3つの無料情報は、毎日見ることをオススメしたい。投資家にとってすごくタメになる情報が多い。

ロイター（http://www.reuters.co.jp/）

ロイター通信のニュースを見ることができる。この情報の速さは一度手に入れるとやめられない。ワシはEトレード証券のリアルタイム株価情報サービス『パワーイートレード2』でいつもお世話になっている。

マネックスメール（http://www.monex.co.jp/visitor/shohin/joho/monex_mail/）

これはサイトではなくメールマガジン。あなたのメールアドレスを登録すると、毎回メールとして送られてくる無料情報サービス。数ある証券会社のメールマガジンの中でもこれほど質が高いところはない。初心者の方に自信を持ってオススメできるメールマガジン。
ワシは、個人的に『社長さんのつぶやき』よりも『資産設計への道』の内容の方が気に入っています。

05 ヤフー掲示板で儲けるコツ

掲示板を上手に利用して、儲かる情報をゲットしよう!!!

ヤフー・ファイナンスの掲示板。みなさんはインターネット取引をすれば必ずお目にかかるであろうヤフー・ファイナンス（http://quote.yahoo.co.jp/）は見るけど、一方で掲示板はあまり興味がない方が多いのではないでしょうか？ それは間違いです。この掲示板は主に個人投資家が書き込むことが多く、情報源のひとつとして使っている投資家もかなりいるんですよ。

しかし、この掲示板は銘柄によって当たりハズレが多く、また、個人投資家の質や投資力によっても、情報に大きな差が出てきます。そこで、今回はヤフー掲示板の儲かる使い方をご紹介したいと思います。

タイプ別掲示板の使い方

パソコンをお持ちの方は「ＳＢＩホールディングス」の掲示板（http://messages.yahoo.co.jp/?action=q&board=8473）をご覧ください。ごらんの通り「荒れる一歩手前」です（笑）。

この場所にいる投資家の方達のスタイルをワシなりに分析しますと、

1. 短期投資中心の個人投資家が多い
2. ネット取引が主体の、投資暦が浅い投資家が多い
3. ハイリスク・ハイリターンの投資を好む投資家が多い

という偏ったタイプが多く存在すると見受けられます。このタイプの掲示板を有効に使うポイントは、**事実関係の情報収集のみに徹することです**。よい意味でも悪い意味でも、人気の高い**掲示板はリアルタイムで有用な情報がもらえます**。実際に株主総会や報道関係者による記者会見など、重要な発表の席上から情報を提供してくれる奇特な、いや、ありがたい投資家の方がいらっしゃいます。「マネックス証券と日興ビーンズ証券の経営統合*」の情報のとき、ワシが愛用している有料情報よりも掲示板の書き込みの方が早かったという経験があります。なかなかあなどれません。情報収集としての使い方はおすすめです。

次に、住友金属工業（以下「住金」）の掲示板（http://messages.yahoo.co.jp/?action=q&board=5405）をご覧ください。SBIよりも落ち着いた雰囲気ですね。投資暦の長い投資家や中長期を考えた投資家が多いためです。また投資暦が長い投資家が多いせいか、書き込みの質はこちらの方が高いです。数字的な裏付けや理論的に住金の現状を紹介してくれています。

マネックス証券と日興ビーンズ証券の経営統合

東証マザーズ上場のマネックス証券と非上場の日興ビーンズ証券の経営統合が平成16年3月19日に発表された。マネックス証券の人気は以前から高く、ヤフー掲示板には多くの情報が寄せられていた。今回のケースではこのキャッチした一部の投稿者が有料情報サービス担当者よりも早くヤフー掲示板で公開したものと思われる。両証券会社は今年5月に合併する。

5-20 タイプ別掲示板の使い方

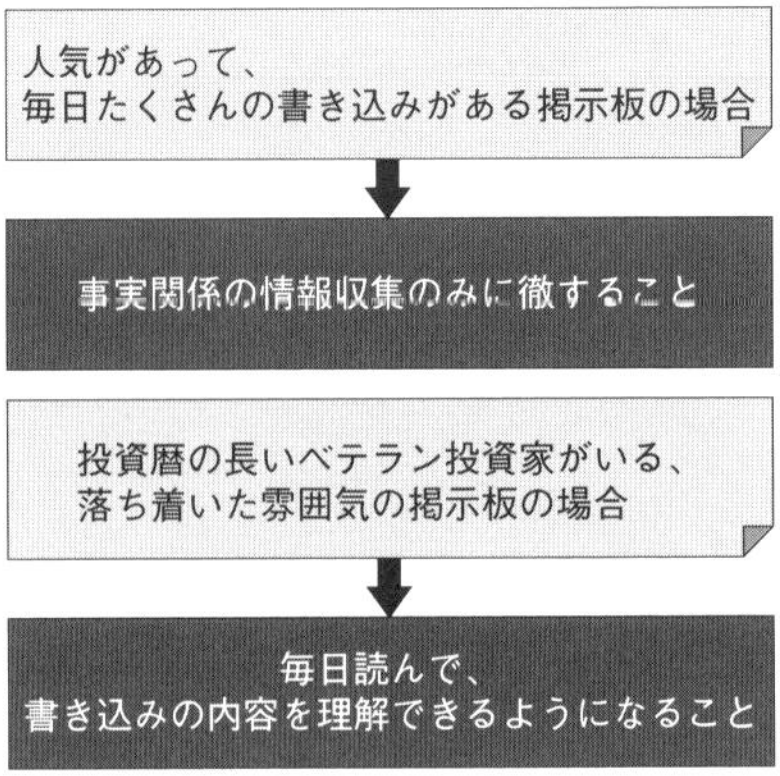

掲示板は、使い方次第で抜群に役立つ情報ツールとなる。

5-21 Yahoo！ファイナンス（http://quote.yahoo.co.jp/）の掲示板

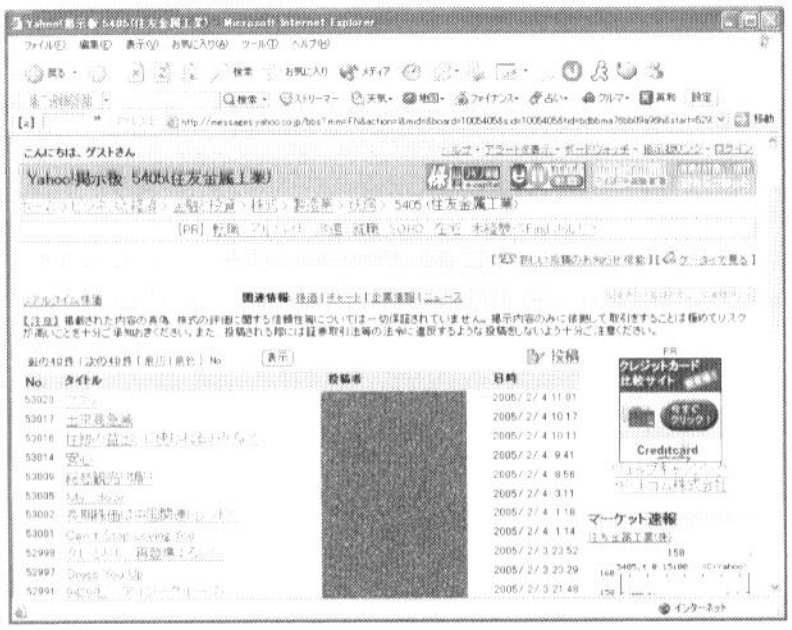

掲示板によって集う投資家達のスタイルや投資暦が異なることに気をつけよう。

こういう掲示板を有効に使うポイントは、**毎日読んで、書き込みの内容を理解できるようになること**です。ワシが住金を40円前後で買っていたときに、同じようにコツコツと住金を買った投資家がかなりいました。当時の住金を買った方で、いまだに持っている中長期投資家もかなり存在します。この方達はときどきおいしいネタを教えてくれるんですね。

もちろん住金に限ることはありません。**業界1位企業の掲示板はなかなか使えます**。

こういう銘柄の掲示板には「古株」のようなベテラン投資家が常連としているんですよ。株のことをよく知っている投資家がいろいろ情報を提供してくれるわけです。中長期投資を目指す人間にとって、ベテランの投資家の考え方は必見ですね。

上の住金掲示板もそうなのですが、**ヤフー**

掲示板は総体的に見て一般的な個人投資家よりも、投資力のレベルは高いです。個人投資家の9割以上が損をしているというデータがありますが、ヤフー掲示板に書き込みをしている投資家は、そこまで損をしている人ばかりではないということがわかります。一般的な傾向で、儲かっている人が1割に満たないのであれば、この掲示板に集う投資家は、最低2～3割以上はいると思われます。

「あまり役に立たない」と言われる掲示板ですが、使い方によっては、かなり役に立つツールとなります。みなさんも、おもしろい使い方や銘柄をみつけてくださいね。

05 重し・蓋とは何か

株式投資の重し・蓋は「株価が上がらない要因」と「大量の指値売り注文」

寒い時期に食べる「お漬け物」がワシは大好きです。大根や白菜などの塩漬けは、この時期でなければおいしいものが食べられないですね。質のよい野菜が安価で出回っています。ワシの好みは単純な塩漬けで、塩をまぶした大根や白菜とともに昆布や唐辛子をタルにいれ、上から蓋（ふた）をして重し（おもし）をのせる。数日すれば、おいしい漬物のできあがりです。

この漬物を漬けるときに欠かせないのが「重しと蓋」ですね。できれば空気が入らないように密封ができる蓋と、できるだけ野菜の水分が抜くことができる重しがほしいです。この両者が組み合わさって、おいしいおいしい漬物ができあがるんですね。

さて、この「重し」と「蓋」、株式投資の世界にもあります。漬物の場合と異なり、あまりよい意味では使われておりません。**株式投資で使われている「重し・蓋」という言葉は、広い意味では「株価が上がらない要因」、狭い意味では「大量の指値売り注文」という意味**で使われます。

ここでは狭い意味での「重し・蓋」を例に挙げて説明しましょう。

たとえばコレを見てください（図5-22）。これは、ある銘柄の3月2日・3日・5日・8日

5-22 ある銘柄の気配値

（3月2日）単位は千株と円

売り気配	株価	買い気配
⇒10240	110	
⇒11896	109	
2965	108	
	107	2574
	106	3461
	105	4098

⇒

（3月3日）単位は千株と円

売り気配	株価	買い気配
⇒9708	110	
⇒8589	109	
⇒9199	108	
	107	562
	106	6242
	105	4893

（3月5日）単位は千株と円

売り気配	株価	買い気配
⇒9405	110	
4277	109	
5264	108	
2743	107	
	106	1150
	105	5109

⇒

（3月8日）単位は千株と円

売り気配	株価	買い気配
1252	117	
1927	116	
6813	115	
	114	3027
	113	7057
	112	3422

3月2日～5日までの大量の売り注文が3月8日には消え、株価が大幅に上昇している。
これは大口投資家の買い注文が入ったことを表している。

の気配値の様子です。「⇒」となっている部分が「重し・蓋」です。

3月2日から5日までは大量の「売り注文」があります。3月2日の110円にある「10240」は1，024万株ということですから、金額にして、11億円以上です!! これだけの資金で誰かが買わなければ、株価は上がらないんです。それが109円にもあり、二重になっています。次の日の3月3日はそれが三重です。「絶対に株価を上げさせないぞ!」という気持ちがこもっているみたいですね。108～110円の売りがなくなるためには、総額30億円以上の資金が必要になります（信用取引は考えない）。こんなお金は個人投資家ではとても無理です。ですからこの状態で株価が上がるためには**大口投資家が買ってくれないことには話にならない!!** ということなんです。

次に、3月8日の気配値を見ると株価が112円~117円の範囲になっていますから、現に大口投資家が買うことによって株価が上昇したことがうかがえます。この日の注文が成立した出来高は1億6,000万株以上です。いかにこの日の取引がすごかったのかがわかります。

Column

「重し・蓋」があることで得られるメリット

株式投資において「重し・蓋」がある状態を保つことで、投資家にとってメリットが存在します。それは前ページの例で言えば「107円以下でこの銘柄を買うことができる」ということです。普通の投資家なら、この気配値を見て、108円で買いたくなる人はあまりいません。むしろ、「このままだと下がるかも」と思い、反対に売ってくるでしょう。そんなとき、この銘柄を107円以下で購入したい投資家は、このような安い値段でたっぷり買い占めて、その後の値上がりで儲けようと企むことも可能です。

この行動のよし悪しは別にして、また、この行動の真偽は別として、株式市場では、このようなかけひきが常に行われています。

私達個人投資家は、資金面ではかなり不利な立場に置かれています。ですから、もし、例に挙げた3月3日のような状態になっても決してあせらないことです。その銘柄の業績がよくなり、条件さえ整えば、株価が上がる可能性は極めて高いからです。中長期の投資家ならば、こんなときに値上がりをあきらめて売ってしまうのは愚かな行為です。じっとガマンして、いつか来るであろう値上がりを待つことが賢明な選択です。

第6章

格付けランキング編

各業種別の銘柄の見方及びおススメ株

付録

マネーゲーム!! 超低位株＆低PER銘柄で勝つ方法／業績上方修正を行う企業の見つけ方

06 各企業の格付けをしてみよう 同業他社の株価徹底比較

格付け（かくづけ）について

みなさんは「格付（け）」（かくづけ）をご存知でしょうか？ まず、保険会社では必ずアピールの情報として使われる「ＡＡＡ（トリプルエー）」といった「格付」は銀行などからの債務返済能力（つまり、借金を返せるかどうか）という格付です。

一方「レーティング（株価「格付け」）」というものも存在します。こちらは、証券アナリスト（投資に関連する市場動向企業業績などを分析調査する専門家）によって現在の株価が相対的に高いか安いかを判断した結果を指します。

さて、ワシがこれから紹介する「格付け」は、これらとは異なります。単純に言えば「同業他社との比較による銘柄評価」です。

私たちが投資対象銘柄を探す時に、対象企業の変化を時系列で調査する場合と、同業他社を比較してその優劣で決定する場合の2種類の方法があります。前者は会社四季報などを用いて対象企業の業績がよくなる瞬間をとらえ、株価の値上がり益をゲットします。後者はライバル企業の業績を比較し、その中で優れている、または業績に対して株価が割安なものを選択しま

Column

POWER E*TRADE 2 (パワーイー・トレード2)

本章で同業種の銘柄を並べて掲載している画面は「POWER E*TRADE 2」(パワーイー・トレード2)の画面です。「POWER E*TRADE 2」高品質の「投資情報ツール」です。イー・トレード証券会員の方なら誰でもこのPOWER E*TRADEを利用できます。主な特徴としては複数の銘柄を同時に株価がリアルタイム表示され、ニュースもリアルタイム株価が自動更新されて表示されます。その他に、東証、大証などの3本気配値表示が見れる、現在の株価の前後にどれくらいの買い板、売り板があるか、各種時間軸に対する株価グラフを表示させるなど投資に役立つ機能がたくさんあります。

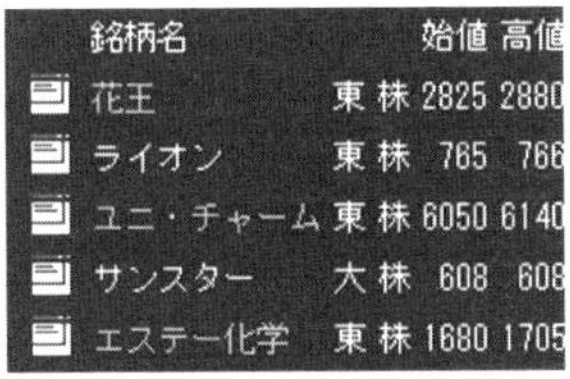

銘柄名		始値	高値
花王	東株	2825	2880
ライオン	東株	765	766
ユニ・チャーム	東株	6050	6140
サンスター	大株	608	608
エステー化学	東株	1680	1705

注）POWER E*TRADE2は2006年12月にサービス終了予定。HYPER E*TRADEに一部サービスが移行。

「Yahoo!ファイナンス」

本書で掲載されているチャート画面は、Yahoo! JapanのYahoo!ファイナンスのものです。「Yahoo!ファイナンス」は株式投資を行っている方に超オススメのサービスです。リアルタイムの株価、決算情報、内外の最新ニュースなど満載です。

たとえば「アナリスト注目銘柄」では、証券会社の専門家のレポートの件数が多かった30銘柄をランキング掲載しています。そのほか、最大50銘柄まで登録可能なポートフォリオ機能など、投資を行う上で便利な機能が盛り沢山のサービスです。

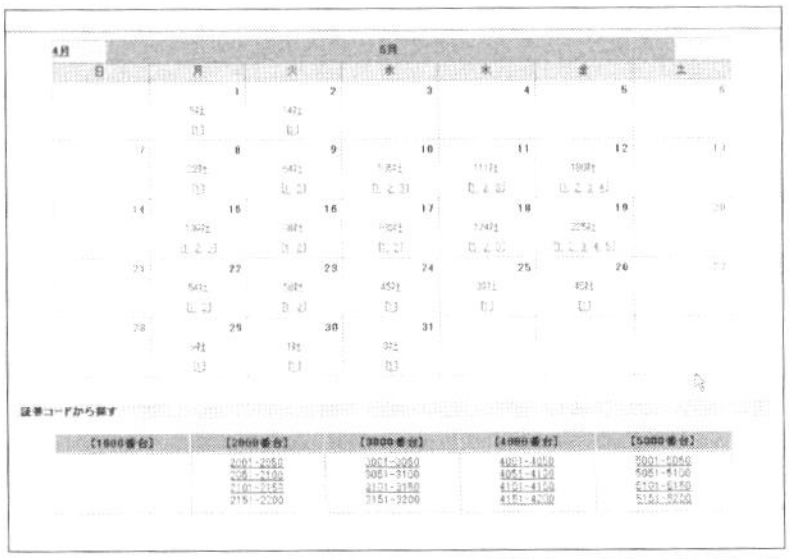

©Yahoo!ファイナンス

「東証主要企業決算発表予定カレンダー」

東証上場主要1800社の決算発表予定日をカレンダーで確認できる。日付の下の番号をクリックすると、決算発表予定企業の一覧を見ることができる

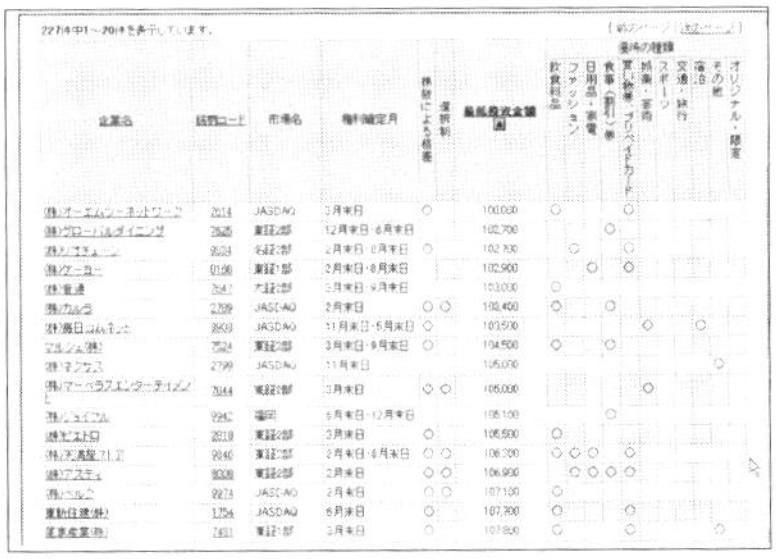

©Yahoo!ファイナンス

「株主優待情報」

銘柄ごとの株式優待情報を条件別に検索できます。企業名、銘柄コードの他、権利確定月や投資金額、優待商品の種類などから銘柄を絞り込むことができる

す。

この章では、鉄鋼・商社・化学・金属などといったおおまかな業種別ではなく、コンビニ、ファーストフード、家庭用品といった、もっと身近で私たちになじみの深い業界をとりあげたいと思います。その際、イートレード証券提供のリアルタイム株価情報サービス「パワーイトレード2」を使用した、同業種間での銘柄を並べた画面も掲載します。これで一層わかりやすさが増すでしょう。みなさんが株式投資を行う際の指標としてお使いいただけるとうれしいです。

同業他社を探すオススメのツール

みなさんが同業他社を探すときに、自分自身が働いている業界やいつも利用する店など、普段から接している企業であれば、頭の中にすぐ思い浮かぶと思います。しかし、行ったことのない店や全く知らない業界となると、ほとんど見当がつかないのではないでしょうか？もちろん、ワシも知っている業界とそうでない業界があります。また、知っている業界であっても、その業界内の各企業が株式市場に上場しているかを全て把握しているわけでもないでしょう。

そこで、同業他社をきちんともれなくチェックするために「業界地図」を見ることをおすすめします（図6-1）。この「業界地図」は、それぞれの業界に詳しい専門家が最新の企業動向を踏まえて、各企業の順位・業績の良し悪し・将来予測を説明してくれる優れた書籍です。これを上手に活用することによって、同業他社比較を効率的に行いたいですね。

6-1 業界地図関連書籍

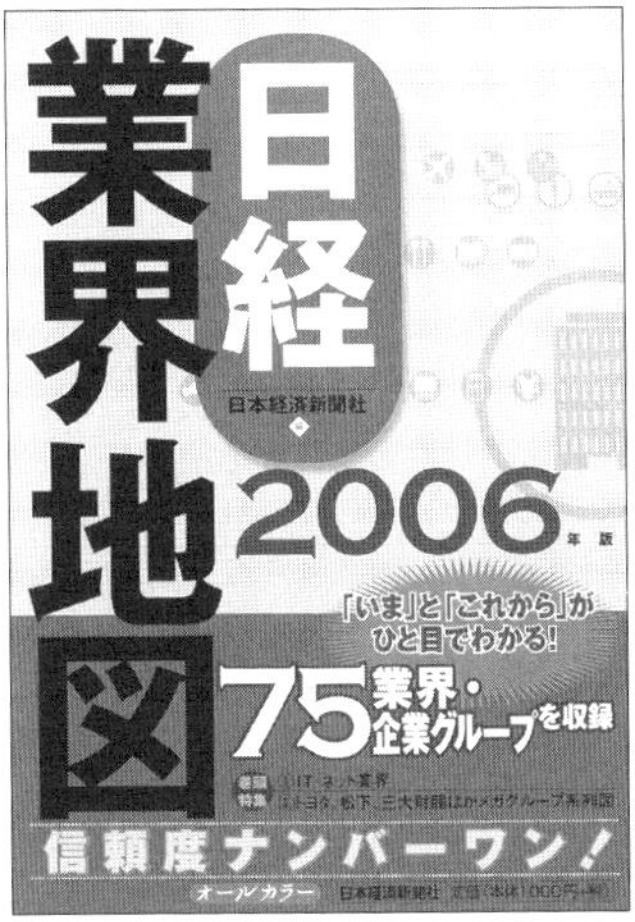

『日経業界地図―主要企業の実力と次の動きを読む（2006年版）』
日本経済新聞社

『業界地図（2006年度最新版）―70業界勢力分布』
東洋経済新報社

複合カフェ 4社

◎ランシステム（3326）
◎メディアクリエイト（2451）
◎アプレシオ（2460）
◎ヴァリック（2387）

現在、時間消費型ビジネスである複合カフェ業界が大きく成長しています。従来のマンガ喫茶とは大きく異なり、高級マッサージチェア、ビリヤードやダーツ、ゲルマニウム温浴やタイ古式マッサージまで、いたれりつくせりの癒しの空間が用意されています。

複合カフェの市場規模は、2010年には2950億円、2015年で3920億円まで成長すると予測されています（日本複合カフェ協会）。全体のパイが大きくなるのであれば、各企業が儲かる可能性はかなり高く、いち早く勝ち組をみつけたいところです。

勝ち組を見つけるポイントは「複合カフェ専業か？それとも兼業か？」と「直営店を展開しているのか？それともフランチャイズシステムか？」の2点です。

複合カフェは新規参入が比較的容易であり、カラオケ店との兼業のケース（メディアクリエイト、ヴァリック）やゲーム店（ランシステム）、書店、ビデオレンタル店など、他業種からの参入が活発です。この場合、複合カフェの業績だけではなく他の事業の業績も常にチェックすることが大切です。

また、出店の際には多額の出店費用が必要になるので、直営店かフランチャイズ店かの違いで設備投資の額に大きく差が出ます。出店費用を捻出するための資金調達方法に注目。売上高に直結する「店舗数・客数・1人当たり客単価」だけでなく、株主資本比率（自己資本比率）の数字もきちんと確認しましょう。

●図 K-1 複合カフェの銘柄の並べ方

銘柄名		始値	高値	安値		現値	前日比	売気配		買気配		出来高	取引		前終値
ランシステム	J 株	230000	235000	225000	↓	230000	0	234000	1	230000	1	53	14:59		230000
メディアクリエイト	東 株	280	280	272	↓ *	272		282	1000	270	2000	3000	14:56	B	272
アプレシオ	名 株	225000	225000	222000	↓ *	222000	-3000	225000	1	220000	3	12	14:26	*	225000
ヴァリック	J 株	479000	479000	479000	↓	479000	-1000	480000	3	473000	1	2	13:22		480000

画面はイー・トレード証券

複合カフェ各企業のチャート及び業績

売上高、営業利益、経常利益、最終利益の単位は（百万円）、1株利益、1株配当の単位は（円）です。株価は2006年6月30日終値。基準日の株価から配当利回り、PER、PBRを算出。チャート画面：©Yahoo!ファイナンス

ランシステム

市 場	銘柄コード	株価	売買単位	配当利回り	PER	PBR
ジャスダック	3326	217,000	1株	9.22%	27.98倍	1.74倍

(連結)	売上高	営業利益	経常利益	最終利益	1株利益	1株配当
04年6月	9,658	443	394	206	36,472円	6,000円
05年6月	10,468	301	316	156	7,755円	2,000円

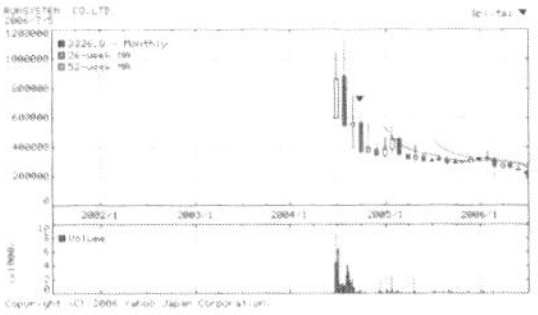

メディアクリエイト

市 場	銘柄コード	株価	売買単位	配当利回り	PER	PBR
東証マザーズ	2451	265	1,000株	0.38%	12.89倍	1.35倍

(連結)	売上高	営業利益	経常利益	最終利益	1株利益	1株配当
04年5月	3,282	146	150	61	16.4円	1.00円
05年5月	3,662	184	187	100	25.5円	1.00円

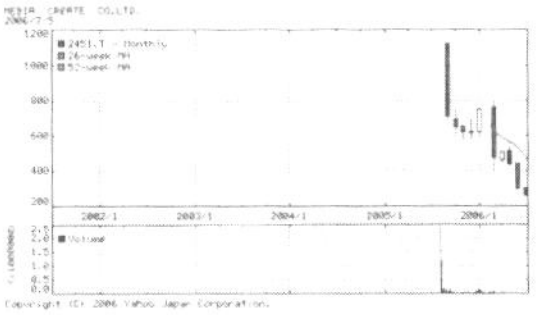

アプレシオ

市 場	銘柄コード	株価	売買単位	配当利回り	PER	PBR
名古屋セ	2460	230,000	1株	---	22.48倍	2.55倍

(連結)	売上高	営業利益	経常利益	最終利益	1株利益	1株配当
04年9月	1,275	15	16	12	3,566円	0.00円
05年9月	2,101	144	162	164	11,693円	0.00円

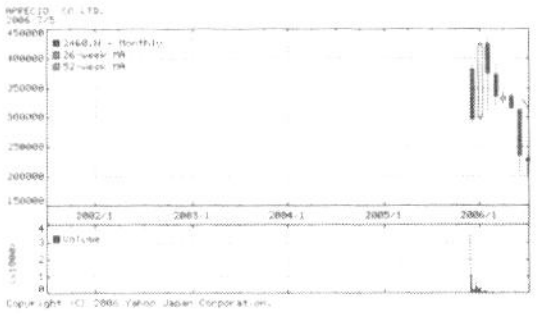

※「名古屋セ」は名古屋セントレックス

ヴァリック

市 場	銘柄コード	株価	売買単位	配当利回り	PER	PBR
ジャスダック	2387	470,000	1株	0.43%	27.47倍	5.89倍

(連結)	売上高	営業利益	経常利益	最終利益	1株利益	1株配当
04年6月	9,658	443	394	206	36,472円	6,000円
05年6月	10,468	301	316	156	7,75円	2,000円

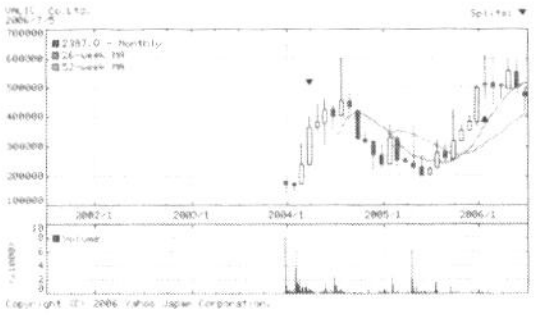

コンビニ

4社

◎セブン&アイ・ホールディングス（3382）
◎ローソン（2651）
◎ファミリーマート（8028）
◎サークルKサンクス（3337）

コンビニエンスストアは競争が激化しています。ウチのような田舎にまでコンビニが進出しています。世の中が便利になるのは良いことですが、各コンビニは出店場所を探すのに相当苦労していることでしょう。店はすでに飽和状態です。今後、急激に成長する業界ではないので、投資対象銘柄には注意が必要になります。

セブン&アイ・ホールディングスはイトーヨーカ堂、セブン-イレブン・ジャパン、デニーズジャパンの持ち株会社ですので、セブン-イレブンのみの業績で判断はできません。投資を行う場合は企業HPで各事業ごとの業績を必ずチェックしてください。

また、この業界に投資する際に陥りやすいミスは「消費者の視点のみで考えること」です。自分が好きな商品が置いてあるとか、品揃えが豊富など、自分の判断を中心に考えてしまうと見誤ります。女性や子供・高齢者向けに考えられたところや100円均一のところ、生鮮食料品を充実させたところなど、消費者のニーズに合わせた多種多様な店舗が展開されています。

新聞やニュース、四季報やマネー雑誌等で最新情報を手に入れておきたいですね。

●図 K-2 コンビニの銘柄の並べ方

銘柄名		始値	高値	安値	現値	前日比	売気配		買気配		出来高	取引	前終値
セブン&アイHLDG	東 株	3670	3760	3650	↑ C 3740	0	3740	44700	3730	17300	4108200	15:00 C	3740
ローソン	東 株	4180	4210	4110	↑ C 4170	-70	4170	5500	4150	300	471000	15:00 C	4240
ファミリーマート	東 株	3200	3220	3160	↓ C 3170	-30	3190	1700	3160	8000	260200	15:00 C	3200
サークルKサンクス	東 株	2465	2520	2465	↑ C 2505	+5	2505	2100	2500	3800	118800	15:00 C	2500

画面はイー・トレード証券

コンビニ各企業のチャート及び業績

売上高、営業利益、経常利益、最終利益の単位は（百万円）、1株利益、1株配当の単位は（円）です。株価は2006年6月30日終値。基準日の株価から配当利回り、PER、PBRを算出。チャート画面：©Yahoo!ファイナンス

セブン&アイ・ホールディングス

市 場	銘柄コード	株価	売買単位	配当利回り	PER	PBR
東証1部	3382	3,770	100株	0.76%	37.40倍	2.13倍

(連結)	売上高	営業利益	経常利益	最終利益	1株利益	1株配当
06年2月	3,895,772	244,940	248,110	87,930	100.8円	28.50円

※2005年9月、イトーヨーカ堂・セブンーイレブン・ジャパン・デニーズジャパンの持株会社として新規上場。※2006年2月期は記念配当を実施。

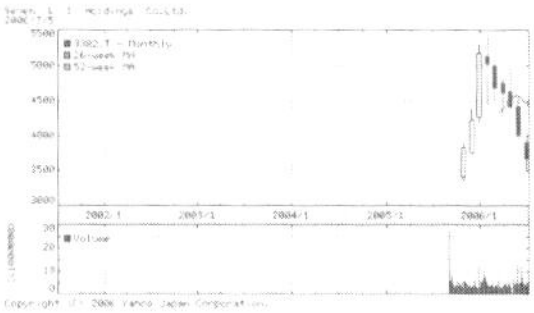

ローソン

市 場	銘柄コード	株価	売買単位	配当利回り	PER	PBR
東証1部	2651	4,170	100株	2.16%	19.35倍	2.43倍

(連結)	売上高	営業利益	経常利益	最終利益	1株利益	1株配当
05年2月	254,395	42,941	42,322	20,435	198.5円	70.00円
06年2月	268,058	43,867	43,940	22,025	215.5円	90.00円

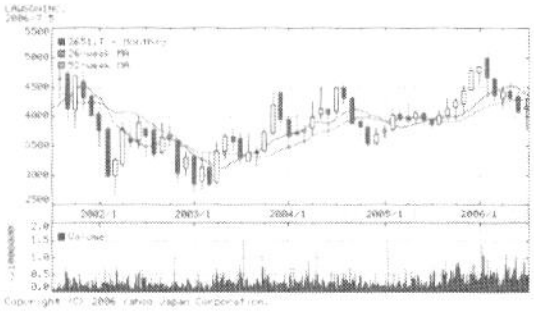

ファミリーマート

市 場	銘柄コード	株価	売買単位	配当利回り	PER	PBR
東証1部	8028	3,300	100株	1.30%	22.65倍	1.90倍

(連結)	売上高	営業利益	経常利益	最終利益	1株利益	1株配当
05年2月	252,900	30,868	31,736	12,623	129.5円	38.00円
06年2月	276,442	32,661	34,048	14,195	145.7円	43.00円

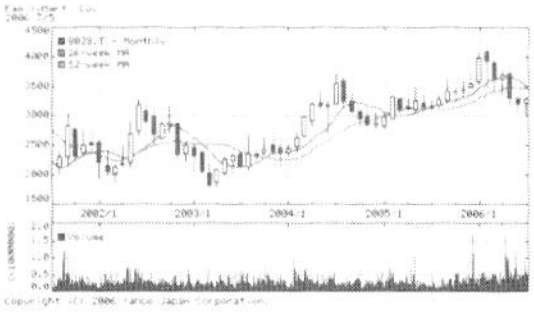

サークルKサンクス

市 場	銘柄コード	株価	売買単位	配当利回り	PER	PBR
東証1部	3337	2,475	100株	1.54%	18.64倍	1.80倍

(連結)	売上高	営業利益	経常利益	最終利益	1株利益	1株配当
05年2月	138,619	18,517	17,719	9,372	217.6円	20.00円
06年2月	184,190	25,785	25,031	11,498	132.8円	38.00円

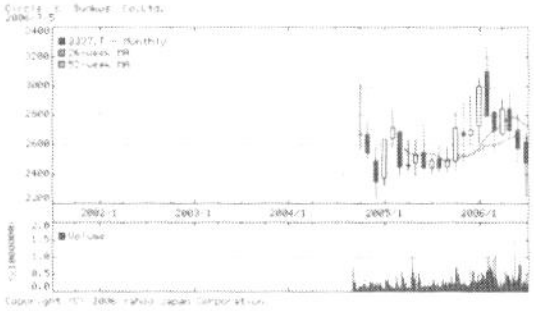

※2005年2月期は記念配当を実施。

消費者金融

4社

◎アイフル（8515）
◎アコム（8572）
◎プロミス（8574）
◎武富士（8564）

古くからイメージが良くない消費者金融。今年はアイフルが行政処分を受けました。業界全体がイメージアップのCMを流そうと心がけているようですが、アイフルの件で今後の効果は「?」です。その分、株式市場での評価は他業種より低く、PERはアイフルが13.15倍、アコムが14.90倍、プロミスが20.63倍、武富士が20.47倍とかなり株価は割安の状態になっています。しかしながら、金利上限見直しの問題や訴訟を起こされるリスクなど問題は山積みであり、株式市場での評価がはたして妥当なものなのか迷うところではあります。

このような企業の場合、業界内のイメージにより、企業の実態より株価が安く売り叩かれる可能性がありますので、リバウンドを狙う投資法はOKだと思います。赤字企業がとことん売られるのとよく似た現象です。ただし、その見極めは難しいので注意が必要です。

もう少し無難な投資を行いたい場合は、金利引き下げつながりで共通の問題として売られている「カード会社」に注目するのもひとつの方法でしょう。

●図 K-3 消費者金融の銘柄の並べ方

銘柄名		始値	高値	安値	現値	前日比	売気配		買気配		出来高	取引	前終値
アイフル	東 株	5850	5880	5700	↓ C 5770	-150	5790	1200	5770	8700	716950	15:00 C	5920
アコム	東 株	6060	6170	5970	↑ C 6170	-90	6170	12930	6150	9930	473520	15:00 C	6260
プロミス	東 株	6450	6460	6260	↑ C 6430	-120	6440	7200	6420	4850	795550	15:00 C	6550
武富士	東 株	6780	6780	6670	↑ C 6720	-90	6720	8230	6710	10320	630570	15:00 C	6810

画面はイー・トレード証券

消費者金融各企業のチャート及び業績

売上高、営業利益、経常利益、最終利益の単位は（百万円）、1株利益、1株配当の単位は（円）です。株価は2006年6月30日終値。基準日の株価から配当利回り、PER、PBRを算出。チャート画面：©Yahoo!ファイナンス

アイフル

市 場	銘柄コード	株価	売買単位	配当利回り	PER	PBR
東証1部	8515	6,110	50株	0.98%	13.15倍	1.27倍

(連結)	売上高	営業利益	経常利益	最終利益	1株利益	1株配当
05年3月	518,416	134,716	135,294	75,723	800.4円	60.00円
06年3月	549,547	125,116	126,964	65,827	464.8円	60.00円

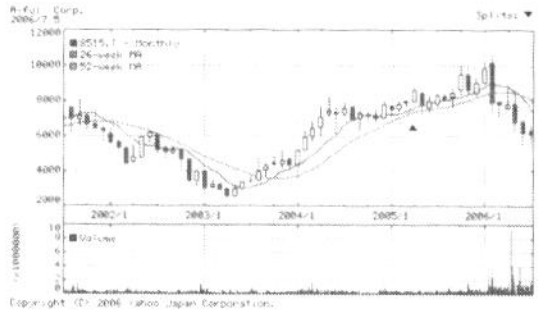

アコム

市 場	銘柄コード	株価	売買単位	配当利回り	PER	PBR
東証1部	8572	6,210	10株	2.25%	14.90倍	1.05倍

(連結)	売上高	営業利益	経常利益	最終利益	1株利益	1株配当
04年4月	433,965	144,361	143,347	81,533	516.2円	100円
05年4月	445,431	110,392	113,011	65,595	416.7円	140円

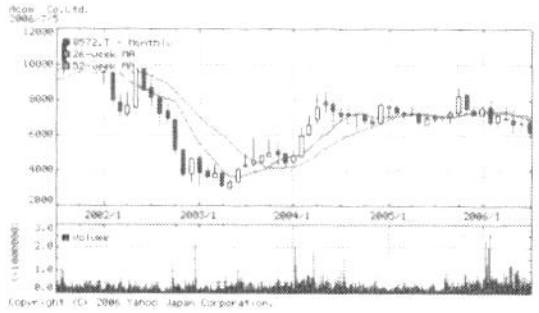

※2004年4月期・2005年4月期ともに、記念配当を実施。

プロミス

市 場	銘柄コード	株価	売買単位	配当利回り	PER	PBR
東証1部	8574	6,630	50株	1.58%	20.63倍	1.08倍

(連結)	売上高	営業利益	経常利益	最終利益	1株利益	1株配当
05年3月	369,860	128,301	130,821	75,378	576.0円	105円
06年3月	381,297	67,351	70,013	42,046	321.4円	105円

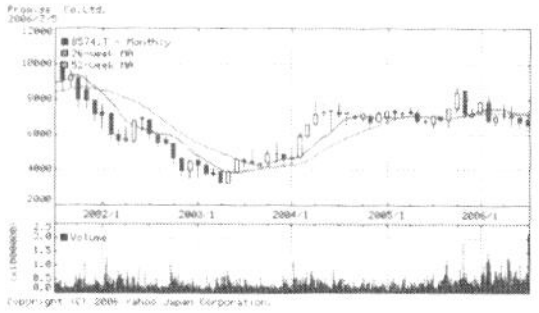

※2005年3月期は記念配当を実施。

武富士

市 場	銘柄コード	株価	売買単位	配当利回り	PER	PBR
東証1部	8564	6,820	10株	3.37%	20.47倍	0.99倍

(連結)	売上高	営業利益	経常利益	最終利益	1株利益	1株配当
05年3月	360,121	116,437	119,256	68,726	487.9円	100円
06年3月	351,259	87,785	92,248	46,924	333.2円	230円

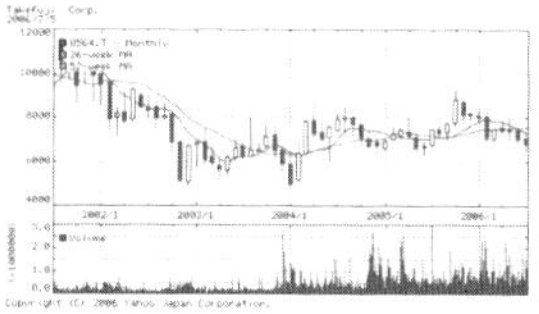

ネット証券

4社

◎SBIイー・トレード証券（8701）
◎松井証券（8628）
◎マネックス・ビーンズ・ホールディングス（698）
◎カブドットコム証券（8703）

今年1月からのネットショックの影響で上半期はあまりさえません。ジョインベスト証券・GMOインターネット証券の業界参入により、競争が激化し、各社とも手数料収入が大幅に減少しているのもひとつの原因でしょう。手数料をさらに下げてシェアを取りに行くのか？　それとも、手数料の値下げには距離を置いて別の収入源を確保するのか？　経営陣の手腕が問われるところです。

業界全体としては、個人投資家の予備軍がまだまだ存在し、成長余力は十分残っています。しかし、これらの人々が株式投資を始めるのは株価がもっと上昇してから。株式市場の状況とにらめっこしながら、今後の行方を見守りたいところです。

もし、ネット証券に投資するなら、手数料収入を減らしてでもシェアを確保しようと考えている証券会社を1社、別の収入源を模索している証券会社を1社、と分散して投資を行うのがよりベターな選択かと思います。

●図 K-4 ネット証券の銘柄の並べ方

銘柄名		始値	高値	安値		現値	前日比	売気配		買気配		出来高	取引		前終値
イー・トレード証券	J 株	151000	152000	147000	↑	148000	-2000	148000	114	147000	1727	34784	14:59		150000
松井証券	東 株	1096	1100	1084	↓ C	1093	-14	1094	3100	1092	4300	1815000	15:00	C	1107
マネックスビーンズHLDG	東 株	109000	110000	108000	↑ C	110000	+1000	110000	607	109000	550	12391	15:00	C	109000
カブドットコム証券	東 株	219000	220000	215000	↓ C	215000	-5000	217000	143	215000	449	6054	15:00	C	220000

画面はイー・トレード証券

ネット証券各企業のチャート及び業績

売上高、営業利益、経常利益、最終利益の単位は（百万円）、1株利益、1株配当の単位は（円）です。株価は2006年6月30日終値。基準日の株価から配当利回り、PER、PBRを算出。チャート画面：©Yahoo!ファイナンス

SBIイー・トレード証券

市場	銘柄コード	株価	売買単位	配当利回り	PER	PBR
ジャスダック	8701	153,000	1株	1.05%	27.08倍	4.05倍

(連結)	売上高	営業利益	経常利益	最終利益	1株利益	1株配当
05年3月	27,174	11,112	11,343	6,178	7,276円	2,300円
06年3月	60,213	30,011	30,077	16,970	5,649円	1,600円

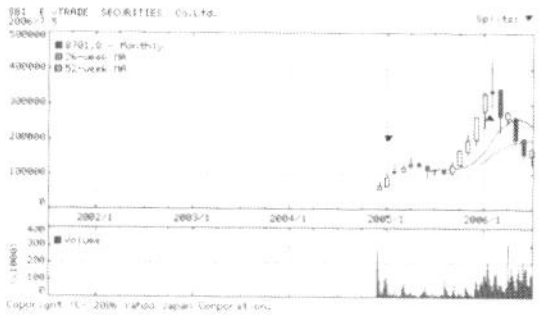

※2005年3月期は記念配当を実施。

松井証券

市場	銘柄コード	株価	売買単位	配当利回り	PER	PBR
東証1部	8628	1,083	100株	2.13%	14.05倍	4.30倍

(連結)	売上高	営業利益	経常利益	最終利益	1株利益	1株配当
05年3月	36,918	22,607	22,571	12,645	141.0円	42.58円
06年3月	57,072	37,116	37,062	20,650	77.1円	23.09円

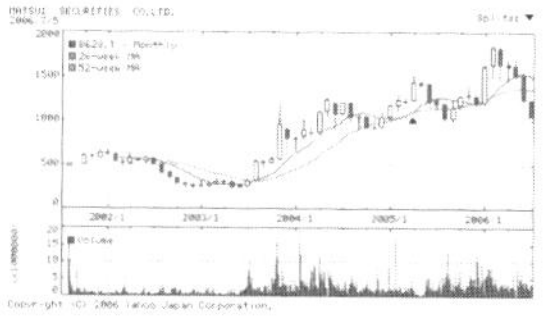

マネックス・ビーンズ・ホールディングス

市場	銘柄コード	株価	売買単位	配当利回り	PER	PBR
東証1部	8698	108,000	1株	1.39%	19.02倍	6.13倍

(連結)	売上高	営業利益	経常利益	最終利益	1株利益	1株配当
05年3月	21,716	9,266	9,180	7,079	3,001円	500円
06年3月	39,223	25,174	24,938	13,617	5,677円	1,500円

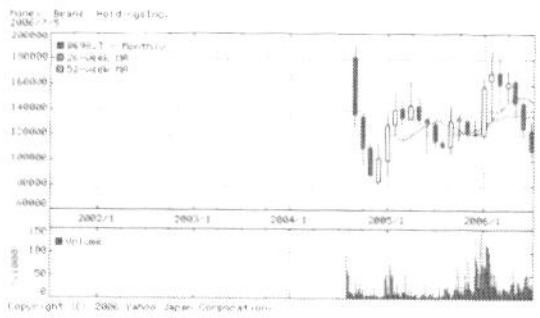

カブドットコム証券

市場	銘柄コード	株価	売買単位	配当利回り	PER	PBR
東証1部	8703	210,000	1株	1.10%	20.56倍	6.12倍

(連結)	売上高	営業利益	経常利益	最終利益	1株利益	1株配当
05年3月	11,725	5,965	5,891	4,014	14,223円	0.00円
06年3月	21,311	12,790	12,672	9,746	10,212円	2,300円

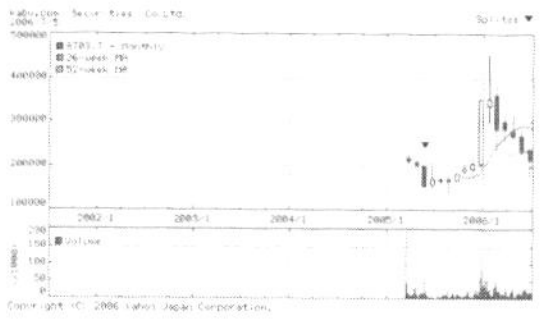

日用品

5社

◎花王（4452）
◎ライオン（4912）
◎ユニ・チャーム（8113）
◎サンスター（4913）
◎エステー化学（4951）

私たちが生活する中で、切っても切れない企業ばかりです。これらの企業が提供する商品がなければ生活が成り立たないと言っても過言ではないでしょう。トイレ関連商品に強い花王とライオン、オーラルケアに強いライオンとサンスター、おむつ・生理用品に強いユニ・チャーム、芳香剤・防虫剤に強いエステー化学と、それぞれの企業によって得意とする分野が異なります。

しかしながら、「○○の商品がヒットしているから○○の企業に投資しよう」と考えるのは早いです。消費者感覚の投資が一番当てはまりにくいのがこの業界です。ひとつの商品がヒットしたとしても、すぐに同業他社から類似商品が発売されることが多く、最初に作られたヒット商品の寿命はあまり長くないと考えられます。ヒット商品が次から次へと生み出される会社経営はすばらしいですが、それ以上に結果がともなっているか、つまりヒット商品が業績に反映されているかを詳しくチェックすることが必要になります。

また、ヒット前の商品がヒットするかどうかを見極めるのも大変難しく、気づく頃には株価がすでに上昇しているケースもあるでしょう。個人的には、ヒット商品頼みの投資を行うのではなく、ヒット商品がなくてもコンスタントに売上高および利益を伸ばし続ける企業に投資するのが無難だと考えます。

●図 K-5 日用品の銘柄の並べ方

銘柄名		始値	高値	安値		現値	前日比	売気配		買気配		出来高	取引	前終値
花王	東 株	2825	2880	2800	↓C	2870	+5	2880	53000	2865	29000	2543000	15:00 C	2865
ライオン	東 株	765	766	754	↓C	758	-7	758	5000	757	6000	553000	15:00 C	765
ユニ・チャーム	東 株	6050	6140	5990	↑C	6100	+90	6100	2100	6090	1700	277600	15:00 C	6010
サンスター	大 株	608	608	570	↑*	600		600	1000	578	1000	79000	14:51 *	578
エステー化学	東 株	1680	1705	1680	↓C	1690	+20	1695	400	1690	1300	11700	15:00 C	1670

画面はイー・トレード証券

日用品各企業のチャート及び業績

売上高、営業利益、経常利益、最終利益の単位は（百万円）、1株利益、1株配当の単位は（円）です。株価は2006年6月30日終値。基準日の株価から配当利回り、PER、PBRを算出。チャート画面：©Yahoo!ファイナンス

花王

市　場	銘柄コード	株価	売買単位	配当利回り	PER	PBR
東証1部	4452	2,995	1000株	1.67%	22.93倍	3.20倍

（連結）	売上高	営業利益	経常利益	最終利益	1株利益	1株配当
05年3月	936,851	121,379	125,345	72,180	131.2円	38.00円
06年3月	971,230	120,134	121,956	71,140	130.6円	50.00円

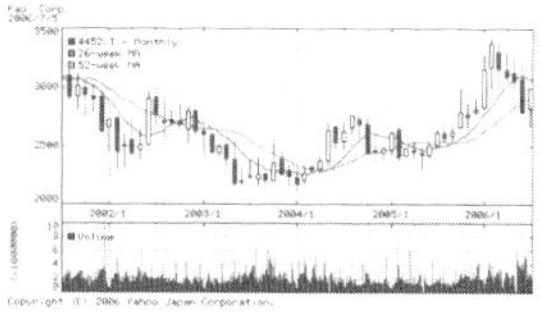

ライオン

市　場	銘柄コード	株価	売買単位	配当利回り	PER	PBR
東証1部	4912	742	1,000株	1.21%	38.85倍	1.93倍

（連結）	売上高	営業利益	経常利益	最終利益	1株利益	1株配当
04年12月	309,514	6,021	8,271	▲4,723	▲16.7円	8.00円
05年12月	331,798	6,066	8,514	5,473	19.1円	9.00円

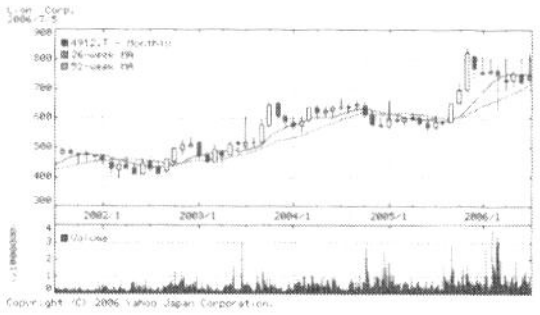

ユニ・チャーム

市　場	銘柄コード	株価	売買単位	配当利回り	PER	PBR
東証1部	8113	6,320	100株	0.51%	27.56倍	2.74倍

（連結）	売上高	営業利益	経常利益	最終利益	1株利益	1株配当
05年3月	246,050	27,284	27,978	16,381	244.3円	30.00円
06年3月	270,380	28,531	28,781	15,287	229.3円	32.00円

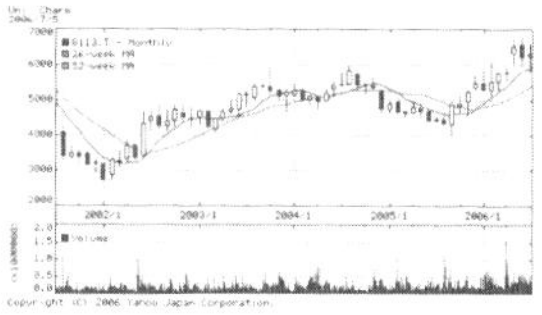

サンスター

市　場	銘柄コード	株価	売買単位	配当利回り	PER	PBR
大証1部	4913	589	1,000株	1.70%	20.52倍	1.06倍

（連結）	売上高	営業利益	経常利益	最終利益	1株利益	1株配当
05年3月	63,878	4,208	3,046	1,243	20.7円	8.00円
06年3月	69,182	4,797	3,754	1,691	28.7円	10.00円

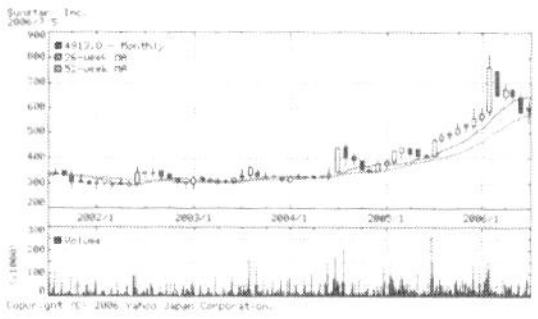

エステー化学

市　場	銘柄コード	株価	売買単位	配当利回り	PER	PBR
東証1部	4951	1,657	100株	1.33%	48.17倍	1.72倍

（連結）	売上高	営業利益	経常利益	最終利益	1株利益	1株配当
05年3月	44,109	3,748	3,260	1,823	63.4円	22.00円
05年3月	46,134	3,132	2,640	987	34.4円	22.00円

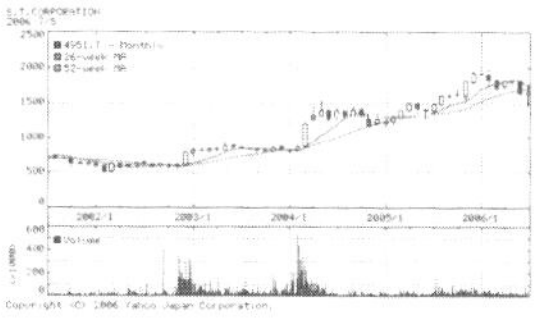

鉄道（関西編）

5社

◎西日本旅客鉄道（9021）
◎阪急・阪神ホールディングス（9042）
◎近畿日本鉄道（9041）
◎京阪電気鉄道（9045）
◎南海電気鉄道（9044）

ワシは関西に住んでいるため、すべてに乗車したことのある関西の鉄道会社をピックアップしてみました。この本を執筆している現在、阪急ホールディングスによる阪神電気鉄道の完全子会社化は実現していません。しかし、ほぼ確実ということで、社名を『阪急・阪神ホールディングス』に変更しています。

現在、関西の鉄道会社は、2005年春の尼崎脱線事故による影響からか、安全に対する設備投資が活発です。それにより、私たちが安全に通勤・通学できるのですから大変ありがたいことです。しかし、この設備投資によって、利益がすぐに増加するものではないため、効果のほどは未知数です。各鉄道会社の事業のうち5～10%を占める不動産業のがんばりに期待したいところです。某ファンドが指摘していた（遊休）不動産の有効活用が今後の業績を大きく作用するかもしれませんね。

●図 K-6 鉄道の銘柄の並べ方

銘柄名		始値	高値	安値	現値	前日比	売気配		買気配		出来高	取引	前終値
西日本旅客鉄道	東 株	468000	472000	464000 ↓ C	467000	0	468000	13	467000	87	4491	15:00 C	467000
阪急ＨＬＤＧ	東 株	553	554	541 ↓ C	548	+5	549	1000	548	19000	2110000	15:00 C	543
近畿日本鉄道	東 株	384	384	378 ↓ C	379	-4	382	1000	379	47000	1162000	15:00 C	383
京阪電気鉄道	大 株	530	562	525 ↑ C	560	+30	560	5000	548	1000	398000	15:10 C	530
南海電気鉄道	大 株	392	393	384 ↓ C	385	-5	388	1000	385	1000	190000	15:10 *	390

画面はイー・トレード証券

鉄道各企業のチャート及び業績

売上高、営業利益、経常利益、最終利益の単位は（百万円）、1株利益、1株配当の単位は（円）です。株価は2006年6月30日終値。基準日の株価から配当利回り、PER、PBRを算出。チャート画面：©Yahoo!ファイナンス

西日本旅客鉄道

市　場	銘柄コード	株価	売買単位	配当利回り	PER	PBR
東証1部	9021	475,000	1株	1.26%	20.40倍	1.68倍

（連結）	売上高	営業利益	経常利益	最終利益	1株利益	1株配当
05年3月	1,220,847	133,100	95,933	58,996	29,463円	6,000円
06年3月	1,240,098	135,218	102,181	46,525	23,282円	6,000円

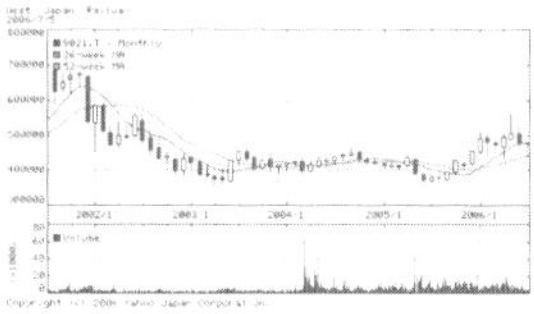

阪急・阪神ホールディングス

市　場	銘柄コード	株価	売買単位	配当利回り	PER	PBR
東証1部	9042	560	1,000株	0.89%	22.05倍	1.63倍

（連結）	売上高	営業利益	経常利益	最終利益	1株利益	1株配当
05年3月	476,623	58,768	48,839	26,078	28.1円	3.00円
06年3月	486,154	64,841	54,131	25,326	25.4円	5.00円

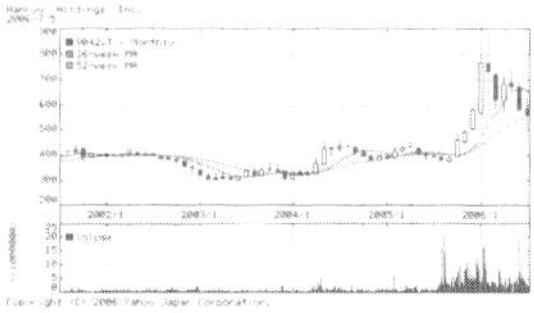

※業績は阪急ホールディングス。

近畿日本鉄道

市　場	銘柄コード	株価	売買単位	配当利回り	PER	PBR
東証1部	9041	382	1,000株	0.78%	36.38倍	4.49倍

（連結）	売上高	営業利益	経常利益	最終利益	1株利益	1株配当
05年3月	1,106,324	65,762	43,638	20,678	12.2円	3.00円
06年3月	948,426	67,461	48,739	17,760	10.5円	3.00円

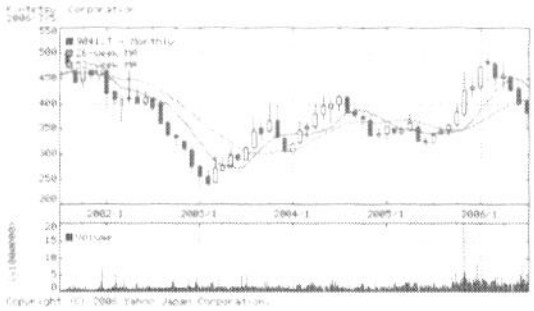

京阪電気鉄道

市　場	銘柄コード	株価	売買単位	配当利回り	PER	PBR
東証1部	9045	555	1,000株	0.90%	43.35倍	2.31倍

（連結）	売上高	営業利益	経常利益	最終利益	1株利益	1株配当
05年3月	246,329	18,158	11,181	5,781	10.2円	3.00円
06年3月	263,009	18,612	12,283	7,232	12.8円	5.00円

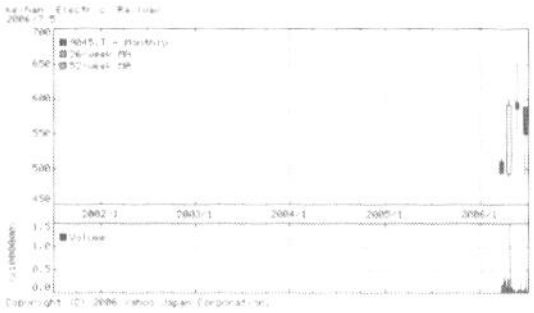

南海電気鉄道

市　場	銘柄コード	株価	売買単位	配当利回り	PER	PBR
東証1部	9044	390	1,000株	0.77%	---	1.68倍

（連結）	売上高	営業利益	経常利益	最終利益	1株利益	1株配当
05年3月	196,210	20,990	9,470	7,737	14.8円	4.00円
06年3月	190,450	23,525	12,923	▲6,543	▲12.5円	3.00円

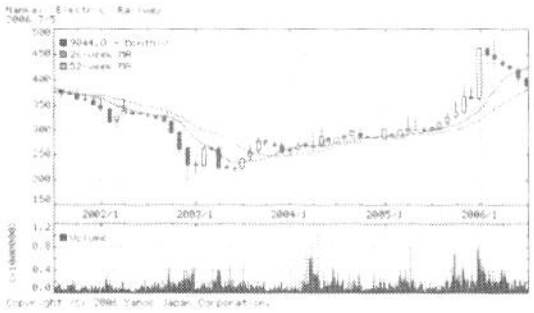

ファーストフード 3社

◎日本マクドナルドホールディングス(2702)
◎日本ケンタッキー・フライド・チキン(9873)
◎モスフードサービス(8153)

ファーストフード各社に投資を行う場合、注意しなければいけないことは「株主優待&配当金狙い」の投資家が存在することです。個々の企業業績だけが株価変動に影響するわけではありません。これらの企業は、株主優待と配当金の権利確定日までに株価が緩やかに上昇し、権利確定後は急落する可能性があります。ワシの場合、株主優待&配当金をメインに投資を行うことはほとんどありませんが、そのような投資家の傾向をしっかり把握しておくことが必要になります。株価の値上がりを全く気にせず、株主優待&配当金の総合利回りで勝負する投資家がいることも事実です。

実際のところ、10年以上株主として投資し続けると、優待券と配当金で元を取ることも十分可能でしょう。個人的に、これらの企業に値上がり益のみを期待するのは危険な投資だと考えています。逆に、キャピタルゲイン狙いの投資家は近づかない方が無難ではないでしょうか? いっそのこと、開き直って優待券の先行投資を行ってみてはいかがでしょうか? 優待券を渡してサービスを受けるときの優越感はかなり気持ちがいいらしいですよ(ちなみに、ワシはモス派です)。

●図 K-7 ファーストフードの銘柄の並べ方

銘柄名		始値	高値	安値		現値	前日比	売気配		買気配		出来高	取引		前終値
日本マクドナルドHLDG	J 株	1875	1878	1873	↓	1873	-2	1874	1000	1872	100	772300	15:00		1875
日本ケンタッキー・フライド・チ	東 株	2150	2155	2150	↑ *	2155	+15	2160	1000	2150	1000	8000	14:11	*	2140
モスフードサービス	東 株	1718	1718	1700	↓ C	1700	-5	1706	900	1700	2200	75000	15:00	C	1705

画面はイー・トレード証券

ファーストフード各企業のチャート及び業績

売上高、営業利益、経常利益、最終利益の単位は（百万円）、1株利益、1株配当の単位は（円）です。株価は2006年6月30日終値。基準日の株価から配当利回り、PER、PBRを算出。チャート画面：©Yahoo!ファイナンス

日本マクドナルドホールディングス

市　場	銘柄コード	株価	売買単位	配当利回り	PER	PBR
ジャスダック	2702	1,839	100株	1.63%	3678倍	1.80倍

（連結）	売上高	営業利益	経常利益	最終利益	1株利益	1株配当
04年12月	308,079	7,244	7,277	3,680	27.7円	30.00円
05年12月	325,655	3,210	2,859	60	0.5円	30.00円

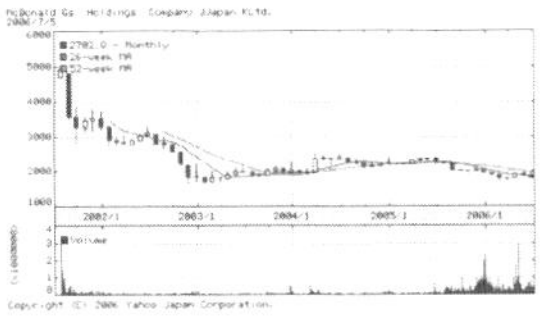

日本ケンタッキー・フライド・チキン

市　場	銘柄コード	株価	売買単位	配当利回り	PER	PBR
東証2部	9873	2,180	1,000株	2.29%	46.19倍	2.09倍

（連結）	売上高	営業利益	経常利益	最終利益	1株利益	1株配当
04年11月	73,654	1,308	1,465	▲470	▲20.8円	50.00円
05年11月	77,667	2,249	2,405	1,112	47.2円	50.00円

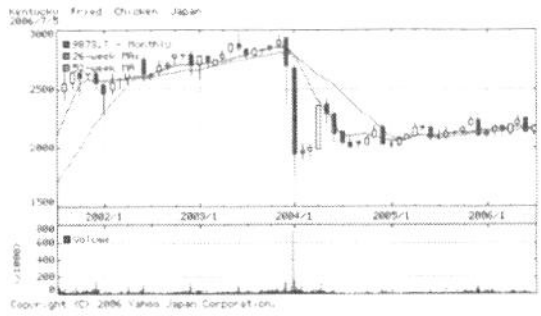

※2004年4月期・2005年4月期ともに、記念配当を実施。

モスフードサービス

市　場	銘柄コード	株価	売買単位	配当利回り	PER	PBR
東証1部	8153	1,710	100株	1.52%	48.31倍	1.43倍

（連結）	売上高	営業利益	経常利益	最終利益	1株利益	1株配当
05年3月	59,345	2,046	2,615	▲7,348	▲237.2円	24.00円
06年3月	58,216	2,315	3,194	1,092	35.4円	26.00円

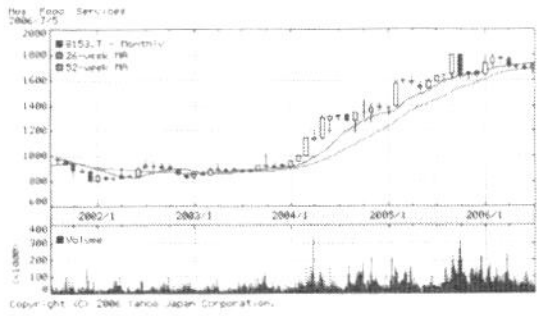

牛丼

3社

◎吉野家ディー・アンド・シー（9861）
◎ゼンショー（7550）
◎松屋フーズ（9887）
◎なか卯（7627）

ここはなんといっても「狂牛病によるアメリカ産牛肉の輸入問題」でしょう。この本を執筆している現在、輸入は再開されておりません。したがって「仮に輸入が再開されたら…」という前提でお話させていただきます。

吉野家の牛丼が再開されて初めて、以前の競争状態に戻ります。吉野家がここまでアメリカ産にこだわる理由がわからないのですが、こだわった結果、以前のお客が相当数帰ってくるでしょう。各社とも牛丼単品にこだわらないメニュー作りが進んでいますが、やっぱりメインは牛丼です。「牛丼なら○○○がウマイ！！」という情報は、みなさんの方が詳しいと思います。

もし、この業界へ投資するなら、全てのチェーン店に行って牛丼を食べ比べ、その店の雰囲気を味わっていただきたいです。株主優待のある・なしは抜きにして、投資する際は食べてからにしましょう。

ワシの変な価値観を押し付けているようですが、回転寿司やファーストフードチェーンと比較して、牛丼チェーンは先の牛肉問題含めて味や雰囲気など、業績の数字では見えない要素が多いと考えているからです。

●図 K-8 牛丼チェーンの銘柄の並べ方

銘柄名		始値	高値	安値		現値	前日比	売気配		買気配		出来高	取引	前終値
吉野家ディー・アンド・シー	東 株	216000	217000	214000	↓ C	214000	-3000	215000	34	214000	75	2065	15:00 C	217000
ゼンショー	東 株	3110	3170	3110	↑ *	3160	+10	3160	3500	3150	1000	68500	14:59 C	3150
松屋フーズ	東 株	2095	2095	2045	↓ *	2065	-25	2065	300	2060	500	24100	14:50 C	2090
なか卯	J 株	1281	1285	1280	↑	1285	+10	1286	100	1281	900	2000	14:33	1275

画面はイー・トレード証券

牛丼チェーン各企業のチャート及び業績

売上高、営業利益、経常利益、最終利益の単位は（百万円）、1株利益、1株配当の単位は（円）です。株価は2006年6月30日終値。基準日の株価から配当利回り、PER、PBRを算出。チャート画面：©Yahoo!ファイナンス

吉野家ディー・アンド・シー

市 場	銘柄コード	株価	売買単位	配当利回り	PER	PBR
東証1部	9861	217,000	1株	0.74%	---	1.98倍

(連結)	売上高	営業利益	経常利益	最終利益	1株利益	1株配当
05年2月	117,962	▲1,219	▲1,157	▲758	▲1,329円	2,400円
06年2月	122,386	2,695	2,181	▲387	▲690円	1,600円

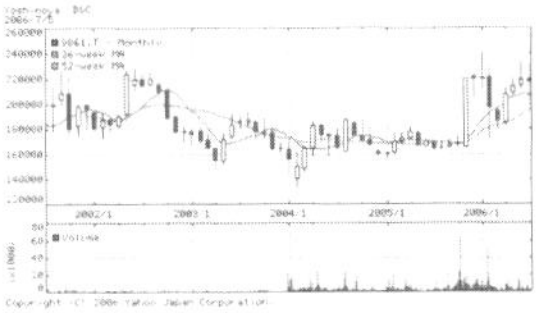

ゼンショー

市 場	銘柄コード	株価	売買単位	配当利回り	PER	PBR
東証1部	7550	3,040	100株	0.53%	53.42倍	12.61倍

(連結)	売上高	営業利益	経常利益	最終利益	1株利益	1株配当
05年3月	125,353	4,230	3,684	723	53.3円	24.00円
06年3月	149,258	10,900	10,532	3,130	56.9円	16.00円

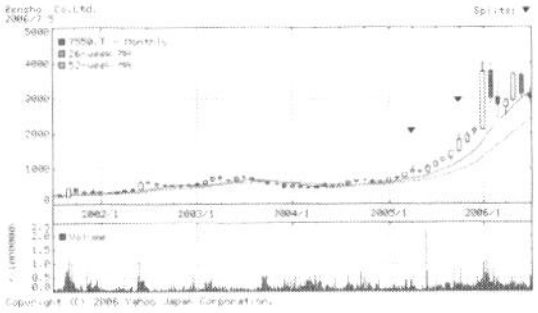

松屋フーズ

市 場	銘柄コード	株価	売買単位	配当利回り	PER	PBR
東証1部	9887	2,020	100株	1.19%	29.93倍	1.29倍

(連結)	売上高	営業利益	経常利益	最終利益	1株利益	1株配当
05年3月	56,715	2,802	2,711	1,121	57.0円	24.00円
06年3月	57,877	3,769	3,674	1,315	67.5円	24.00円

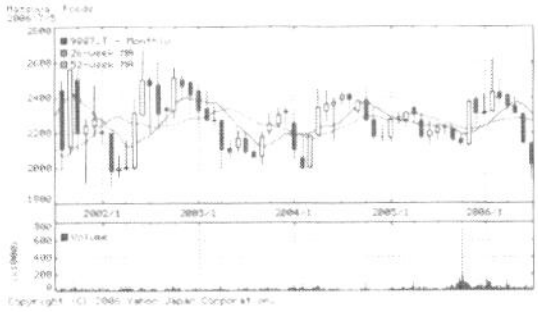

なか卯

市 場	銘柄コード	株価	売買単位	配当利回り	PER	PBR
ジャスダック	7627	1,281	100株	0.62%	19.68倍	4.08倍

(連結)	売上高	営業利益	経常利益	最終利益	1株利益	1株配当
05年3月	17,578	456	385	▲464	▲99.5円	0.00円
06年3月	17,914	945	930	310	65.1円	8.00円

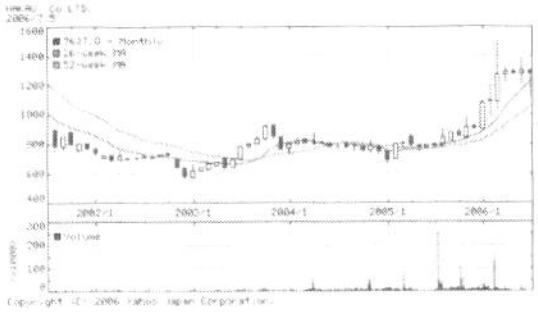

めがねチェーン

5社

◎三城（7455）
◎メガネスーパー（3318）
◎メガネトップ（7541）
◎ビジョンメガネ（7642）
◎愛眼（9854）

この業界を選んだ理由はカンタンです。それは「ワシがめがねをかけている」から。これに勝る判断基準はないでしょう。もちろん、「自分自身にとって利用しやすい店＝儲かっている企業」ではありませんので、業績をきちんと確認することも大切です。

ワシの場合、目という健康に関する部分なので「安かろう・悪かろうのめがね」では困ります。今後の人生に影響しかねません。値段が少々高くても目にできるだけ負担がかからない安全なめがねを身に付けるようにしています。その結果、性能を重視する傾向になります。頻繁に買い換える商品ではないこととあいまって、将来的に競争が厳しくなるのではないかと予想されます。

このような観点から、三城・愛眼の有利子負債ゼロはかなり魅力的であり、収益性よりも安全性を重視した消極的な選択になりそうです。したがって、儲けることよりも損をしないことに重点を置きたいです。

ワシのような無精者にとって、視力データ等を最初から測りなおすのは本当に面倒ですから店を変更するのもできれば避けたい。ただただ「同じお店が未来永劫ず〜っと続いてもらうのがいちばんありがたい」と思うしだいであります。

●図 K-9 メガネチェーン店の銘柄の並べ方

銘柄名			始値	高値	安値		現値	前日比	売気配		買気配		出来高	取引		前終値
三城	東	株	2355	2415	2345	↑C	2405	+30	2410	2300	2395	100	84700	15:00	C	2375
メガネスーパー	J	株	1393	1398	1388	↑	1390	+2	1393	400	1391	200	7900	14:59		1388
メガネトップ	東	株	1090	1189	1090	↓C	1138	+49	1147	200	1137	200	159200	15:00	C	1089
ビジョンメガネ	J	株	702	722	702	↑	710	+15	717	100	705	200	15700	14:23		695
愛眼	東	株	974	974	967	↓C	970	-4	973	100	969	300	10900	15:00	C	974

画面はイー・トレード証券

メガネチェーン店各企業のチャート及び業績

売上高、営業利益、経常利益、最終利益の単位は（百万円）、1株利益、1株配当の単位は（円）です。株価は2006年6月30日終値。基準日の株価から配当利回り、PER、PBRを算出。チャート画面：©Yahoo!ファイナンス

三城

市 場	銘柄コード	株価	売買単位	配当利回り	PER	PBR
東証1部	7455	2,385	100株	2.64%	22.50倍	2.31倍

(連結)	売上高	営業利益	経常利益	最終利益	1株利益	1株配当
05年3月	68,921	10,299	10,761	4,647	86.0円	61.00円
06年3月	68,011	9,243	9,842	5,594	106.0円	63.00円

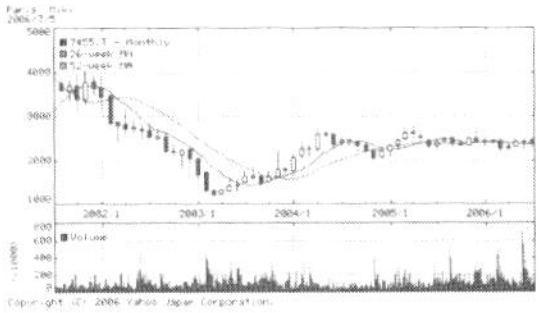

メガネスーパー

市 場	銘柄コード	株価	売買単位	配当利回り	PER	PBR
ジャスダック	3318	1,354	100株	1.85%	12.30倍	1.72倍

(連結)	売上高	営業利益	経常利益	最終利益	1株利益	1株配当
04年4月	35,247	2,784	2,571	1,148	111.1円	20.00円
05年4月	37,776	3,945	3,824	1,485	110.1円	25.00円

※2004年4月期・2005年4月期ともに、記念配当を実施。

メガネトップ

市 場	銘柄コード	株価	売買単位	配当利回り	PER	PBR
東証1部	7541	1,156	100株	1.04%	---	1.73倍

(連結)	売上高	営業利益	経常利益	最終利益	1株利益	1株配当
05年3月	28,247	524	596	▲70	▲8.7円	12.00円
06年3月	31,941	508	479	▲1,015	▲124.6円	12.00円

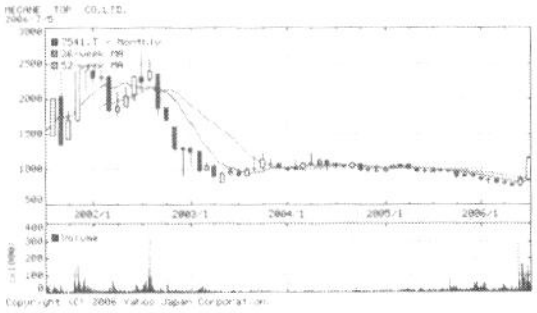

ビジョンメガネ

市 場	銘柄コード	株価	売買単位	配当利回り	PER	PBR
ジャスダック	7642	755	100株	1.59%	---	1.78倍

(連結)	売上高	営業利益	経常利益	最終利益	1株利益	1株配当
05年3月	14,990	1,266	1,129	239	38.5円	12.00円
06年3月	15,016	1,280	1,232	▲492	▲82.1円	12.00円

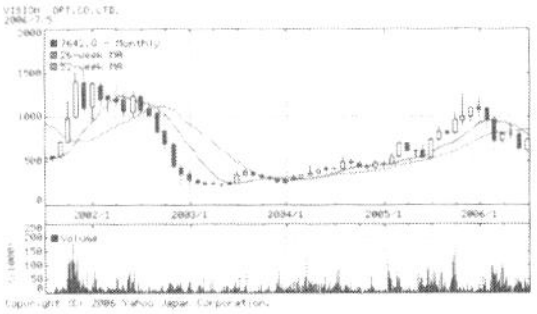

愛眼

市 場	銘柄コード	株価	売買単位	配当利回り	PER	PBR
東証1部	9854	981	100株	1.53%	17.27倍	0.84倍

(連結)	売上高	営業利益	経常利益	最終利益	1株利益	1株配当
05年3月	25,880	2,019	2,316	1,288	62.0円	14.00円
06年3月	26,515	2,094	2,108	1,180	56.8円	15.00円

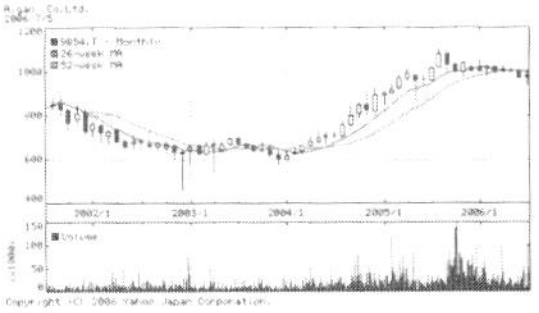

準備編

マネーゲーム!! 株価100円以下の超低位株 上場廃止・監理銘柄だけがマネーゲームの対象ではない

超低位株は会社四季報を使って危険度の高い銘柄を避けよ

最近では日本経済の景気回復により、以前と比べて上場企業が倒産するケースは大変少なくなりました。喜ばしいことです。その結果、1日で投資資金が数倍になるマネーゲームも徐々に減ってきています。

しかし、マネーゲームそのものがなくなったわけではありません。今現在も株価が乱高下する投機的な動きは存在するのです。この傾向は、特に株価数百円以下の低位株に顕著に見られます。ここでは、低位株でのマネーゲームを「株価100円までの超低位株」、「100円～200円の低位株」、「200円以上の低位株」にそれぞれ分けて紹介したいと思います。

継続企業の前提（ゴーイングコンサーン）

みなさんは「継続企業の前提（ゴーイングコンサーン）」という言葉をご存知でしょうか？**「企業は、将来にわたって継続することを前提（仮定）としている」**という意味です。この前提に問題が起こった場合、財務諸表等にきちんとその内容を記載しなければならないとされています。それが「継続企業の前提に重要な疑義を抱かせる事象又は状況の存在」となるわけです。

6-2 継続企業の前提に重要な疑義を抱かせる事象又は状況の存在について

- 売上高の著しい減少
- 継続的な営業損失の発生
- 営業CFのマイナス
- 債務超過
- 重要な債務の不履行、履行の困難性
- 新たな資金調達の困難性
- 事業の継続に不可欠な重要な試算の既存や権利の失効
- 重要な市場や取引先の喪失
- 巨額の損害賠償の履行
- その他法令に基づく事業の制約

等の項目から総合的に判断

会社四季報に【継続疑義】と書かれている場合、上の項目に当てはまっていることが多い。投資する場合はその危険を事前に理解しておこう!!

【継続疑義】該当企業 『会社四季報2006年第2集』より抜粋）

1753	土屋ツーバイホーム	6453	シルバー精工
1844	大盛工業	6840	アドテック
3779	Jエスコム HD	6944	アイレックス
4233	イーレヴォリューション	6993	森電機
4280	ギガコミュニケーションズ	7211	三菱自動車
4330	セラーテムテクノロジー	7273	イクヨ
4798	日本 LCA	7376	ユニオンホールディングス
4815	JDC信託	7992	セーラー万年筆
4831	オープンループ	9152	関西汽船
4840	ドリームテクノロジーズ	9822	クロニクル
5955	ヤマシナ	9870	ハナテン
6352	トーヨーコーケン	9397	セシール

これらがリスクの高い銘柄とされている。株価100円以下でない企業も含まれている。もちろん、今後、継続疑義が解消することもある。

【継続企業の前提に関する開示】

1. 当該事象又は状況が存在する旨およびその内容
2. 継続企業の前提に関する重要な疑義の存在
3. 当該事象又は状況を解消又は大幅に改善するための経営者の対応および経営計画
4. 当該重要な疑義の影響を財務諸表に反映しているか否か

会社は、継続企業の前提に重要な疑義を抱かせる事象又は状況が存在すると判断した場合、以下の事項を財務諸表に注記しなければならない（財務諸表等規則第8条の14）

要するに、「この会社はちょっと危険ですよ」ということを、難しい言葉でオブラートに包むように表現したものと解釈してください。もちろん、このような企業に投資することを否定しているわけではなく、危険だということを事前に知っておきたいという話です。

投資資金が少ない初心者は、とかく株価が安い銘柄に目が行きがちです。しかし、どん底から這い上がった株式市場の状況で、今なお株価が100円以下であることは、何かある※と思って間違いありません。

それを確認する方法は会社四季報です。会社四季報には、「継続企業の前提に重要な疑義を抱かせる事象又は状況の存在」である企業には【継続疑義】というコメントが書かれています。四季報のコメント欄にこれが記載されている企業は注意したほうがよいでしょう。

実践編

マネーゲーム!! 100円～200円に育つ低位株

デイトレができなくても勝つ方法　超低位株のまとめ買い

さきほどのページで【継続疑義】についてお話しました。これらの銘柄は上場廃止のリスクを常に意識しながら投資を行うことが必要になります。しかし、どの銘柄のリスクが高く、どの銘柄のリスクが低いのかをひとつひとつ判断するのは難しいと思います。そこで、次のような方法を紹介します。

超低位株のまとめ買い

これは、多くの投資家がむかしから実践してきた比較的有名な投資法です。上場廃止のリスクを覚悟の上で、そのようなリスクの高いものを5～10銘柄まとめて購入します。最悪のケースでは、購入した銘柄の中から上場廃止になる企業が出てくるかもしれません。しかし、その企業が2～3社あったとしても、残りの7～8社が大幅に値上がりすれば、十分儲かる計算になります。実際にシミュレーションしてみましょう。次の図をごらんください（図6-3）。わかりやすくするために、株価50円の銘柄1000株を10社購入し、そのうち2社が上場廃止になるとします。上場廃止になった銘柄は0円とし（つまり、売れないと仮定し）全額を損失と

6-3 まとめ買いシミュレーション（その1）

・株価50円の銘柄1000株を10社購入。 50円×1000株×10社＝50万円・・・初期投資額 ・10社のうち、2社が上場廃止になる（上場廃止企業の株価は0円と仮定）。 50円×1000株×2社＝10万円・・・損失額 ・残りの8社の株価が50円から100円に値上がりし、全て売却する。 100円×1000株×8社＝80万円・・・売却額 ・儲けは全部で30万円になる。 80万円ー50万円＝30万円（利益）

6-4 まとめ買いシミュレーション（その2）

・株価50円の銘柄1000株を10社購入。 50円×1000株×10社＝50万円・・・初期投資額 ・10社のうち、5社が上場廃止になる（上場廃止企業の株価は0円と仮定）。 50円×1000株×5社＝25万円・・・損失額 ・残りの5社の株価が50円から150円に値上がりし、全て売却する。 150円×1000株×5社＝75万円・・・売却額 ・儲けは全部で25万円になる。 75万円ー50万円＝25万円（利益）

もし仮に5社が上場廃止になったする。しかし、残りの5社の株価が3倍（つまり150円）になれば、売却額は75万円。これでも25万円の儲けが確保できる（75万円ー初期投資額50万円）。
＊6-3、6-4のシミュレーションは共に取引手数料を考慮せず。

考えます。購入時の投資額は全部で50万円（50円×１０００株×10社）。損失額は10万円（50円×１０００株×２社）です。仮に２社が上場廃止になったとしても、残りの８社の株価が２倍（つまり１００円）になれば、売却額は80万円で儲けは全部で30万円となります（80万円ー初期投資額50万円）。さらに設定を厳しくシミュレーションしたのが図６-４です。

このように、一見リスクの高い超低位株でも、やり方しだいでは十分儲けることができます。積極的におすすめできる投資法ではありませんが、もし、資金に余裕がある方は実験的に試してみる価値はあるでしょう。ただし、投資は自己責任でお願いします。

応用編

マネーゲーム!! 200円以上に値上がる低位株

まとめ買いが有効な理由

前回のシミュレーションでは、50円の株価が100円や150円に上昇することを前提に紹介しています。では、実際に100円もしくは150円に上昇することはあるのかどうか考えてみましょう。

まず、こちらの図をご覧ください（図6-5）。この図は超低位株の定番であるエス・サイエンス（5721）、サクラダ（5917）、シルバー精工（6453）、山水電気（6793）、昭和ゴム（5103）の5銘柄の比較チャートです（ヤフー・ファイナンス週足チャート）。掲載期間は2005年6月下旬～2006年6月下旬までの1年間です。

驚くべきことに、サクラダ以外の4社が2005年9月から11月までの間に急激に値上がりしています。エス・サイエンスは特に上昇率が高く、300％に迫る勢いです。もっと期間を長く取ってみると、2005年6月の安値18円が10月に高値95円に値上がりし、投資額が5倍以上になっています。超低位株は1年に数回、このような急激に値上がりする時期があり、その時期をとらえると、短期間で大儲けする可能性があります。

6-5 超低位株の株価比較チャート（エス・サイエンス、サクラダ、シルバー精工、山水電気、昭和ゴム）

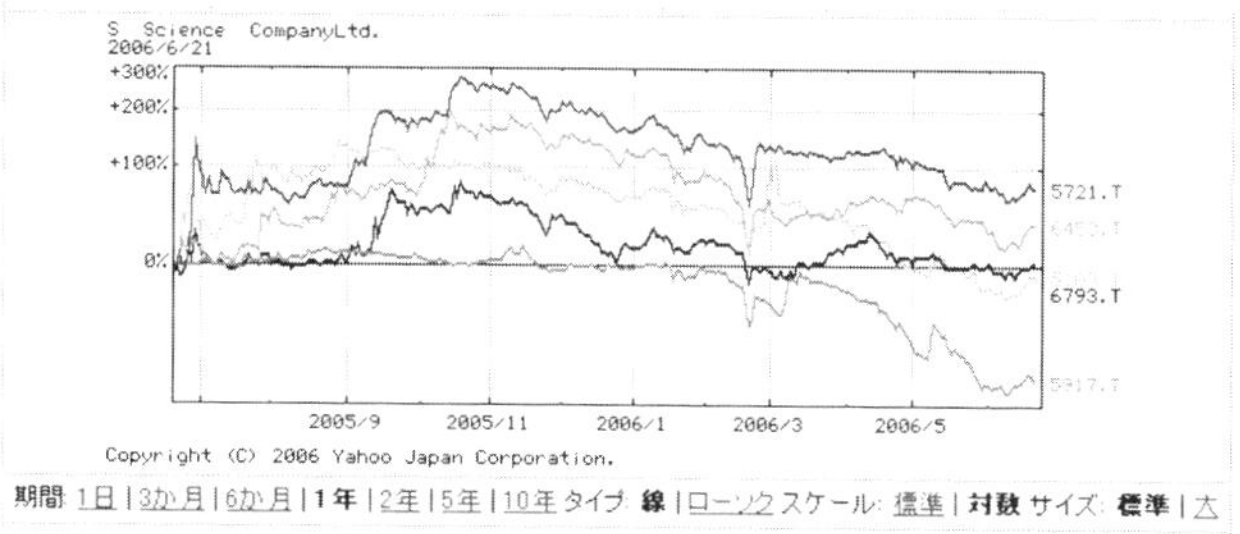

©Yahoo!ファイナンス

各銘柄ごとに上昇する時期に若干のタイムラグが発生している。年1〜2回の上昇時期をとらえることにより、1銘柄につき2〜3倍の値上がり益をゲットできる可能性はある。ただし、100%保証するものではないので、その点はご注意ください。

また、この5社だけを比較しても、上昇時期にタイムラグが発生していますので、どれか1社が値上がりした後でまとめ買いを行っても、儲けることが可能になります。

株式市場が軟調なときや短期資金が流入したときなど、超低位株が上昇する環境が整ったときに、日替わりメニューのように値上がりが始まります（「循環物色」といいます）。この傾向は、株価100円以下の超低位株に限ったことではなく、低位株全般に共通するものだと思われます。

この方法は業績等を一切無視した投資法ゆえに成功率は100%ではなく、かつ値上がりが必ず起こるという保証はありません。その点はご留意ください。

応用編

低PER銘柄の水準訂正その1　完全子会社

低PER銘柄が低PERでなくなるとき

前回、「株価の割高・割安をどこで判断するか（PER／EPS）」のところでPERの内容を紹介しました。2006年6月現在、東証1部全銘柄のPERは、世界同時株安の影響もあり、18倍前後で推移しています。ワシが割安であるとおすすめする基準はPER15倍以下。15倍より小さければ、かなり安心して投資できるのではないかと考えています。

先日、当サイト「ど素人の株日記」の掲示板において、低PER銘柄を教えてくれた投資家がいらっしゃいました。その銘柄を調べていくうちに、ひとつの疑問が浮かんできました。それは「低PERの水準訂正が行われるまでの経過」です。

一般的に、『低PER銘柄は儲かる』と言われているものの、いったい、それはどんなときに低PER銘柄が低PERでなくなるのか? つまり、いつ値上がりが開始するのか?という部分がはっきりしなくて悩みのタネでもあります。

そこで、今回は『決算発表というイベントによって、その現象が起きるのではないか?』という期待の元、いくつかの実験を行ってみました。

もちろん、運良く儲かることもあれば、ワシの未熟さが原因で損をすることもありました。しかし、この実験は貴重な経験となり、大変満足しております。今回はその実験の中から、いくつかのケースを紹介したいと思います。

セイサ（6372）

この企業は、住友重機械工業の子会社で発行済み株式数の半分以上をグループが保有しています。この銘柄の2006年3月期1株利益予想は28．5円、2007年3月期の1株利益予想が31．5円となっているのに対して、決算発表前の2006年5月8日の株価は、わずか360円でした（会社四季報データおよびセイサの企業予想）。

予想PERを計算すると、2006年3月期・・・PER＝360円÷28．5円＝12．6倍、2007年3月期・・・PER＝360円÷31．5円＝11．4倍となり、低PER銘柄に当てはまります。

証券会社等のスクリーニング機能を使ってもらえればわかりますが、PER15倍以下で検索すると、確実にこの銘柄がひっかかるんですね。

もっとも、PERが低いからと言って、やみくもに飛びつくのは危険です。2003年当時のように割安銘柄がザクザクみつかっていたころならともかく、今は「株価が安いのは、なんらかの原因があるのではないか？」と、疑うくらいが良いでしょう。

セイサという銘柄が**仮に割安であった場合、その割安さに注目されるのはどのような時か？**と考えてみたところ、一番手っ取り早いのが「決算発表ではないのか？」と思ったのです。セイ

6-7 住友重機械工業株式会社と株式会社セイサとの株式交換に関するお知らせ

住友重機械工業株式会社（以下、住友重機械）と株式会社セイサ（以下、セイサ）は、平成18年5月10日開催のそれぞれの取締役会において、平成18年10月1日を期して、住友重機械が株式交換によりセイサを完全子会社とすることを決議し、株式交換契約を締結しましたのでお知らせします。

会社名	住友重機（完全親会社）	セイサ（完全子会社）
株式交換比率	1	0.36

・株式の割当比率
セイサの株式1株に対して、住友重機械の株式0.36株を割当交付します。

平成18年5月10日付　住友重機械工業プレスリリースより抜粋

サの決算発表は、親会社の住友重機と同じ5月10日。住友重機が儲かっているなら（過去最高益予想）、その子会社のセイサもそれなりに儲かっているだろう、と。住友重機の予想ＰＥＲは30倍以上。それに対して、セイサは12～13倍。これならうまくいくのではないか？と考えました。その後、意外な結論をむかえることになります。

住友重機械工業株式会社と株式会社セイサとの株式交換に関するお知らせ

図6-7をご覧ください。住友重機が株式交換によってセイサを完全子会社化することになりました。株式交換とは、ある企業が対象となる会社を100%子会社にして傘下に収めたいときにとられる方法で、買収対象企業の株と自社の株を交換することです。上のケースでは、セイサ（子会社）の株を持っている株主に対して、親会社（住友重機械）になる企業の株に交換することになるわけです。つまり、10月1日になれば、セイサ1株が住友重機株の0.36株になるんですね。セ

6-8 セイサ（6372）日足チャート

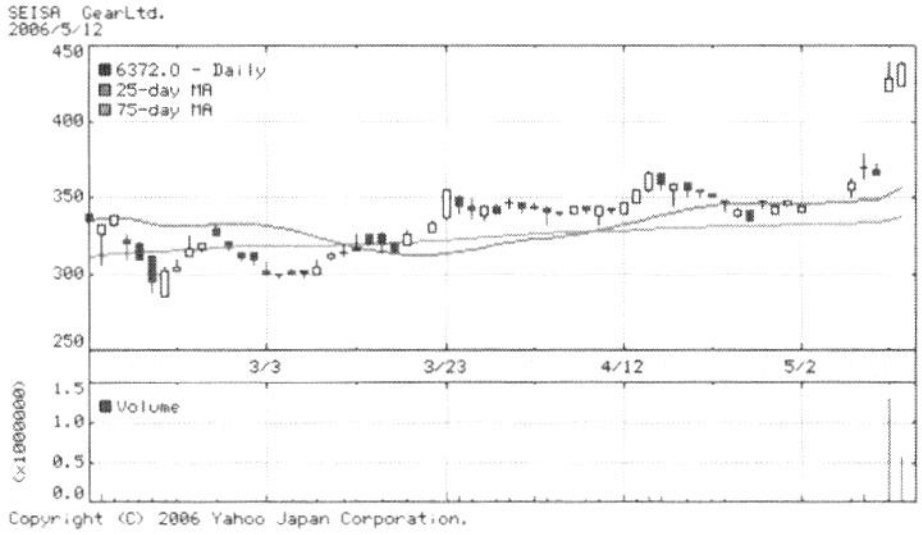

©Yahoo!ファイナンス

イサの１０００株は住友重機３６０株になります。セイサの１０００株と住友重機３６０株が同じ価値とみなされるんです。そうすると、ある現象が起こるんですね。それが「サヤ寄せ*」という現象です。

サヤ寄せにより、セイサ株急騰

決算発表前の住友重機の株価は１２２５円。それに対してセイサが３６５円。住友重機1株とセイサ株0.36株が同じ価値であるならば、その比率に近づくように株価が上昇または下落することになります。これがサヤ寄せです。もし仮に、住友重機の株価が上昇も下落もなくそのまま推移するならば、今後のセイサは理論上、「３６５円⇒４４１円」に値上がりします。実際は４４０円まで値上がりしました（図6-8参照）。

サヤ寄せ
『サヤ・・株価の格差のこと』が修正され、本来のあるべき株価の状態に戻ること。企業買収の際に決定される交換比率と実際の両社の株価に格差がある場合、その格差が交換比率に見合う状態に修正されることである。

低PER銘柄の水準訂正その2　会社目標未達成

田岡化学工業（4113）から学んだこと

成功例ばかりではつまらないと思いますので、今回は失敗例を紹介します。失敗となった銘柄は田岡化学工業（4113）です。次の図6-9をご覧ください。今回のポイントは、「会社予想の下方修正」です。ここは親会社である住友化学が株式を50％以上保有するグループ企業です。個人的に財閥系が好みなので、こちらも同じ考えで投資しています。

購入時期は5月15日。決算発表も5月15日午後3時。今の相場環境を考えますと、できるだけ保有期間を短くするために買うタイミングをギリギリまで待っていました。ただ、決算発表前に買わないと実験になりませんので、そこだけはきちんと押さえています。大証2部銘柄というマイナーな場所なので、決算発表さえ良ければ、ある程度の上昇が期待できるのではないか？と考えていました。しかしその期待もむなしく、決算発表では下方修正となっています。

第3四半期の時点での1株当たり利益予想は26．3円。それが、ふたを開けてみれば20円に減額しています。5月15日の終値400円でPERを計算してみますと、PER＝400円÷26．3円＝15．2倍のはずが、PER＝400円÷20円＝20倍と、PERの数字も悪化してしまいま

6-9 田岡化学工業　平成18年3月期決算短信

(単位百万円)	売上高	経常利益	当期純利益	1株利益
前回予想 第3四半期当時	15900	680	380	26.4円
今回修正	15724	653	299	20.1円
減少率	▲1.11%	▲3.97%	▲21.3%	

平成18年5月15日付　田岡工業「平成18年3月期決算短信（連結）」より抜粋

6-10 田岡化学工業（4113）日足チャート

©Yahoo!ファイナンス

した。ただでさえ、当時は決算発表が良くても株価が下がるかもしれないという状況で、下方修正など出そうものなら、急落はまぬがれません。結果はご覧のとおりです（図6-10参照）。**低PERの状態になっているのは、それなりの理由がある**ということを、いやというほど思い知らされた出来事でした。

応用編

業績上方修正を行う企業の見つけ方

業績上方修正の条件

企業側が当初予定していた業績予想より上回っていた場合、「業績の上方修正」が発表されます。株価を上昇させるインパクトは抜群で、これを目当てに銘柄選択を行う投資家さえいます。では、企業が業績の上方修正を行うのは、どのような条件が満たされたときなのでしょうか？それが次の図6-11になります。

東証などに上場している各企業は、決算発表を行う場合、次期の業績についても予想を発表することが多いです（一部の企業では業績予想を発表しない）。その発表した業績予想と実際の業績数値との間に乖離（かいり：「差」のこと）が生じた場合、「業績予想の修正発表」が行われることになります。

具体的には、売上高が10%以上変動した場合、経常利益（本業の利益から、貸付金の利息や借入金の利子などを足し引きした利益）が30%以上変動した場合、当期（中間）純利益が30%以上変動した場合です。もちろん、予想との乖離は良い場合も悪い場合も含まれるわけで、良い場合、つまり上方修正のときには株価は上昇し、悪い場合、つまり下方修正のときには株価

|6-11| 業績予想の修正発表（上方修正及び下方修正）が行われる条件

・売上高が予想より10％以上変動した場合
・経常利益が予想より30％以上変動した場合
・当期（中間）純利益が予想より30％以上変動した場合

が下落する可能性が高いです。

業績上方修正が行う企業の見つけ方 ～会社四季報編～

ここまで業績修正の発表を行う条件を見ていただきましたが、業績の上方修正を発表する企業が事前にわかればうれしいと思いませんか？ いや、わかるだけでなく、見つける方法を知りたくありませんか？ 実は、その方法があるんです。さっそく紹介しましょう。

各企業が当期の業績予想を発表する場合、大きく分けて強気の予想もしくは弱気の予想になります。強気の予想を掲げる企業は、それはそれで心強いものですが、当初の予定が大きく狂って計画未達成となれば下方修正は免れません。そうすると、強気の予想を先取りして上昇した株価が一転し、急落する可能性があります。

投資家にとって、このような企業に投資することはかなり危険をともないます。一方、弱気の予想を発表し、後日、予想よりも業績が良くて上方修正を発表する企業もあります。こちらは弱気の予想で投資家が期待していない分、上方修正の発表を

6-12 会社四季報コメント欄

【続伸】コンサルは大企業向け堅調。・・・・・・営業益、純益ともに大幅増。
会社計画の売上高49億円、営業益22億円は過小。配当性向2割目安。増配余地。
（2006年3集　ドリームインキュベータ）

↑↑↑↑↑

「過小」「上振れ余地」「保守的」といった表現があれば、後日、企業が業績上方修正の発表を行う可能性が高い。

（出所：会社四季報2006年3集）

好感し、株価が上昇しやすくなります。ワシがおすすめするのは後者になります。

企業の業績予想の発表にはある種の傾向があり、「強気予想⇓下方修正」、「弱気予想⇓上方修正」を毎年のように繰り返すクセが見られます。これは業績そのものが好調である場合と、企業側があえて予想値を控えめに発表する場合の両方が含まれます。こういった企業の傾向（クセ）は、会社四季報のコメント欄を見れば、すぐに理解できるようになっています。

図6-12をご覧ください。会社四季報は、企業側が弱気な予想を発表した場合に「過小」「上振れ余地」「保守的」といった表現を使います。コメント欄にこのキーワードが含まれていれば、後日業績上方修正の発表が行われる可能性が高いです。逆に企業側が強気な予想を発表した場合に「過大」「努力目標」「未達も」という表現を使います。後日、下方修正の発表が行われる可能性が高いです。

業績上方修正が行う企業の見つけ方
～「株」データブック～

会社四季報と同じく、「株」データブックも負けていません。

6-13　「株」データブック　グラフデータ

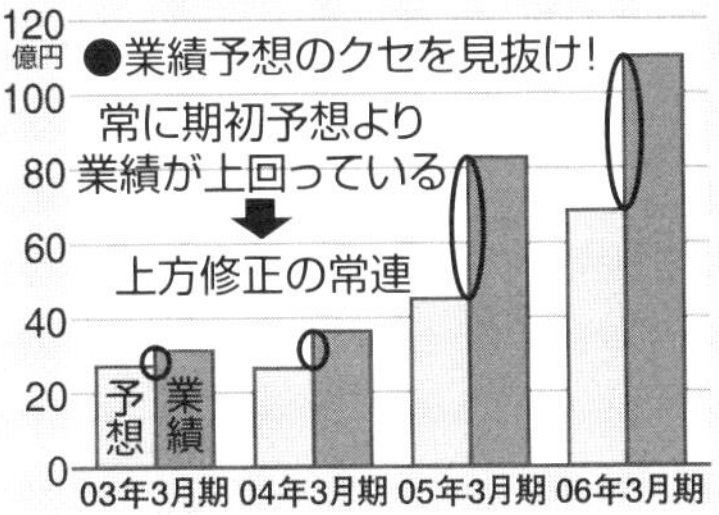

２列に並んだ左側の棒グラフが予想値、右側の棒グラフが実績値。
掲載企業について「強気予想を繰り返す会社なのか？それとも弱気予想を繰り返す会社なのか？」が一瞬にしてわかる優れもの。投資先企業の様子は必ずチェックしておきたい。

こちらは、棒グラフを見るだけで、各企業が毎年強気予想を繰り返すのか？それとも弱気予想を繰り返すのか？がすぐに理解できます。会社四季報には会社側の予想は掲載されていませんが、「株」データブックには過去の予想値と実績値、次期の予想値が掲載されています。図6-13のように、常に当初の予想値を上回る実績を残す上方修正の常連企業であれば、安心して投資ができるようになります。もちろん、このような企業は株価が上昇しやすく、その上方修正の度合いによって、株価が大化けする可能性も秘めています。逆に、下方修正を連続する企業は、あらかじめ投資対象からはずしておくのが無難かもしれません。

『どうもおつかれさまでした』

ここまで読んでいただき、本当にありがとうございました。この本が、みなさんが株式投資を始めるきっかけになっていればうれしいです。

さて、あとがきでは、現在の株式投資の状況について話したいと思います。前書きにもあったように、この本は２００５年４月に刊行した『ど素人がはじめる株の本』の改訂版です。おかげさまで前作はみなさんから好評をいただき、改訂版を出版することができました。

前作のベースとなっている２００３年～２００５年当時と比べて、この改訂版を執筆している２００６年上半期は、株式市場の低迷が続いています。株価50円弱で購入した住金が５００円以上に上昇するというようなケースはほとんど起きていません。

しかし、投資法を試行錯誤しながら改良を続けていれば、株式市場がどのような状況になっても乗り切れると思っています。ワシは、今のこの時期を「仕込み時」と考え、できる限り多くの資金を株式投資につぎ込んでいます。これから数年後、投資した企業が順調に成長し、株価もそれに応じて上昇する!!と期待しています。

最後に、今までワシを支えてくださったみなさん、当サイトの訪問者の方々、そして、一株式投資サイトの管理人に本の執筆を依頼するという大博打（笑）を打って出た翔泳社さんに、心から感謝、お礼申し上げます。そしてみなさま、本当にありがとうございました。これからもよろしくお願いします。次回は今冬に書き下ろします最新刊で再びお会いしましょう。

参考文献

- 経済のニュースがよくわかる本（日本経済編・世界経済編）細野真宏　小学館
- 一番やさしく株がわかる　大竹のり子　西東社
- 投資戦略の発想法　木村剛　講談社
- 細野真宏の株・投資信託・外貨預金がわかる投資の基礎講座　細野真宏編　講談社
- ネコでもわかる株入門の入門　岩本秀雄　中経出版
- 株でゼロから３０億円稼いだ私の投資法　遠藤四郎　エール出版
- 株・１００万円を10年で3億円　谷口光徳　エール出版
- 続　株・１００万円を10年で3億円　谷口光徳　エール出版
- こうすれば株で生活できる　高橋雄二　オーエス出版
- ピーターリンチの株で勝つ　ピーターリンチ・ジョンロスチャイルド　ダイヤモンド社
- 株式投資これだけ心得帖　東保裕之　日本経済新聞社
- いちばんやさしい株の話　日本経済新聞社編　日本経済新聞社
- 株（資金１００万円から）で億万長者へ歩んだ方法　友成正治　明日香出版社
- 株の世界の歩き方　臼田琢美　日本経済新聞社
- 東大生が書いたやさしい株の教科書　東京大学投資クラブＡｇｅｎｔｓ　インデックス・コミュニケーションズ
- 株はこうしてかいなさい　ダイヤモンド社編　ダイヤモンド社
- 株式投資に役立つ『会社四季報』の使い方　会社四季報編集部　東洋経済新報社
- 最新　今がわかる業界地図　成美堂出版

■ 本書内容に関するお問い合わせについて

このたびは翔泳社の書籍をお買い上げいただき、誠にありがとうございます。弊社では、読者の皆様からのお問い合わせに適切に対応させていただくため、以下のガイドラインへのご協力をお願い致しております。下記項目をお読みいただき、手順に従ってお問い合わせください。

● ご質問される前に

弊社Webサイトの「正誤表」や「出版物Q&A」をご確認ください。これまでに判明した正誤や追加情報、過去のお問い合わせへの回答（FAQ）、的確なお問い合わせ方法などが掲載されています。

正誤表　　http://www.seshop.com/book/errata/
出版物Q&A　　http://www.seshop.com/book/qa/

● ご質問方法

弊社Webサイトの書籍専用質問フォーム（http://www.seshop.com/book/qa/）をご利用ください（お電話や電子メールによるお問い合わせについては、原則としてお受けしておりません）。

※質問専用シートのお取り寄せについて

Webサイトにアクセスする手段をお持ちでない方は、ご氏名、ご送付先（ご住所／郵便番号／電話番号またはFAX番号／電子メールアドレス）および「質問専用シート送付希望」と明記のうえ、電子メール（qaform@shoeisha.com）、FAX、郵便（80円切手をご同封願います）のいずれかにて"編集部読者サポート係"までお申し込みください。お申し込みの手段によって、折り返し質問シートをお送りいたします。シートに必要事項を漏れなく記入し、"編集部読者サポート係"までFAXまたは郵便にてご返送ください。

● 回答について

回答は、ご質問いただいた手段によってご返事申し上げます。ご質問の内容によっては、回答に数日ないしはそれ以上の期間を要する場合があります。

● ご質問に際してのご注意

本書の対象を越えるもの、記述個所を特定されないもの、また読者固有の環境に起因するご質問等にはお答えできませんので、あらかじめご了承ください。

● 郵便物送付先およびFAX番号

送付先住所　　〒160-0006　東京都新宿区舟町5
FAX番号　　03-5362-3818
宛先　　（株）翔泳社出版局 編集部読者サポート係

●本書に記載されたURL等は予告なく変更される場合があります●本書の出版にあたっては正確な記述につとめましたが、著者や出版社などのいずれも、本書の内容に対してなんらかの保証をするものではなく、内容に基づくいかなる運用結果に関してもいっさいの責任を負いません●本書に掲載されている画面イメージなどは、特定の設定に基づいた環境にて再現される一例です

著者紹介

「ど素人の株日記」管理人　なべ
驚異的なアクセス数1,000万を誇る超人気サイト「ど素人の株日記」管理人。投資の苦手な初心者が理解できる情報をユーモアあふれる筆致で情報提供中。財閥系低位株（特に住友金属工業 5405）をこよなく愛する。急激な含み益アップで舞いあがるオス。

「ど素人の株日記」はこちら↓
URL:http://www2.ocn.ne.jp/~evant/

STAFF

カバーデザイン	スタジオ・ギブ（河南祐介）
カバーイラスト	はらだゆうこ
本文デザイン	スタジオ・ギブ（河南祐介）
本文イラスト	溝口イタル
本文DTP	株式会社ムックハウスJr.

ど素人《しろうと》がはじめる株《かぶ》の本《ほん》 増補改訂版

2006年　9月11日　初版第1刷発行
2006年 10月20日　初版第2刷発行

著　者	「ど素人の株日記」管理人　なべ
発行人	佐々木 幹夫
発行所	株式会社 翔泳社（http://www.shoeisha.co.jp）
印刷・製本	株式会社 廣済堂

©2006「Doshirouto No kabunikki」kanrinin Nabe

＊本書は著作権法上の保護を受けています。本書の一部または全部について（ソフトウェアおよびプログラムを含む）、株式会社翔泳社から文書による許諾を得ずに、いかなる方法においても無断で複写、複製することは禁じられています。

＊落丁・乱丁はお取り替えいたします。03-5362-3705までご連絡ください。

＊本書へのお問い合わせについては、前ページに記載の内容をお読みください。

ISBN4-7981-1211-9　　Printed in Japan